再

思

儒

学

再思儒学

杨国荣 著

山东城市出版传媒集团·济南出版社

图书在版编目（CIP）数据

再思儒学/杨国荣著．—济南：济南出版社，
2019.6

ISBN 978 - 7 - 5488 - 3801 - 2

Ⅰ．①再⋯　Ⅱ．①杨⋯　Ⅲ．①儒学 - 研究
Ⅳ．①B222.05

中国版本图书馆 CIP 数据核字（2019）第 123831 号

图书策划　杨　峰
出 版 人　崔　刚
责任编辑　范玉峰　董傲囡
装帧设计　侯文英

出版发行　济南出版社
地　　址　山东省济南市二环南路 1 号（250002）
编辑热线　0531 - 82803191
发行热线　0531 - 86131728　86922073　86131701
印　　刷　山东临沂新华印刷物流集团有限责任公司
版　　次　2019 年 6 月第 1 版
印　　次　2019 年 6 月第 1 次印刷
成品尺寸　170mm×240mm　16 开
印　　张　19.5
字　　数　280 千
定　　价　78.00 元

（济南版图书，如有印装错误，请与出版社联系调换。联系电话：0531 - 86131736）

引　言

儒学在今天似渐呈复兴之势。这既展示了儒学本身持久的生命力，也体现了社会变迁过程中的历史需要。然而，在儒学趋于"热"的背景之下，冷静的理性思考同样不可或缺。理解儒学，首先需要考察其概念、命题、学说中蕴含的理论内涵，并揭示它对于解决今天面临的社会问题和理论问题所具有的意义。进而言之，作为历史的形态，儒学同时包含自身限度，与之相联系，对儒学的把握涉及情感认同和理性认知的合理定位。从儒学的发展看，其历史作用往往更多地体现于价值层面上引导和规范社会生活，与之相关，今天重新思考和推进儒学，既应注重形式层面对概念的逻辑分析，也需要在实质层面赋予儒学的规范意义以新的内容。

儒学究竟是什么？历史地看，儒学或者被视为心性之学，或者被归于经世之学，论儒学者则或以仁说儒，或以礼言儒，这些不同看法，同时蕴含着对儒学的多样理解。类似的现象也存在于今天。以上事实表明，究竟应该如何把握儒学，在历史上并不是一个已经完全解决了的问题，在今天依然是一个需要进一步思考的论题。同时，儒学既有其相对确定的内容，又在历史过程中经历了变迁、衍化的过程，从而不同于凝固、封闭的体系。儒学的这种开放性，也使之在今天面临如何进一步发展的问题。

宽泛而言，对儒学的理解，涉及多重方面。这里面首先需要合理定位理性认知和价值立场之间的关系。儒学作为历史中的思想形态，究竟包含着哪些方面的内涵？其核心观念体现在何处？这些问题主要关乎理性的认知。相对而言，价值立场更多地与价值选择和价值取向相关：在儒学的多重内容和观念中，究竟应当侧重于哪一个方面？应以何者为儒学的主导原则？等等。以上两个方面并非互不相干：从逻辑上说，价值选择、价值立场的确定，以对儒学多重内涵的把握为前提。

就儒学内涵的把握而言，首先不能停留在对已有概念的描述或重叙上，而是需要在更广的理论视野之下，揭示历史上的儒学概念和理论系统在今天所具有的意义。以宋明以后所讨论的"本体"与"工夫"这两个概念而言，两者均属传统意义上的儒学范畴，其中蕴含何种理论内涵和哲学意义，则是今天需要思考的问题。从现代的理论视域看，与"工夫"相关的"本体"大致包含二重含义。首先是人的后天发展之所以可能的根据，这一意义上的本体与"性相近"中的"性"有相通之处，而不同于西方哲学论域中的 substance（本体或实体）。"本体"同时也表现为内在的精神结构或意识结构，这种精神结构或意识结构既包含人的认知内容，也渗入了人的价值观念。以价值取向和认知内容为具体内容的精神结构，又构成人在后天展开多样工夫的内在出发点。作为工夫的根据和出发点，本体不仅从"如何"的层面为工夫提供了引导，而且也从"应当"的层面为工夫提供了方向，两者都具有规范意义。本体中的认知之维关乎行为"如何"展开，即如何做；本体内含的价值取向则涉及应当选择"何种"行为，即做什么，后一关切往往又进一步转化行为的动机，并推动着行为的发生。总起来，人的发展离不开内在根据，后天工夫也需要现实的出发点，而不能从无开始，从而，"本体"在二重意义上制约着人及其活动。以上视域中的"本体"，在今天来看依然有其重要的理论意义。

对儒学的理解，同时需要揭示它对于解决当代面临的社会问题和理论问题所具有的意义。这里，重要的不是迎合某种现代理论，而是关注儒学自身所蕴含的理论资源。以晚近学界热衷讨论的正义理论与儒学的关系而言，真正具有实际意义并需要加以关切的，并不是儒学中是不是也有类似正义论的观念，而是正义理论本身是否存在问题以及儒学在解决这种问题上可能具有的意义。

在从理论层面阐释儒学概念的同时，对儒学具有的历史限度，也应当有清醒的理性把握。时下常常可以看到某种回归经学、将儒学研究经学化的倾向，这种趋向无疑需要再思考。历史地看，经学的基本前提是以儒学为正统的意识形态或真理系统。在经学的传统中，对于作为经典的儒学文献，往往只能解释，不能批评。清代著名的学者王鸣盛便明确指出，"治经断不敢驳经"①。经学在此即被视为思想的正统，其义理不允许有任何异议。经学的立场往往导致儒学的独断化、权威化。历史上，独断化、权威化曾使儒学失去了内在生命力，今天如果依然以经学为本位，同样也将使儒学本身失去生机。从以上方面看，当代所需要的显然不是儒学的重新经学化，而是扬弃经学的视域，以更为开放的眼光来看待传统儒学。

对待儒学的开放态度，具体展现于情感认同和理性把握的互动。情感认同和理性把握关乎前面所说的价值立场与理性认知：一方面，在对待传统儒学的问题上，总是涉及情感上的认同，后者既表现为对以往文化传统的敬意，也与价值取向上的正面肯定相关；另一方面，对儒学又需要加以理性的把握，这种理性的态度不同于无条件推崇和接受。情感认同和理性把握的统一，可以视为合理对待儒学的观念前提。仅仅侧重情感认同，往往可能重新导向经学意义上的卫道意识，现代新儒家在某种意义上便展现了如上趋向；仅仅强调理性认知，则容易将儒学单纯地看作认知意义上的对象，而忽视其内在的价值意义。可以看到，扬弃经学立场与注重情感认同和理性把握的统一，构成了儒学理解过程的相关方面。

如前所述，关于儒学，不仅有如何理解的问题，而且也面临怎样进一步发展的问题。儒学的这种发展，可以从形式和实质两个不同的层面加以考察。

从形式的层面看，儒学的发展首先需要在概念的逻辑分析方面给予必要的重视。在传统的形态下，一方面，儒学有自身独特的概念系统；另一方面，这些概念往往呈现文约义丰的特点。就积极的意义而言，文约义丰

---

① 王鸣盛：《十七史商榷·自序》，商务印书馆，1937 年，第 2 页。

意味着内涵的多方面性和丰富性；从消极的方面看，以上特点则常常表现为缺乏严密的逻辑形式，并容易导致理解上的歧义。注重逻辑分析，首先要求对这些包含多重内涵的传统概念做具体的辨析，使之呈现逻辑的清晰性。这种逻辑的辨析，可以视为进一步推进儒学的前提性工作。与概念辨析相联系的是观点的论证。论点的提出，应当进行严密的逻辑论证。所谓言之成理、持之有故，便涉及这一方面。对于传统儒学中的观点，同样需要揭示其立论的根据和理由，并具体说明其何以在理论上能够成立。此外，今天的儒学研究，往往还面临逻辑重建的问题。冯友兰曾区分了实质的体系与形式的体系，在其传统的形态下，儒学更多地关注实质的体系：尽管它实质上表现为具有内在关联的系统，但在形式上，这种系统并不是以逻辑推论的方式展开。与之相联系，今天对儒学的把握和发展，需要进行逻辑的重构。这种重构包括揭示不同命题之间的逻辑关联，分析观点展开过程中的内在脉络，等等。

进而言之，注重不同观点之间的讨论与争鸣，也是儒学发展不可忽视的方面。儒学本身就是在论争过程中发展起来的，其中包括儒学内部的论争。儒学在先秦时候就分化为不同的发展趋向，如孟荀之间的分野，更宽泛意义上如韩非子所说的"儒分为八"，以及宋明时期理学、心学、气学的分野，等等。这种分化，同时伴随着儒学内部不同观点之间的争论，所谓派中有派。与之相关的是儒学和其他学派之间的争论，百家争鸣便包含了儒学和其他学派之间的论辩。无论是儒学内部的论争，还是儒学和其他学派之间的相互辩难，都从不同方面为促进儒学的发展提供了思想的活力。儒学在今天的发展，同样离不开不同学派、观点之间的争论。事实上，时下也可以看到这一类讨论，所谓心性儒学、政治儒学、生活儒学等多样论说，便表明了这一点；这些不同理解的展开在突出儒学的某一方面的同时，也每每引发了儒学内部的争论。此外，儒学和其他学派之间的对话，包括与所谓自由主义的交锋，亦属儒学在现代涉及的广义论争。更进一步，儒学可以进入世界的范围，参与世界范围内的学术争鸣。以上多重形式的论争，一方面可以使儒学汲取多元的智慧和多重的思想资源，另一方面也有助于不断克服儒学可能具有的理论偏向。历史上的儒学是如此走过来的，今天儒学的演进，同样需要在新的历史层面上注重以上的理论发展方式。

从实质的方面来看，儒学的发展同样也面临多重问题。首先需要关注现实存在，这意味着真切地理解和把握时代的现实需要。儒学在今天呈现复兴之势，并重新受到多方面的关注，无疑折射了历史的需要。这种历史需要具体包含何种现实内容？这本身也需要切实地研究。同时，儒学的发展也必须把握其历史可能性：在新的时代背景之下，现实的社会发展形态为儒学重新融入社会生活究竟提供了何种可能性？在什么条件之下，它可以成为有生命的思想资源和生活形式？无视时代变迁，简单地追求复古式的回归，显然容易脱离现实的可能性。在这方面，对现实可能性和时代条件的具体把握，无疑十分重要。

宽泛而言，儒家的历史作用主要不是在事实的层面上解释世界，而是在价值层面上引导和规范社会生活。陈寅恪在谈到儒学时曾提及，儒学对中国文化影响最深的方面，体现于"制度法律公私生活之方面"，而其"学说思想"，则或有"不如佛道二教者"。[①] 这里也蕴含着对儒学现实规范意义的理解。当然，陈寅恪对儒学的这一看法，本身也可以进一步讨论。更具体地说，儒家之长似乎主要在于通过确立普遍的价值观念和价值原则，建构与之相应的伦常、政治制度，以担保社会的伦理秩序和政治秩序。儒家在中国两千多年的发展过程中经久不衰，与它所具有的以上历史作用显然分不开。历史地看，汉以后的各代，即使是北方外来民族入主中原以后建立起来的王朝，最后几乎都选择儒家学说作为其主导的意识形态。从中，也可以看到儒学的历史功能和意义。

从现代社会看，其历史变迁（包括经济层面从自然经济走向商品经济或市场经济），已影响政治、文化、价值观、伦理选择、日常行为等社会生

---

① 陈寅恪：《冯友兰〈中国哲学史〉下册审查报告》，载《陈寅恪史学论文选集》，上海古籍出版社，1992年，第511页。

活的方方面面。这种变化和影响需要加以正视：如果无视变化了的现实，以单向的情感认同，将儒学片面地加以信仰化、思辨化，便无法真正揭示儒学内含的深沉意义；相反，倒可能使儒学远离现实生活并变得与现代社会格格不入。

当然，一方面应正视变化了的现实；另一方面也不能让现实在缺乏引导的形态下发展。人类的演化和发展过程总是需要面对一些具有普遍性的问题，现代社会的运行、治理方式无疑也有待进一步探索。如何应对社会的变迁，并为人类的发展提供一种更为合理的运行形式？如何使人与人之间的关系既合理（合乎法理规范），又合情（具有人情味）？如何协调和谐与正义？等等。这都是今天需要思考的问题，在这方面，儒学无疑可以提供具有普遍意义的思想资源。从以上方面看，今天重新思考儒学不仅涉及对儒学本身的进一步理解，而且也指向更广视域中现实存在的规范和意义世界的重建。

目录

上篇　儒学概论

何为儒学?[①]

随着儒学逐渐再度成为显学,其不同形态也纷然而起,政治儒学、心性儒学、制度儒学、生活儒学、社会儒学等等先后亮相,便表明了这一点。众多的"儒学"虽都冠以儒学之名,但实质上又主要侧重于儒学的某一方面。以上诸种形态的所谓"儒学",或者是对历史上儒学既成形态的再解释,或者表现为对儒学未来发展的思考。从理论上看,无论是对儒学历史形态的重新理解,抑或对儒学未来发展的展望,都涉及一个基本的问题,即:何为儒学? 尽管关于儒学已有不同论说,但这无疑依然是一个需要反思的问题。

一

理解儒学,需要回到儒学自身的历史语境。 从其原初形态看,儒学的内涵首先体现于"仁"和"礼",后者同时构成了儒学的核心观念。[②]"仁"主要关乎普遍的价值原则,其基本内涵则在于肯定人自身的存在价值。 比较而言,"礼"更多地表现为现实的社会规范和现实的社会体制。从社会规范这一层面看,"礼"可以视为引导社会生活及社会行为的基本准则;在社会体制方面,"礼"则具体化为各种社会的组织形式,包括政治制度。 儒家的基本价值取向是:"仁者爱人,有礼者敬人。"[③]其中蕴含着对

[①] 本文系作者于 2018 年 3 月在厦门大学的会议发言和华侨大学的演讲记录稿。
[②] 关于仁和礼的内涵及其与儒学的历史关系,可同时参阅收入本书的《儒学的本然形态、历史分化与未来走向》一文,相关的内容这里从略。
[③]《孟子·离娄下》。

"仁"和"礼"的双重肯定。以上论域中的"礼"与"义"具有相通之处，"义者，宜也"①，引申为"当然"，作为当然之则，"义"可以视为规范层面之"礼"的内化形式，"仁"与"义"的相关在此意义上与"仁"和"礼"的统一呈现一致性。

"仁"作为价值原则，首先涉及情感的凝聚和情感的沟通：情感的凝聚关乎内在的精神世界，情感的沟通则以人与人之间的交往为指向。比较而言，"礼"在社会规范的层面上，主要指向理性的秩序和理性的引导：理性的秩序关乎社会共同体的存在形态，理性的引导则侧重于以理性的方式制约人的行为。

"仁"和"礼"固然各有侧重，但所侧重的两个方面并非截然分离。"仁"以情感的沟通和情感的凝聚为其主要的方面，但并不排斥人与人之间的理性关联。关于"仁"，孔子有两个值得关注的界说。首先是以"爱人"规定"仁"："樊迟问仁。子曰：'爱人'。"②"爱人"既以肯定人的内在价值为前提，又包含情感关切，它所侧重的是"仁"的内在的情感凝聚和情感沟通。孔子关于"仁"的另一重要界说是："克己复礼为仁"③。"克己复礼"更多地表现为对理性规范的认同和接受，后者同时涉及理性的引导和理性的制约。这样，"仁"既有内在的情感侧重，同时也兼及理性之维。就"礼"而言，与之相关的首先是"理"："礼也者，理之不可易者也。"④即使儒家之外的文献，也肯定"礼"与"理"的关联："故礼者，谓有理也。理也者，明分以谕义之意也。"⑤这里的"理"，既指条理、法则，也涉及依据这种条理法则来制约人的知和行，所谓"理也者，明分以谕义之意"便关乎后一方面。与之相应，"礼"与"理"的以上关联，侧重的是"礼"的理性秩序义及理性引导义。不过，在与理相关的同时，"礼"并非与"情"完全隔绝，《郭店楚简》所谓"礼因人之情而为之"⑥，便表明了这一点，类似的观念也见于其他儒家文献："礼者，因人之情而为之节

---

① 《中庸》。
② 《论语·颜渊》。
③ 《论语·颜渊》。
④ 《礼记·乐记》。
⑤ 《管子·心术上》。
⑥ 《郭店楚简·语丛一》。

文，以为民坊者也。"①这里的"因人之情"，便关乎"礼"与情感沟通和情感凝聚之间的联系。基于情感的这种人与人之间的沟通，在以下看法中得到了更具体的肯定："礼尚往来，往而不来，非礼也；来而不往，亦非礼也。"②在此，"礼"展示了制约人与人之间相互交往、相互沟通这一面。

作为儒学的内在核心，"仁"和"礼"同时构成了儒学之为儒学的根本之点；儒学与其他学派的内在区别，也与之相关。这里可以首先对儒学与墨家作一比较。墨家提出"兼爱"，这一观念在肯定人道价值方面，与儒家的"仁"具有相通之处：尽管"仁"基于亲亲之情，"兼爱"则并未赋予亲亲以优先性，后来的儒家学者（尤其是理学家）一再由此辨析"仁"与"兼爱"的差异，但在关切人这一点上，二者确实有一致之处。然而，另一方面，墨家对"礼"在总体上则持批评态度，其"非乐""节葬"的主张以及对"亲疏尊卑""昏（婚）礼威仪"③等抨击，从不同维度体现了这一点。这种取向，具有重于"仁"而轻于"礼"的特点。后来的佛家在某种意义上也与墨家有相近之处，他们主张慈悲为怀、普度众生，在这方面与"仁"和"兼爱"并不相悖，但同时对"礼"所规定的伦理责任（包括家庭伦理）和社会义务（包括政治义务），则疏而远之，从儒学的角度看，其中同样蕴含有见于"仁"而无见于"礼"的趋向。

相对于墨家之疏离"礼"，法家更倾向于化"礼"为"法"。"礼"与"法"在注重规范性这一点上，有相通之处。但"礼"建立于情理之上，具有引导性的特点；"法"则以法理为基础，表现为非人格、冷冰冰的律令，并具有强制性的特点。法家总体上已由"礼"走向"法"，与此相应的是对"仁"道的拒斥：谈到法家之时，历史上常常以"刻薄寡恩"来形容，"刻薄寡恩"与"仁"彼此相对。在以上方面，法家与注重"仁"和"礼"统一的儒家形成了明显的差异。

道家从另一层面表现出来对"仁"和"礼"的疏离。老子曾指出："绝仁弃义，民复孝慈。"④尽管对"绝仁弃义"有各种不同的解说，但其对

---

① 《礼记·坊记》。
② 《礼记·曲礼上》。
③ 《墨子·非儒下》。
④ 《老子》第十九章。

"仁"和礼义不予认同的立场，无疑显而易见。这一价值立场与道家注重自然原则，对人文或文明化的规范持批评和怀疑的态度，总体上前后一致。在这一方面，道家与儒家注重"仁"和"礼"的统一，同样形成了某种对照。

作为儒学的核心，"仁"和"礼"的统一既体现于儒家自身的整个思想系统，又展现于人的存在的各个领域。以下从相关的方面对此作一考察。

二

首先需要关注的是精神世界这一层面。从总体上看，精神世界体现的是人的精神的追求、精神的安顿，以及精神的提升。在精神世界中，"仁"和"礼"的统一具体展现于三个维度，即：宗教性的维度、伦理的维度，以及具有综合意义的精神境界。

在宗教性的层面，终极关切是无法回避的问题。按其本义，终极关切意味着不限定于人的当下存在或此在形态，而是以"极高明"为精神取向。孟子曾指出："尽其心者，知其性也。知其性，则知天矣。"①这里的"天"可以视为超验意义上的存在，从人之心、性指向天，相应地包含着某种终极关切的意味。需要注意的是，在儒家那里，以上视域中的终极关切，同时建立在"仁"之上。"仁"作为儒家的核心价值，肯定的是人之为人的内在价值，与之相联系，基于"仁"的终极关切，同时指向对人自身存在的关怀。这一意义上的终极关切的特点，在于不离开这个世界：它既非否定人自身或离开此在，也不同于以彼岸世界为指向的所谓"超越"，而更多地侧重于人自身的成长、提升、完成。这里应当对时下比较流行的所谓"内在超越"论作再思考。在这一论域中，"超越"（transcendent）沿袭了西方宗教中的相关观念，意味着走向绝对的、无条件的、无限的存在，而在"超越"之前冠以"内在"则试图表明，儒学所具有的这种所谓"超越性"，同时呈现"内在性"（immanent）。事实上，在儒学那里，终极关切并没有走向以上视域中的"超越"。这里的关键之点，在于儒学的终极关

---

① 《孟子·尽心上》。

切始终与“仁”这一观念联系在一起，正是以“仁”为核心，使儒家的终极关切一开始便以人自身的存在为关切之点，从而避免了离开人的此在而面向彼岸的“超越”。

在儒家那里，终极关切同时涉及“礼”。 前面提及，“礼”与“理”相关，并内在地蕴含理性的精神。 与理性精神的这种联系，使儒家的终极关切既有别于宗教的迷狂，也不同于非理性的蒙昧追求。 从早期开始，儒家便对超验的存在保持了某种距离，孔子“不语怪、力、乱、神”①，主张“敬鬼神而远之”②，已体现了清醒的理性立场。 即使在“天者，百神之君也，王者之所最尊也”③这一类似乎具有超验性质的表述背后，也不难看到如下理性的取向：借助超验之天的权威，以制衡世上之“君”。④ 在此，“礼”作为儒学的核心观念之一，从另一方面制约着儒家的终极关切。 不难注意到，在仁、礼、现实之人、超验之天（神）以上四重关系中，“仁”主要体现为爱人，“礼”则更多地表现为敬神；前者关乎价值关切，后者则渗入了理性意识。

精神世界不仅关乎具有宗教性的终极关切，而且包含更为现实的道德面向。 以“仁”为内核，精神世界中的伦理面向首先表现为德性的完善，即所谓“仁德”或以“仁”为内涵的德性，包括仁爱的取向、基于恻隐之心的普遍同情、天下的情怀，等等。 这种德性的重要特点之一是包含善的精神定向或善的精神定势，始终以自我的成就和天下的安定（内圣外王）为价值目标。 这也可以视为“仁”在伦理意义上的精神世界的体现。

如前所述，与“仁”相联系的“礼”既展现为现实社会规范，也可以内化为理性的原则。 在精神世界这个维度上，“礼”则既表现为普遍的伦理规范，也体现为内在的理性观念，二者从不同方面规定着人的品格和德性的培养。 儒家要求自我确立理性的主导地位，抑制和克服感性的冲动，避免仅仅跟着欲望走，等等，都体现了基于“礼”的理性精神。 荀子曾指出：“凡治气养心之术，莫径由礼。”⑤所谓“治气养心”，主要以德性的培养

---

① 《论语·述而》。
② 《论语·雍也》。
③ 《春秋繁露·郊义》。
④ 参见杨国荣：《善的历程》第五章，上海人民出版社，1994年。
⑤ 《荀子·修身》。

为内容；而在荀子看来，内在德性培养的最好途径，即是依循于"礼"。这里的"礼"，主要是便表现为内化的理性原则。

可以看到，在精神世界的伦理之维，"仁"和"礼"的统一具体表现为德性完善和理性自觉之间的统一。《大学》提出"正心诚意"，这里也蕴含了"仁"和"礼"这两个方面对伦理世界的影响。"正心"更多地侧重于以理性的原则来规范、约束人的伦理观念，"诚意"则首先表现为基于"仁"的要求，完善内在道德意识，使之真正成为"实有诸己"的真诚德性。在这一意义上，"正心诚意"无疑从一个方面体现了伦理之维的精神世界所内含的"仁"和"礼"的统一。

儒家精神世界更一般的形式，体现于精神境界。精神境界同时包含宗教性、伦理等多重方面，从而具有综合性的特点。精神境界在儒家那里有不同的表现形态，包括天下安平、走向大同，等等，其实质的内容则包括两个方面，其一是理想的意识，其二是使命的意识。所谓精神境界，从实质的内涵看，即表现为理想意识和使命意识的统一。在儒学那里，这一意义上的精神境界始终没有离开"仁"和"礼"的交融。天下安平、万物一体、走向大同等取向首先体现了人应当追求的理想，它同时又规定了人的使命，即化以上理想为现实。作为理想，以上取向体现的是"仁"的价值原则：天下安平、万物一体、走向大同，都可以视为"仁"道观念的具体化。从使命的层面看，以上取向则与"礼"所渗入的内在责任和义务相联系："礼"作为普遍的"当然之则"（规范），包含应当如何的要求，后者关乎责任和义务，精神境界中内含的使命意识，则表现为这种责任和义务观念的引申。仁与礼的统一在以上境界中获得了内在体现。

三

在体现于精神世界的同时，儒学的具体内涵又展开于社会领域。从传统的观念看，这里所谓社会领域包括"家国天下"这样广义的存在空间；从哲学层面来说，它涉及的则是政治、伦理，以及日常的生活世界等方面。

从政治之维看，基于"仁"的政治关切首先在总体上表现为对仁政、王道、德治等政治理念的追求。孔子提出仁道的观念，强调"为政以德"，主张对民众"道之以德"①，到了孟子那里，仁道观念进一步引向仁政的学说，仁政学说和儒家所追求的王道、德治等观念紧密地联系在一起，其中包含对人的多方面关切，这种关切同时体现了"仁"的内在精神。

比较而言，在政治领域，"礼"首先表现为确定度量界限，建立包含尊卑等级的社会秩序。荀子在考察"礼"的起源时，曾对此作了具体考察："人生而有欲，欲而不得，则不能无求，求而无度量分界，则不能不争。争则乱，乱则穷。先王恶其乱也，故制礼义以分之，以养人之欲，给人之求。"②所谓"度量分界"也就是确定社会成员的不同社会地位，为每一种地位规定相应的权利和义务。在缺乏如上社会区分的条件下，社会常常会陷入相争和纷乱的境地，而当所有的社会成员都各安其位、互不越界之时，整个社会就会处于有序的状态。在此，"礼"的核心的方面便体现于通过确立度量界限，建立起一定的社会秩序。

以上是"仁"和"礼"的统一在儒家政治中的总体体现。在具体的政治实践展开过程中，政治的运作同时涉及实质的方面和形式的方面。从"仁"的观念出发，儒家往往比较注重政治实践主体的内在人格和德性在政治生活中的作用。从政治哲学的角度来说，对政治主体及其内在品格德行的注重属于政治实践中实质的方面。从孔子、孟子到荀子，儒家在思考国家治理、政治运作之时，往往把政治实践的主体放在主导性的地位。对他们而言，国家是否得到治理，社会是否陷于纷乱，等等，总是与政治实践主体即君臣自身的品格、能力联系在一起。儒家比较注重所谓贤能政治，孟子、《礼记》、荀子，都一再强调政治主体应当具备贤与能的品格，对贤能的这种注重，源于儒家"仁"的观念，儒学对政治实践中实质性方面的关注，也与之相关。

在形式的层面，儒家对政治领域的考察更多地与"礼"的观念联系在一起。从肯定"礼"出发，对政治实践运行过程的思考往往会引向对政治规范、政治体制等等的注重，与之相应的是由"礼"而接纳"法"。前面提到，法家的政治走向，是化"礼"为"法"；相形之下，儒家则始终不放弃

①《论语·为政》。
②《荀子·礼论》。

"礼"的主导性,其特点在于通过"礼"而在政治实践中接纳"法",或者说,由"礼"而入"法"。 在儒家关于政治实践运行过程的具体考察中,不难看到由注重"礼"而进一步关注"礼"和"法"的理论取向。 荀子的以下论点便体现了这一点:"礼者,法之大分","法者,治之端也","非礼,是无法也","治之经,礼与刑",①如此等等。 由"礼"而接纳"法"或由"礼"而入"法",最后引向礼法交融,构成了儒家在政治哲学上的重要趋向。 这一特点也体现于政治实践的层面:在儒学独尊的汉代,政治的实际运作便表现为所谓"霸王道杂之"②,后者所体现的,实质上即是以"礼"为主导的礼法统一。 从治国的层面看,以"礼"为主导的礼法统一所侧重的,主要是政治实践的形式之维。

就政治哲学的角度而言,"礼"以度量分界建构社会秩序,同时又关乎社会正义。 如前所述,度量分界的实际意义在于把人区分为不同等级,同时为每一等级中的人规定各自的权利和义务,后者在否定的方面要求个体不可彼此越界,从肯定的方面看则意味着每一个体都可以得其应得:在界限允许的范围之内,个体可以得到与其身份、地位一致的社会资源。 这一意义上的得其应得,从一个方面体现了正义的要求:自亚里士多德以来,得其应得都被理解为正义的基本规定之一。 就此而言,通过"礼"而建构起理性的秩序,同时也为从形式的层面走向正义提供了某种可能。

可以看到,基于"仁"的贤能政治与以"礼"为主导的礼法统一,构成了儒家政治哲学的两个相关方面,它可以视为"仁"和"礼"的交融这一儒家核心观念在政治领域的具体体现。 按其内涵,"仁"所指向的是人与人之间的沟通,包括建立在情感之上的人际关联,由此达到社会成员彼此和谐相处。 "礼"则侧重于区分界限,亦即为不同个体规定不同的等级和地位,使之各有相应的义务和权利,彼此相分,互不越界,由此建立社会秩序。 概要而言,基于"礼"而分界限、建秩序与基于"仁"而合同异、趋和谐,构成了儒学总的政治取向。 儒家所说的"礼之用,和为贵"③,也从一个方面体现了这一点:礼本言其"分","仁"则以"和"为指向,"礼"

---

① 《荀子·劝学》《荀子·君道》《荀子·修身》《荀子·成相》。
② 《汉书·元帝纪》。
③ 《论语·学而》。

所规定的人际之"分"，需要通过"仁"而引向社会的和谐，由此，"仁"和"礼"也从不同侧面展示了它们在政治生活中的作用。

与政治运作相关的社会领域，是伦理关系和伦理实践。事实上，政治和伦理在儒家那里往往难以截然相分。伦理既关乎精神世界，也体现于社会领域，精神世界中的伦理之维，更多地表现在观念层面。在社会领域，伦理则通过人的具体存在，人与人之间的关系，以及人的实际行为而展现。

从现实的社会领域考察人的伦理之维，通常面临两个方面的问题：其一，"成就什么？如何成就？"其二，"做什么？如何做？""成就什么？如何成就？"主要是以人格的完善、品格的培养为目标，涉及的是道德实践的主体，换言之，它关心的是道德实践主体本身如何生成或成就什么样的道德主体。"做什么？如何做？"则更多地表现为行为的关切：相对于道德实践主体，它更为关注道德行为本身。在儒家那里，与"仁"和"礼"的统一这一核心的观念相联系，以上两个问题以及与之相关的不同关切也彼此关联。首先，从"仁"的观念出发，儒家把成就德性、完善人格提到重要地位。如所周知，儒家有"成己"和"成人"之说，其内涵在于把"成就什么"作为主要关切之点。与"仁"相关的是"礼"，在社会领域，"礼"的伦理之维更多地表现为现实的社会伦理规范。一般而言，伦理规范重在指导人们的行为选择和行为展开；与之相应，"礼"的关切之点也更多地指向人的具体行为过程，包括人在不同的情景中应该选择什么样的行为、在实践过程中应当如何依"礼"而行，等等。这些问题首先与前面提到的"做什么？如何做？"联系在一起。

历史地看，以上两个问题往往分别地与不同的伦理趋向相涉。"成就什么？如何成就？"每每被视为所谓德性伦理的问题。德性伦理所侧重的首先是道德主体的完善，其内在的理论旨趣在于通过人的成就，以达到道德主体的完美，并进一步以道德主体的完美来担保道德行为的完善。"做什么？如何做？"则更多地与行为的关切联系在一起，这种关切在伦理学上属规范伦理的问题。规范伦理首先指向人的行为，如何在行为层面合乎道德规范，是其关心的主要问题。在伦理学上，儒家常常被看作德性伦理的代表，确实，如前所述，与注重"仁"相联系，儒家将德性（仁德）放在重要地位。然而，儒家同时处处以"礼"为关注之点，"礼"作为普遍规范，以行为的制约为指向。从现实层面看，与"仁"和"礼"的交融相关联，儒家既关注"成就什么？如何成就？"这一类德性伦理的问题，也关切"做什么？如何做？"等规范伦理意义上的问题。不难注意到，在社会领域的伦理维度上，"仁"和"礼"的关联具体表现为德性伦理和规范伦理的统一，尽管在儒学的演进中，不同的人物常常表现出相异的侧重，如朱熹较多地表现出对规范或规范的形上形态（天理）的关切，比较而言，在王阳明这样的哲学家中，内在德性（良知）则成为其优先的关注之点，但从总体上看，以"仁"和"礼"的关联为前提的德性和规范的统一，构成了儒家在伦理学上的主导取向。

在儒学的演化过程中，政治和伦理彼此相关，总体上表现为"仁"和"礼"的统一。孔子所提出的"君君、臣臣、父父、子子"①，便已体现了以上趋向。具体而言，"君君、臣臣"更多地涉及政治领域的问题，"父父、子子"则与道德人伦相关联；两者的共同特点在于都在实质的层面指向"仁"和"礼"的沟通。一方面，在个体人格之维，"君君、臣臣"要求"君"和"臣"都要合乎各自的准则："君"应有"君"的品格，"臣"要像"臣"的样子。另一方面，从具体实践过程看，"君"和"臣"都应各自履行其承担的政治义务：君应履行"君"之职，"臣"也同样应如此。这里体现了政治领域中实质层面（政治品格）与形式层面（政治规范）的不同要求。与之相关的"父父、子子"主要侧重伦理之维。这里同样涉及"仁"和"礼"：一方面，"父父、子子"关乎亲子之情，后者体现了"仁"的精神；另一方面，其中也包含亲子之间的道德责任，后者与"礼"的要求相联系。无论从政治之域看，抑或从伦理之维考察，"君君、臣臣、父父、子子"都体现了"仁"和"礼"的相关性。

社会领域的另一个重要方面，是日常生活或生活世界。现代政治学往往区分国家与个体（私人），并以两者之间的社会区域为所谓"公共空间"或"公共领域"。儒学没有对此作这样严格的区分，但宽泛而言，这里将要讨论的日常生活或生活世界近于上述视域中的社会空间，关乎日常处世、日常行事的方方面面。日常生活展开于人的日常存在，生活与生存也具有

① 《论语·颜渊》。

相关性，在此意义上，日常生活无疑具有本体论意义。不过，在儒学中，日常生活更具体地表现为日用常行：在家庭之中，有事亲事兄等日常的行为；在家庭之外，则关涉乡邻交往。后者构成了传统社会重要的社会活动空间，如何做到长幼有序、尊老爱幼，等等，是其间需要应对的日常问题。在朋友之间的交往中，朋友有信、朋友之间有情有义，等等，构成了基本的要求。在师生关系中，则涉及尊师重道、洒扫应对等日常行为。以上的日用常行既包含基于"仁"的情感沟通，也涉及礼仪的形式和礼仪的规范。

日常生活的展开，以多样的人伦关系为背景。人在生活世界中的共在和交往，既关乎规矩，也涉及情感——后者总是渗入了"仁"的精神。孔子认为，能普遍地做到"恭、宽、信、敏、惠"，即意味着达到了"仁"①。"恭、宽、信、敏、惠"涉及情感的沟通，它构成了儒家视域中人与人之间日常交往的基本要求。与之相辅相成的是"礼"："讲信修睦，尚辞让，去争夺，舍礼何以治之？"②对儒家而言，礼本来即以"辞让"为题中之义；所谓"辞让之心，礼之端也"③，便表明了这一点。在政治领域，"礼"主要表现为通过确立度量分界，以担保社会秩序。在日常生活中，"礼"则一方面为日常交往提供礼仪形式和礼仪规范；另一方面又通过辞让等要求，避免人与人之间的日常纷争，以保证交往的有序性。礼在政治领域和日常生活中的以上二重规定体现了礼本身的相关方面，荀子和孟子则在一定意义上分别侧重于其中一个方面。从人的日常活动看，以辞让为内在要求的"礼"从不同方面为人与人之间的和谐交往提供了前提："尊让絜敬也者，君子之所以相接也。君子尊让则不争，絜敬则不慢，不慢不争，则远于辨矣。不斗不辨，则无暴乱之祸矣。"④可以看到，"仁"与"礼"从不同意义上构成了日常生活有序展开所以可能的条件。以人与人的交往而言，"尊老爱幼"更多地体现"仁"的要求，"长幼有序"则首先体现了"礼"的内在规定；两者在显现交往过程多重内涵的同时，也表明了日常生活的展开过程与"仁"和"礼"的相关性。

①《论语·阳货》。
②《礼记·礼运》。
③《孟子·公孙丑上》。
④《礼记·乡饮酒义》。

四

就人的存在而言，精神世界主要涉及人和自我的关系，社会领域指向的则是人与人之间的关系：政治、伦理、日常生活等社会领域都以人与人之间的互动为内容。从更广的视域看，人的存在同时关乎天人之间。在儒家那里，对天人关系的理解，同样体现了"仁"和"礼"统一的观念。大致而言，以上意义中的天人关系既有形而上的维度，也有伦理的方面。

在形而上的层面，儒家对天人关系的理解首先表现在强调人为天地之心："人者，天地之心也。"①人为天地之心的实际所指即"仁"为天地之心。关于这一点，从朱熹的以下论述中便不难看到："盖仁之为道，乃天地生物之心，即物而在。"②与张载所说的"为天地立心"相近，人（仁）为天地之心的具体内涵，也就是人为自然确立价值目标和价值的方向。康德在晚年曾将上帝视为"人与世界的内在精神"。③这里的"内在精神"也关乎价值意义，康德在将人和世界的价值意义与上帝联系起来的同时，也似乎表现出以上帝为价值意义的终极根据的趋向。相对于此，儒家以人（仁）为天地之心，显然体现了不同的价值取向。在这里，"仁"作为儒学的核心，同时制约着儒家对天人关系的理解，并由此赋予自然（天）以价值意义。

与"仁"在天人之辩中的体现相联系的，是从"礼"出发规定天和人的关系。在儒家看来，天地有分别，自然也有序，天地之序与社会之序之间，存在着连续性："大礼与天地同节""礼者，天地之序也""在天成象，在地成形。如此，则礼者天地之别也。"④从形上之维看，这里所强调的是天道与人道的相关性。按儒家的理解，天地之序既构成了"礼"所表征的社会秩序之形上根据，又展现为基于"礼"的社会之序的投射，天地之序与社会秩序通过"礼"而相互沟通。张载对以上关系作了更具体的论

---

① 《礼记·礼运》。
② 朱熹：《仁说》，《朱子全书》第 23 册，上海古籍出版社、安徽教育出版社，2002 年，第 3280 页。
③ Kant, *Opus Postumum*, Cambridge University Press, 1993, p. 240.
④ 《礼记·乐记》。

述:"生有先后,所以为天序;小大、高下相并而相形焉,是谓天秩。 天之生物也有序,物之既形也有秩。 知序然后经正,知秩然后礼行。"[①]"天序"与"天秩"体现的是自然之序;"经"与"礼",则关乎社会之序。 在张载看来,经之正、礼之行源于"天序"和"天秩",天道(自然之序)构成了人道(社会之序)的根据。

"仁"和"礼"与天人之辩以上关联,主要展现了形上的内涵。 广而言之,天人之际既涉及人与自然(天地)的关系,又与人自身的存在形态相关,两者都包含伦理之维。 在形上的视域中,天人关系以"合"(关联)为特点;相对于此,两者在伦理的层面则同时呈现"分"(区别),后者首先表现为人的本然(天)形态与人化(人)形态之分。 从肯定人的内在价值出发,儒学始终注重把握人之为人的根本之点,并由此将人与自然之域的存在区别开来;儒家的人禽之辩,便以此为关注之点。 对儒家而言,人不同于禽兽的根本之点,就在于人受到"礼"的制约:"是故圣人作,为礼以教人。 使人以有礼,知自别于禽兽。"[②]禽兽作为动物,属广义的自然对象(天);人则不同于自然(天)意义上的存在。 而人与自然存在(禽兽)之分,首先便基于"礼"。 在此,"礼"作为现实的社会规范,同时也为人形成不同于自然(天)的社会(人化)品格提供了担保。

在儒家那里,人禽之辩同时关联着文野之别。 这里的"野"大致属自然(天)或前文明的存在状态,"文"则指文明化或具有人文意义的存在形态。 儒家要求人的存在由"野"而"文"。 从内在的方面看,由"野"而"文"意味着获得仁德等品格,并形成人文的价值取向;从外在行为过程看,由"野"而"文"则要求行为合乎"礼"的规范、趋向文明的交往方式。 前文曾提及,"礼"的具体作用包括"节文",这里的"节"主要与行为的调节和节制相联系,"文"则关乎形式层面的文饰。 以"礼"为规范,人的言行举止、交往方式逐渐地趋向于文明化的形态。 这一意义上的文野之别既是天人之辩的延续,也渗入了"仁"与"礼"的互动。

当然,伦理意义上的天人关系既有上述天人相分的一面,也包含天人关

---

①《张载集》,中华书局,1978 年,第 19 页。
②《礼记·曲礼上》。

联的维度。在儒学之中，这种相关性首先体现在将"仁"的观念引申和运用于广义的自然（天）。儒学从孟子开始，便主张"仁民而爱物"①。这里包含两个方面。首先是"仁民"，即以仁道的原则对待所有人类共同体中的成员，与之相关的"爱物"则要求将仁道观念进一步引用于外部自然或外部对象，由此展现对自然的爱护、珍惜。这一意义上的"爱物"，意味着在伦理（生态伦理）意义上肯定天人的相合。《礼记》提出了"树木以时伐"②的观念，孟子也主张"斧斤以时入山林"③，即砍伐树木要合乎"天"（自然）的内在法则，而非仅仅基于人的目的。这里既蕴含着保护自然的观念，也基于"仁"道原则而肯定了天与人之间的统一。

除了"仁民爱物"，天人关系还包含另一方面，后者体现于"赞天地之化育"等观念。对儒家而言，人不仅应"成己"，而且有责任"成物"。后者意味着参与现实世界的生成，所谓"赞天地之化育"，便以这一意义上的"成物"为指向。以上观念包含两个方面的前提：其一，人具有参与现实世界的生成之能力；其二，人生活于其间的世界并不是本然的洪荒之世，而是与人自身的活动息息相关，其中处处包含着人的参与。"赞天地之化育"不仅体现了人对世界的责任意识，而且渗入了人对世界的关切意识：在参与世界形成的过程中，人承担对于世界的责任与人关切这个世界表现为彼此相关的两个方面。对世界的这种关切和承担对世界的责任既体现了"仁"的意识，也涉及"礼"的观念。如前所述，"礼"作为普遍的规范，以"当然"（应当如此）为形式，其中蕴含着内在的责任意识和义务意识，"仁"则一开始便表现出对人与世界的普遍关切，由仁民而爱物，即从一个方面体现了这一点。对天人关系的如上理解，从另一个方面体现了"仁"和"礼"统一的观念。

可以看到，儒学以"仁"和"礼"为其思想的内核。"仁"和"礼"的统一作为儒家的核心观念，同时渗入儒家思想的各个方面，并体现于精神世界、社会领域、天人之际等人的存在之维。在哲学的层面，"仁"和"礼"

①《孟子·尽心上》。
②《礼记·祭义》。
③《孟子·梁惠王上》。

的关联交错着伦理、宗教、政治、形而上等不同的关切和进路，儒学本身则由此展开为一个综合性的文化观念系统：儒学之为儒学，即体现于这一综合性的系统之中。有"仁"和"礼"的内核而无多方面展开的儒学是抽象的；有多重方面而无内核的儒学，则缺乏内在灵魂或主导观念。二者各有所偏，儒学的具体性、真实性，即体现于它的综合性或内核的多方面展开上。时下所谓心性儒学、政治儒学、制度儒学、生活儒学，等等，似乎都仅仅抓住了儒学的某一方面或儒学在某一领域的体现：如果说，心性儒学主要涉及儒学有关精神世界的看法，那么，政治儒学、制度儒学、生活儒学等则分别以儒学在政治、伦理领域以及生活世界的展开形态为关注之点。儒学在某一方面的体现和儒学的本身或儒学的本来形态，应当加以区分。以儒学的某一个方面作为儒学的全部内容，往往很难避免儒学的片面化。诚然，从历史上看，儒学在其衍化过程中，不同的学派和人物每每有各自的侧重，但不能因为儒学在历史中曾出现不同侧重或趋向而把某种侧重当作儒学的全部内容或本然形态，儒学在具体衍化过程中的侧重与本来意义上的儒学不应简单加以等同。要而言之，对儒学的理解，需要回到儒学自身的真实形态，后者与"仁"和"礼"的核心观念及其多重展开无法分离。

（原载《文史哲》2018 年第 5 期）

儒学的本然形态、历史分化与未来走向[①]

儒学的原初形态表现为"仁"与"礼"的统一。作为历史的产物,儒学本身经历了历史演化的过程,后者伴随着其历史的分化,"仁"与"礼"的分野则构成了以上分化的重要方面。从儒学的发展看,如何在更高的历史层面理解"仁"和"礼"统一的儒学原初形态,是今天所面临的问题,这种理解同时体现了广义的理性精神。

一

作为包含多重方面的思想系统,儒学无疑可以从不同的角度加以考察,但从本源的层面看,其核心则可追溯到"周孔之道":在人们谈孔孟之道之前,儒学更原初的形态乃是"周孔之道"。这里的"周""孔"分别指周公和孔子。事实上,《孟子》一书已提及"悦周公仲尼之道"[②],这至少表明,在孟子本身所处的先秦,"周""孔"已并提。此后相当长的历史时期中,处于主导地位的儒学,主要被视为周孔之道或周孔之教。至唐代,李世民仍然肯定:"朕今所好者,惟在尧、舜之道,周、孔之教。"[③]此处体现的是当时关于儒学的正统观念。直到近代,以上观念依然得到某种认同,梁漱溟在他的《中国的文化要义》中便指出,"唯中国古人之有见于理性也,以为'是天之所予我者',人生之意义价值在焉。……自周孔以来

---

① 本文根据 2015 年 6 月作者在举行于北京大学的"重构中的儒学"学术会议上的发言整理而成。
②《孟子·滕文公上》。
③《贞观政要·慎所好》。

二三千年，中国文化趋重在此，几乎集全力以倾注于一点。"①这里仍是周孔并提。 作为儒学的历史源头之一，周公最重要的文化贡献是制礼作乐。礼的起源当然早于周公所处时代，但其原初形态更多地与"事神致福"相涉②，周公制礼作乐的真正意义，在于淡化礼的"事神致福"义，突出其在调节、制约社会人伦关系的作用，使之成为确立尊卑、长幼、亲疏之序的普遍规范和体制。 比较而言，孔子的思想内容，首先与"仁"的观念相联系。 尽管"仁"作为文字在孔子以前已出现，但真正赋予"仁"以深沉而丰富的价值意义者，则是孔子。

与以上历史过程相联系，周孔之道或周孔之教中的"周"，更多地代表了原初儒学中"礼"的观念，"孔"则主要关乎儒学中"仁"的思想。 可以说，正是"仁"和"礼"的统一，构成了本然形态的儒学之核心。 广而言之，"仁"和"礼"的交融不仅体现于作为整体的儒学，而且也渗入于作为儒学奠基者的孔子之思想：孔子在对"仁"作创造性阐发的同时，也将"礼"提到突出地位，从而，其学说也表现为"仁"和"礼"两者的统一。一方面，孔子对春秋时期礼崩乐坏的状况痛心疾首，并肯定："周监于二代，郁郁乎文哉！ 吾从周。"③其中体现了对礼的注重。 另一方面，孔子又肯定礼应当包含仁的内涵，所谓"礼云礼云，玉帛云乎""人而不仁，如礼何"④，便强调了这一点。 可以看到，无论就整体而言，抑或在其奠基者那里，儒学都以"仁"和"礼"的统一为其核心。⑤

作为儒学核心观念，"仁"表现为普遍的价值原则，并与内在的精神世界相涉。 在价值原则这一层面，"仁"以肯定人之为人的存在价值为基本内涵；内在的精神世界则取得人格、德性、境界等形态。 "礼"相对于"仁"而言，更多地表现为现实的社会规范和现实的社会体制。 就社会规范来说，"礼"可以视为引导社会生活及社会行为的基本准则；作为社会体

---

① 梁漱溟:《中国文化要义》,《梁漱溟全集》第 3 卷,山东人民出版社,1990 年,第 137 页。
②《说文解字》:"礼,履也,所以事神致福也。"
③《论语·八佾》。
④《论语·阳货》《论语·八佾》。
⑤ 牟宗三曾认为,从宋以前"周孔并称"到宋儒"孔孟并称"表明"时代前进了一步"(《中国哲学十九讲》,学生书局,1983 年,第 397 页),这一看法固然合乎他本人上承宋儒(理学)的立场,但却忽视了后者("孔孟并称")所蕴含的单一进路对儒学内核的偏离。

制，"礼"则具体化为各种社会的组织形式，包括政治制度。

从具体的文化意义来看，"仁"作为普遍的价值原则，主要侧重于把人和物区分开来。从早期的人禽之辩开始，儒学便关注于人之所以为人、人区别于其他存在的内在价值。可以说，人禽之辩在实质的层面体现了"仁"的观念，其核心意义在于肯定人的内在价值，并以此将人与对象性的存在（物）区分开来。

较之"仁"注重于人与物之别，"礼"更多地关乎文与野之分。"文"表现为广义的文明形态，"野"则隐喻前文明的存在方式，文野之别的实质指向，在于由"野"（前文明）而"文"（走向文明）。"仁"肯定人的内在价值，"礼"则涉及实现这种价值的方式，包括旨在使人有序生存与合理行动的社会体制和社会规范。

就现实的社会功能而言，"仁"和"礼"都具有两重性，后者表现为对理性秩序和情感凝聚的担保。从"礼"的方面看，其侧重之点在于通过规范和体制形成有序的社会生活。荀子曾以确定"度量分界"为礼的主要功能，"度量分界"以每一个体各自的名分为实质的内容。名分既赋予每个人以相关的权利和义务，也规定了这种义务和权利的界限。如果每一个体都在界限之内行动，社会即井然有序，一旦彼此越界，则社会便会处于无序状态。同时，"礼"又具有情感凝聚的作用，所谓"礼尚往来"，便表现为人与人之间合乎礼的交往，这种交往同时伴随着情感层面的沟通。"礼"又与"乐"相关，"乐"在更广的意义上关乎人与人之间的情感凝聚："乐"的特点在于使不同的社会成员之间彼此和亲和敬。荀子曾指出了这一点："故乐在宗庙之中，君臣上下同听之，则莫不和敬；闺门之内，父子兄弟同听之，则莫不和亲；乡里族长之中，长少同听之，则莫不和顺。"①在此，"乐"即呈现了情感层面的凝聚功能：所谓和亲、和敬、和顺，无非是情感凝聚的不同形式。礼乐互动，也赋予"礼"以人与人之间情感凝聚的意义。

根据现有的考证和研究，礼从本源的方面来说，既和早期巫术相联系，也与祭祀活动相关。巫术的特点是通过一定的仪式，以沟通天和人，这种

---

① 《荀子·乐论》。

仪式后来逐渐被形式化、抽象化，进而获得规范、程序的意义。至于礼与祭祀的关系，王国维在《释礼》一文中曾作了解释："古者行礼以玉，故说文曰'豊，行礼之器。'其说古矣。……盛玉以奉神人之器谓之豊，若豊，推之而奉神人之酒醴亦谓之醴，又推之而奉神人之事通谓之礼。"①"神"关乎超验的存在，"人"则涉及后人对先人的缅怀、敬仰以及后人之间的相互沟通，以"奉神人之事"为指向，"礼"兼及以上两个方面。这样，在起源上，"礼"既与巫术的仪式相涉而具有形式方面的规范意义，又与祭祀活动相关而涉及人与人之间的沟通。

相对于"礼"，"仁"首先侧重于人与人的情感凝聚。孔子以"爱人"解释"仁"，便突出了仁在人与人之间的交往、沟通过程中的意义。后来孟子从恻隐之心、不忍人之心等方面发挥"仁"的观念，也体现了仁与情感凝聚的关联。另一方面，孔子又肯定"克己复礼为仁"，亦即以合乎"礼"界说"仁"。如上所述，"礼"以秩序为指向，合乎礼（复礼）意义上的"仁"，也相应地关乎理性的秩序。可以看到，"仁"和"礼"都包含理性秩序和情感凝聚的双重向度，但是二者的侧重又有所不同：如果说，"礼"首先指向理性的秩序，但又兼及情感的凝聚，那么，"仁"则以情感的凝聚为关注重心，但同时又涉及理性的秩序。

从仁与礼本身的关系看，二者之间更多地呈现相关性和互渗性，后者同时构成了儒学的原初取向。对原初形态或本然形态的儒学而言，首先，"礼"需要得到"仁"的引导。礼具体展现为现实的社会规范、社会体制，这种规范、体制的形成和建构，以实现仁道所确认的人的存在价值为指向。尽管礼在起源上关乎天人关系（沟通天人），但其现实的作用则本于人、为了人："礼者，谨于治生死者也。生，人之始也；死，人之终也。终始俱善，人道毕矣。故君子敬始而慎终，终始如一，是君子之道，礼义之文也。"②生死涵盖了人的整个存在过程，以此为指向，也从一个方面体现了礼的价值目标，这种价值目标，乃是由仁所规定，所谓"人而不仁，如礼何"便可视为对此的确认。

---

① 王国维：《释礼》，《观堂集林》卷六，中华书局，1959 年，第 291 页。
② 《荀子·礼论》。

进而言之，礼应当同时取得内在的形式，礼的这种内在化，同样离不开仁的制约：从个体的角度看，作为规范的礼，应当内化为仁的自我意识；从普遍的社会层面看，礼则应当以仁为其价值内涵，由此超越外在化，所谓"礼云礼云，玉帛云乎"，便表明了这一点。

以上侧重于仁对礼的制约。另一方面，在本然形态的儒学看来，"仁"本身也需要通过"礼"得到落实。仁道的价值原则乃是通过以"礼"为形式的规范和体制来影响社会生活、制约人们的具体行动。"仁"作为价值目标，唯有通过"礼"在规范层面和体制层面的担保，才能由应然走向实然。具体而言，仁道所体现的价值原则，以人伦、社会关系及其调节和规范为其实现的前提，所谓"君君臣臣、父父子子"，便是通过伦理关系（父子）与政治关系（君臣）的具体规定（君君臣臣、父父子子），以体现仁道所坚持的人禽之别。以"礼"为现实的形式和程序，"仁"不再仅仅停留于个体的心性之域或内在的精神世界而实现了对世界的现实作用。

不难看到，从形成之时起，儒学便以"礼"和"仁"的统一为其题中之意。借用康德在阐述感性与知性关系时的表述，可以说，"礼"若缺乏内在之"仁"，便将是盲目的（失去价值方向）；"仁"如果与"礼"隔绝，则将是空洞的（抽象而难以落实）。事实上，在原初形态的儒学中，"礼"的内化与"仁"的外化，构成了仁与礼相互关联的重要方面。通过这种互动，一方面，"礼"超越了其形式化、外在化趋向，另一方面，"仁"的抽象性也得到了某种扬弃。作为其核心的方面，"仁"和"礼"的相互关联同时构成了儒学本然的形态，所谓"周孔之道"，也反映了儒学的这一历史形态，在考察儒学时，对"仁"和"礼"的如上统一，无疑需要予以关注。

二

在儒学尔后的演化过程中，其原初形态经历了一个分化过程。韩非所谓孔子之后，"儒分为八"，也涉及这一分化过程。从实质的层面看，儒学的分化主要表现为"仁"和"礼"的分离以及两者的单向展开。在先秦时期，孟子和荀子对儒学的各自阐发，便已展现以上分化。

宽泛而言，孟子儒学思想的核心表现为两个方面：其一关乎仁政，其二涉及仁心。 "仁政"观念一方面将"仁"引向外在的政治领域，从而表现为"仁"的外化，另一方面，则蕴含着以"仁"代替"礼"的趋向，后者同时意味着"礼"在体制层面实质上的退隐：孔子肯定"礼"在政治生活中的作用，在主张"道之以德"的同时，又要求"齐之以礼"①，孟子则由"不忍人之心"推出"不忍人之政"，并强调以仁为立国之本，所谓"三代之得天下也以仁，其失天下也以不仁，国之所以废兴存亡者亦然"，②在后一进路中，广义之"仁"已消融了"礼"。 这一意义上的"仁政"固然展现了价值层面的正当性，但往往既缺乏社会层面的现实根据，也难以呈现对社会生活的实际规范意义和建构作用。 与"仁政"相关的"仁心"则更直接地突出了"仁"作为内在心性和内在精神世界的意蕴。 尽管孟子所提出的"四心"之说并非仅仅限于"仁"，但作为"仁之端"的"恻隐之心"，显然处于主导的地位，所谓"仁人无敌于天下"③，便在以"仁"作为完美人格（仁人）总体特征的同时，又突出了"仁"所具有的优先性。 就人的存在而言，孟子以恻隐之心为仁之端，由此强调了成人过程的内在根据，并将人格的培养视为"求其放心"的过程，这些看法都更多地展现了"仁"及其内在化一面。 孟子诚然也提到"礼"，但在总的方面，他无疑更侧重于强化"仁"；相对于"仁"的这种主导性，"礼"多少处于边缘化的层面。

　　较之孟子，荀子更注重礼："礼者，法之大分，类之纲纪也，故学至乎礼而止矣。 夫是之谓道德之极。"④对荀子而言，"礼"规定了人与人之间的"度量分界"，由此避免了社会生活中的争与乱；社会的秩序，需要通过"礼"加以担保。 在强调"礼"的现实规范作用的同时，荀子对"仁"所体现的内在精神世界方面则不免有所忽视。 从成人过程看，孟子把仁心视为成人的内在根据，在荀子那里，成就人则主要表现为以礼为手段的外在教化过程，所谓"凡治气养心之术，莫径由礼"⑤，对成人的内在根据，则未能给予必要的关注。 离开人格培养的内在根据而强调社会对个体的塑造，容易把成人过程理解为外在灌输，并使之带有某种强制的性质。 事实上，在

---

①《论语·为政》。
②《孟子·离娄上》。
③《孟子·尽心下》。
④《荀子·劝学》。
⑤《荀子·修身》。

荀子那里，社会对个体的塑造常常被视为"反于性而悖于情"的过程，而礼义的教化，则往往与"起法正以治之，重刑罚以禁之"①相联系。这一进路在某种意义上表现为对仁的抽象化或虚无化。

孟荀分别从不同方面展开了原初儒学所包含的"仁"和"礼"。在宋明时期，这一分化或片面化过程得到了另一种形式的发展。理学诚然有注重心体与突出性体的分别，但从总体上看，都趋向于将"仁"学引向心性之学。以孟子为其直接的思想源头，理学往往把内在心性提到了更加突出的位置，并以成就醇儒为成己的目标，而如何通过现实的规范系统和体制建构或体制变革以影响社会生活，则往往处于其视野之外。北宋时期王安石曾实施变法，这种关乎外在社会生活的新政，可以视为礼的实际规范作用在这一历史时期的体现，对此，理学家几乎都持否定的立场。理学固然并不否定"礼"的作用，但往往将"礼"限定于伦理等特定领域，朱熹作《家礼》，在某种意义上即体现了这一趋向。可以看到，就内圣与外王的关系而言，理学突出内圣而弱化外王；从"仁"与"礼"的关系看，理学则在强化"仁"的同时，趋向于限定"礼"的作用，并相应地淡化"礼"在更广的社会实践领域中的意义。

与理学同时的事功之学，展现的是另一种思想趋向。理学以内在心性为主要的关注之点，事功之学则反对"专以心性为宗主"，认为如此将导致"虚意多，实力少，测知广，凝聚狭"②。相对于理学，事功之学更注重经世致用，后者以作用于现实的社会生活为指向。在传统儒学中，"礼"与现实的社会生活具有更切近的联系，就此而言，事功之学无疑比较多地发展了儒学中"礼"的方面。如果说，理学将"仁"引向内在心性，那么，事功之学则由"礼"而引向现实社会生活。不过，由于注重外在的社会作用，事功之学往往将内在人格的培养置于比较边缘的地位，其关切之点，更多地放在外在之利的追求之上："利可言乎？曰：人非利不生，曷为不可言？"③相对于现实功用或功利，"仁"所体现的内在精神世界，在事功之

---

① 《荀子·性恶》。

② 叶适：《习学记言序目》卷14，中华书局，1977年，第207页。

③ 李觏：《原文》，《李觏集》，中华书局，1981年，第326页。

学中似乎没有得到合理的定位。①

　　近代以来，儒学的演进依然伴随着儒学的分化。以当代新儒家而言，其进路表现为上承宋明理学，给予内在心性（内圣）以优先的地位，尽管其中的一些代表人物也主张由内圣开外王，并留意于政道与治道，但从总体上看，在当代新儒家之中，内在心性或内圣无疑具有更为本源的性质，而外王则最终基于内圣。在新儒家看来，"讲仁而不牵涉到心是不可能的"②，在这方面，新儒家往往自觉地上承思孟及理学，或接着陆王说，或接着程朱说，荀子等所代表的儒学进路，则基本上处于其视野之外。③另一方面，以社会的历史变革为背景，儒学与政治的关联也每每受到关注，从 19 世纪末的托古改制，到时下各种版本的政治儒学，都体现了这一点。托古改制以"礼"在历史上的前后"损益"为近代变革的根据，而政治变革本身也与社会规范和社会体制的变迁为内容，从"仁"与"礼"的关系看，后者无疑更多地关乎"礼"。同样，政治儒学也首先关注于儒学的体制之维，这种体制同时被视为"礼"的具体体现。在当代新儒家与政治儒学的以上分野之后，不难看到儒学衍化中对"仁"与"礼"的不同侧重。

　　相应于儒学的以上演进、分化，儒学本身也形成了不同的传统。从儒学的内在逻辑看，这种不同的传统以"仁"与"礼"为各自的内在理论根据：如果说，孟与荀、理学与事功之学、心性儒学与政治儒学分别从历史形态上展现了儒学的不同传统，那么，"仁"、求其放心、心体与心体、内圣为本与"礼"、化性起伪、经世致用、走向政治，则从理论形态上赋予以上传统不同的意蕴。

---

① 宽泛而言,在宋明之前,汉儒在秦之后将"礼"重新引入社会政治生活,并由五常进而引出三纲;魏晋时期,玄学化的儒学在肯定"圣人之情应物而无累於物"的同时,又主张"性其情"(王弼),这里同样表现出对"礼"与"仁"的不同侧重。至唐代,韩愈在"原性"的同时又强调"博爱之谓仁",柳宗元和刘禹锡则分别由社会之"势"论封建、由法之"行""弛"解释社会生活,以上进路在广义上也蕴含着基于"仁"与缘于"礼"的不同视域。
② 牟宗三:《中国哲学十九讲》,台湾学生书局,1983 年,第 79 页。
③ 牟宗三对早期儒学的理解,便体现了这一趋向:在谈到早期的儒家系统时,除孔子的《论语》外,牟宗三仅提及《孟子》《中庸》《易传》《大学》,将《荀子》完全排斥在这一系统之外(参见牟宗三《中国哲学十九讲》,台湾学生书局,1983 年,第 69 页)。

三

从前面简单的概述中可以看到，儒学在形成之后，经历了绵绵的历史发展过程，这一过程同时以儒学的分化为其特点。儒学分化之最实质的方面，即体现于"仁"与"礼"的不同发展方向。与之相联系，今天重新审视儒学，面对的突出问题便是如何扬弃"仁"和"礼"的分离。就儒学的演化而言：以孔孟之道为关注之点，往往侧重于"仁"的内化（心性）；注重周孔之道，则趋向于肯定"仁"与"礼"的统一。扬弃"仁"和"礼"的分化，从另一角度看，也就是由孔孟之道，回到周孔之道。这一意义上的回归，意味着在更高的历史层面上达到"仁"和"礼"的统一。

回归"仁"和"礼"的统一，并非简单的历史复归，它的前提之一是"仁"和"礼"本身的具体化。就"仁"而言，其本然的价值指向在于区分人与物，由此突显人之为人的存在价值。今天，社会依然面临"人""物"之辩，其具体内容表现为如何避免人的物化。在广义的形态下，人的物化表现为器物、权力、资本对人的限定。科技的发展，使当代社会面临着走向技术专制之虞：从日常生活到更广的社会领域，技术愈来愈影响、支配乃至控制人的知与行。权力的不适当膨胀，使人的自主性和人的权利在外在强制下趋于失落。资本的扩展，则使人成为金钱、商品的附庸。当权力、资本、技术相互结合时，人往往更容易趋向于广义的物化。以此为背景，"仁"在当代的具体化，首先便意味着通过抑制以上的物化趋向而避免对人的存在价值的漠视。

就人本身而言，"仁"的具体化过程需要考虑的重要方面之一，是关注德性和能力的统一。在德性与能力的关联中，德性侧重于内在的伦理意识、主体人格，这一意义上的德性，关乎人成就自我与成就世界的价值导向和价值目标，并从总的价值方向上，展现了人之为人的内在规定。与德性相关的能力，则主要是表现为人在成己与成物过程中的现实力量。人不同于动物的重要之点，在于能够改变世界、改变人自身，这种改变同时表现为价值创造的过程，作为人之内在规定的能力，也就是人在价值创造层面所具有的现实力量。质言之，德性规定了能力作用的价值方向，能力则赋予德性以现实力量。 德性与能力的统一，表现为自由的人格。 从儒学的衍化看，走向这种自由的人格，意味着通过"仁"的具体化，避免宋明以来将"仁"主要限于伦理品格（醇儒）的单向传统。

与"仁"的具体化相关的是"礼"的具体化。 "礼"的本然价值取向关乎"文""野"之别。 在宽泛意义上，"文"表现为文明的发展形态。 与文明本身展开为一个历史演化过程相应，文明形态在不同时期也具有不同的内涵。 今天考察"礼"的文明意蕴，显然无法离开民主、平等、权利等问题，而"礼"的具体化，也意味着在社会规范和社会体制的层面，体现民主、平等、权利等内涵，并使之在形式、程序方面获得切实的担保。

在形而上之维，"礼"的上述具体化表现为当然与实然的统一。 "当然"关乎价值理想，就儒学的传统而言，其内容表现为肯定人之为人的内在价值，以走向合乎人性的存在为价值目标； "实然"则是不同历史时期的现实背景，包括现实的历史需要、现实的社会历史条件，等等。 当然与实然的统一，意味着合乎人性与合乎现实的统一，这种统一应成为"礼"所体现的社会规范和社会体制的具体内容。 如何把普遍的价值理想和今天的历史现实加以结合，如何达到合乎人性和合乎现实的历史统一，构成了"礼"具体化的重要方面。 从当代的社会发展看，一方面追求社会的正义与和谐，另一方面则努力完善民主与法治，以上二重向度，可以视为"礼"在今天走向具体化的现实内容。

从"仁"和"礼"的关系看，两者的统一首先表现为自由人格和现实规范的统一。 自由人格关乎内在的精神世界，它以真善美的交融为内容，蕴含着合理的价值发展方向与实际的价值创造能力的统一。 现实规范则基于当然与实然的统一，展现了对社会生活及社会行为的普遍制约作用。 自由人格体现了人的价值目的和自主性，现实规范为人的生活和行为提供了普遍的引导。 走向自由人格的过程，本身包含着个体与社会的互动，在这一过程中，个体并不仅仅被动地接受社会的外在塑造，而是处处表现出自主的选择、具体的变通、多样的回应等趋向，这种选择、变通、回应从不同的方面体现了成己过程的创造性。 同样，以变革世界为指向的成物过程，也并非完全表现为预定程序的展开，无论是化本然之物为人化的存在，抑或社会领域中构建合乎人性的世界，都包含着人的内在创造性。 然而，成己与成物的过程尽管不囿于外在的程序，但又并非不涉及任何形式的方面。 以成就自我而言，其含义之一是走向理想的人格形态，这里既关乎人格发展的目标（成就什么），又涉及人格成就的方式（如何成就）。 从目标的确立，到实现目标的方式与途径之探索，都无法略去形式与程序的方面。 较之成己，成物展开为更广意义上的实践过程，其合理性、有效性，也更难以离开形式和程序的规定。 就变革自然而言，从生产、劳动过程，到科学研究活动，都包含着技术性的规程。 同样，在社会领域，政治、法律、道德等活动，也需要合乎不同形式的程序。 现代社会趋向于以法治扬弃人治，而法治之中，便渗入了程序的要求。 成己与成物过程中的这种程序之维，首先与规范系统相联系：正是不同形式的规范或规则，赋予相关的知、行过程以程序性。 自由人格诚然为成己与成物过程的创造性提供了内在的根据，然而，作为个体的内在规定，人的能力之作用如果离开了规范的制约，往往包含着导向主观化与任意化的可能。 成己与成物的过程既要求以自由人格的创造趋向扬弃形式化、程序化的限定，也要求以规范的引导克服个体自主性可能蕴含的任意性、主观性。 可以看到，自由人格与现实规范的相互制约，构成了"仁"与"礼"在现代走向统一的具体表现形态之一。

这里需要克服两种偏向。 其一，仅仅偏重于人格和德性，赋予人格以至上的性质，现代新儒家提出"内圣开出外王"，以"内圣"为"外王"之本，在某种意义上便表现出以上特点。 其二，过度地注重规范和程序，甚而强调规范万能、程序至上，由此导致规范本身的抽象化。 在"仁"和"礼"的关系上，以自由人格和现实规范的互动来说"仁"和"礼"的统一，一方面意味着以自由的人格扬弃片面强化形式化、程序化所导致的抽象趋向，另一方面则要求通过现实规范对人格发展与社会运行的引导，以避免人自身成长过程中的任意化和社会运行的无序化趋向。

"仁"关乎内在精神世界，在当代，这种精神世界主要被视为个体领域；"礼"涉及现实的社会规范与体制，这种规范为公共领域中人与人的交往提供了前提。 与此相联系，"仁"与"礼"之辩同时指向个体领域与公共领域的关系。

从自我成就的层面看，个体选择与社会引导、自我努力与社会领域中人与人的相互交往和相互作用，构成了彼此关联的两个方面。 在更广的层面上，社会和谐的实现、社会正义的落实，同样关乎个体领域与公共领域。按其实质的内涵，正义不仅以个体权利为关注之点，而且表现为社会领域中合理秩序的建立，从而，既关联着个体领域，也无法疏离公共领域。 个体的完善展开于各个方面，它一方面基于其独特的个性，另一方面又离不开现实的条件，后者包括发展资源的合理获得与占有，亦即不同社会资源的公正分配，这种公正分配，同时表现为公共领域合理秩序的建立。 不难看到，这里蕴含着个体之域与公共之域、成己与成物、自我实现与社会正义的交融和互动。 从现实的形态看，个体之域与公共之域的统一既从一个方面体现了社会正义，又构成了正义所以可能的前提。

　　进而言之，个体领域同时关乎人的个体化，公共领域则与人的社会化相涉。 人的个体化既在观念层面指向个体的自我认同，也涉及个体在人格等方面的自我完成；人的社会化则既以个体的社会认同为内容，又关乎个体之间的关联和互动。 自我认同意味着"有我"，与之相联系的是个体的存在自觉；社会认同基于个体存在的社会前提，其中包含对个体社会性规定的确认以及个体的社会归属感。 单纯的社会化容易趋向于个体存在形态的均衡化或趋同化，其结果往往导致"无我"，并使人的个体化难以真正体现。另一方面，仅仅追求个体化，又将无视人的社会品格，并进而消解人与人之间的现实关联，由此引向人的抽象化。

　　在当代哲学中，海德格尔、德里达等主要关注于个体领域，他们或者聚焦于个体的生存，并把这种生存理解为通过烦、畏等体验而走向本真之我的过程；或者致力于将个体从逻各斯中心或理性的主导中解脱出来，由此消解社会地建构起来的意义世界。 与之相对，哈贝马斯、罗尔斯等，则主要将目光投向公共领域。 哈贝马斯以主体间的交往为社会生活的主要内容，由此表现出以主体间性（intersubjectivity）消解主体性（subjectivity）的趋向；罗尔斯固然关注个体自由，但同时又一方面将道德人格归属于公共领域（政治领域）之外的存在形态，另一方面又强调个体品格可以由社会政治结构来塑造，由此单向度地突出了公共之域对个体的作用。

　　可以看到，从区分公共领域与个体领域出发，当代哲学往往或者仅仅强调公共之域对个体的塑造而忽视了个体的内在品格、精神素质对于公共之域的作用（罗尔斯），或者在关注于个体生存的同时，将主体间的共在视为

"沉沦"（海德格尔）。 二者呈现为个体领域与公共领域的分离。 如上所述，"仁"作为自由人格的体现，关乎个体领域，"礼"则涉及公共领域的交往，肯定二者的统一，既意味着让"仁"走出个体心性、由内在的精神世界引向更广的社会生活，也意味着通过社会秩序的建构和规范系统的确立，使"礼"同时制约和引导个体的精神生活。 上述意义上"仁"与"礼"的统一，无疑将有助于扬弃当代哲学中个体领域与公共领域相互分离的趋向。

在更内在的价值层面，"仁"与"礼"的统一进一步指向社会和谐与社会正义的关系。 如前所述，除了内在精神世界，"仁"同时关乎普遍的价值原则，以肯定人的存在价值为核心，后者意味着对人的普遍关切。 在传统儒学中，从"仁民爱物"，到"民胞物与""仁者浑然与物同体"①，仁道都以人与人之间的和谐共处为题中之义。 相对于"仁"，"礼"在体制的层面首先通过确立度量界限，对每一社会成员的权利与义务作具体的规定，这种规定同时构成了正义实现的前提：从最本源的层面看，正义就在于得其应得，后者的实质意义在于对权利的尊重。

以权利的关注为核心，正义固然担保了社会的公正运行，但权利蕴含界限，并以确认个体差异为前提，前者容易导向于个体间的分离，后者则可能引向形式的平等、实质的不平等。 如果仅仅注重权利，则社会便难以避免如上发展趋向。 另一方面，以社会成员的凝聚、共处为关注之点，和谐固然避免了社会的分离和冲突，但在"天下一体"的形式下，个体往往易于被消融在社会共同体之中。 和谐与正义内含的如上问题，使正义优先于和谐或和谐高于正义，都难以避免各自的偏向。 相对于此，"仁"与"礼"本身各自渗入了个体与社会的两重向度，这种内在的两重性从本源的层面赋予个体与社会的统一以内在的可能，后者进一步指向和谐与正义的统一，并由此为社会生活走向健全的形态提供了历史的前提。

以"仁"与"礼"为视域，自由人格与现实规范、个体领域与公共领域、和谐与正义的统一，同时从不同方面体现了"仁"与"礼"内含的理性秩序与情感凝聚之间的交融。 如果说，自由人格、个体领域、社会和谐可以视为"仁"之情感凝聚趋向在不同层面的展现，那么，现实规范、公共领

---

① 《二程集》，中华书局，1981 年，第 16 页。

域、社会正义则更多地渗入了"礼"的理性秩序义。在传统儒学中，"仁"与"礼"尽管侧重不同，但本身都兼涉理性秩序与情感凝聚，这种交融，也从一个方面为自由人格与现实规范、个体领域与公共领域、和谐与正义的统一提供了内在根据。

在更高历史层面上回到儒学的本然形态，以坚持理性的态度为其前提。这里所说的理性，既指合理（rational），也指合情（reasonable），而合情之"情"，则不仅关乎情感，而且涉及实情，包括具体的背景、具体的时代境况。对于儒学，既应有同情的理解，也应有合乎理性、合乎实情的态度，后者不仅意味着避免卫道或维护道统的立场，而且也表现为扬弃对儒学的单向度理解。展开而言，一方面，应当具体地分析我们这个时代究竟呈现何种历史特点、面临何种历史需要，另一方面，也需要对儒学各个方面的内涵做具体梳理、分析，把握其中对今天的成己与成物过程具有积极意义的内容。从总的方面看，儒学的意义主要不在于从经验的层面提供操作性的规定，而是从形而上的层面提供原则性的引导。历史上，理学家曾化"仁"为内在心性，由此在个体之维追求所谓"醇儒"，这种"醇儒"，今天已无法塑造。在社会之维，尽管"礼"涉及外在体制，然而，秦汉以后，"礼"并没有单独地成为实际的政治形态：秦汉以后二千多年的政治体制，是礼与法交融的产物，所谓霸王道杂之、阳儒阴法，等等，都体现了这一点。儒家在以上历史时期未曾建立仅仅以"礼"为形式的政治体制，今天更难构建所谓礼制社会或儒家宪政。当代新儒家和政治儒学，在以上方面无疑表现出不同的偏向。以此为背景，回归"仁"与"礼"统一既关乎对儒学本然形态的理解，也指向理性地把握"仁"与"礼"的历史内涵和现代意义。

要而言之，如何理解本然形态的儒学思想，并在更高的历史层面回到"仁"和"礼"统一的儒学原初形态，是今天需要思考的问题。作为儒学的本然形态，"仁"和"礼"的统一，需要不断被赋予新的时代意义，这一意义上的历史回归，同时表现为对当代现实处境与当代哲学问题的回应。

（原载《华东师范大学学报》2015 年第 5 期）

儒学的形上之维

一

在形上之域，儒学的关切首先指向天道和人道。 这里的"天道"更多地涉及对世界的把握，人道则主要关乎对人自身的理解。 以上两个方面在儒家的思想系统中彼此相关。

就天道而言，在儒家看来，人所面对的世界，并不是本然形态的存在，当人追问或沉思对象时，这种对象总是已与人形成了某种联系。 孔子的学生曾感叹，"夫子之言性与天道，不可得而闻也。"①孔子之罕言天道，当然并非缺乏形而上的关怀，它所表明的毋宁是，对孔子来说，天道并不仅仅是一种言说和思辨的对象。 它惟有在人自身的存在过程中才能切入与领悟。 孔子曾把"好学"解说为"敏于事而慎于言"②。 所谓事，也就是人的日用常行，学则包括对性与天道的把握过程。 在这里，为学主要不是表现为言语的辨析，而是在日用常行中体认形而上之道。 孔子的以上思路在儒家的另一经典《中庸》中得到了更具体的体现。 人与道的关系，是《中庸》所关注的中心问题之一，而其立论的基点，则是道非超然于人："道也者，不可须臾离也，可离非道也。"道并不是与人隔绝的存在，离开了人的为道过程，道只是抽象思辨的对象，难以呈现其真切实在性。

在儒学的视域中，存在不仅以事实的形态呈现，而且与人相关并内含着对

---

① 《论语·公冶长》。
② 《论语·学而》。

人的不同意义。就其涉及人的需要而言，这种关系及意义无疑具有价值的性质，后者并不是外在或主观的附加；作为人化存在的属性，价值关系及价值属性同样具有现实的品格。事物的这种价值规定，在儒家哲学中同样已较早地得到确认。《尚书大传·洪范》在对水、火等事物作界定时，曾指出："水、火者，百姓之所饮食也；金、木者，百姓之所兴作也；土者，万物之所资生也。是为人用。"从言说方式看，"水、火者"对应于"何为水火"的提问，它在广义上属于"是什么"的问题论域，但饮食、兴作、资生等解说所关注的却主要是"人之用"，其侧重之点在于回答"意味着什么"。是什么涉及的是事实的规定，意味着什么则蕴含着价值的规定。而在以上理解中，二者之间不再界限分明，相反，它呈现为交错或互渗的形态，这种交错的本体论意义，则是肯定事实与价值的统一。荀子对"天"的看法，体现了相近的思维趋向："善言天者，必有征于人。"①"天"是自然的对象，"人"则泛指人的存在形态，包括人的需要、作用等；"有征于人"，包含着以人的需要、作用等来确证、说明作为自然对象的事物等含义。

存在与价值的关系既体现于对象，也涉及人自身。如前所述，在人化的境域，存在的具体性不仅体现于事实层面的规定，而且也在于其价值的属性；儒家对人的理解，同样体现了这一视域。从荀子的如下看法中，我们不难看到这一点："水火有气而无生，草木有生而无无知，禽兽有知而无义；人有气、有生、有知亦且有义，故最为天下贵也。"②稍加分析便可看到，通过人与其他存在比较，荀子所得出的基本结论包括两个方面：即人异于物和人贵于物。人异于物属事实的判断，它着重于指出人在事实的层面所具有的规定，并由此将人与其他事物区别开来；人贵于物则是价值的判断，它侧重于指出人在价值领域所具有的意义。就理论的视域而言，仅仅强调人异于物或仅仅强调人贵于物，都很难避免对人的片面规定或抽象理解；人的现实形态，既在于事实层面的异于物，也在于价值层面的贵于物。事实与价值如上统一，从人自身存在的具体性上，体现了价值规定与存在的相关性。

①《荀子·性恶》。
②《荀子·王制》。

二

存在与价值的相关性，同时蕴含着实践的意义。从形而上的层面看，人既与本然的存在相对，又是存在的特定形态，作为特定的存在形态，人本身也属于这个世界。与人内在于这个世界相应，人的创造活动亦参与了这个世界的演进过程。儒家很早已对上述关系加以沉思，其中，荀子的看法尤为值得注意。在传统儒学中，人与世界或人与广义存在的关系，往往构成了天人之辩的具体对象。在天人关系上，荀子首先强调了人对天的作用："大天而思之，孰与物畜而制之？从天而颂之，孰与制天命而用之？望时而待之，孰与应时而使之？因物而多之，孰与骋能而化之？思物而物之，孰与理物而勿失之也？愿于物之所以生，孰与有物之所以成？"①这里的天含有自然之意，引申为对象性的存在。在人对天的如上作用中，人与对象世界的关系更多地呈现相互区分的一面：制天命而用之是以天与人之分为前提的。然而，在肯定天与人之分的同时，荀子又提出人与天地参的观念："天有其时，地有其财，人有其治，夫是之谓能参。"②天地泛指对象世界，"治"是人变革对象的实践活动，这种实践活动同时也是人的价值创造的过程。"参"在这里的词义为三，所谓"能参"，不仅表明人的活动与天地之间的相关性，而且意味着人与天地共同构成了作为现实存在的这个世界。换言之，正是通过变革对象的价值创造（治），人不仅融入了这个世界，而且参与了这个世界的形成过程；悬置了人的作用，则这个世界的真实形态便无从呈现："错人而思天，则失万物之情。"③

《中庸》同样肯定了人能与天地参，并对此作了进一步的发挥："唯天下至诚，为能尽其性；能尽其性，则能尽人之性；能尽人之性，则能尽物之性；能尽物之性，则可以赞天地之化育；可以赞天地之化育，则可以与天地参矣。"④至诚是一种真诚的境界，它构成了真实地认识自己（尽其性）、

---

① 《荀子·天论》。
② 《荀子·天论》。
③ 《荀子·天论》。
④ 《中庸》。

真实地认识他人（尽人之性）、真实地认识事物（尽物之性）的前提；所谓赞天地之化育，并不是人帮助自然过程的完成，而是指通过人的活动使对象世界（天地）由本然的存在（"天之天"）转化为打上了人的印记的存在（"人之天"），从而合乎人的合理需要并获得价值的意义。[①] 这里重要的不是从认识自己到认识他人、认识事物的推论，而是将天地的演化与人的价值创造联系起来，以人化的存在为对象世界应有的形态，并在此前提下引出"与天地参"（人对这个世界形成过程的参与）。

　　"与天地参"所规定的，是人与世界关系的实践维度；儒家对"道"的理解，从更深沉的意义上体现了这一点。 在中国哲学中，"道"往往被理解为最高的存在原理，但按儒家的看法，"道"既是存在的法则，又是存在的方式。 作为存在的法则，"道"更多地体现了存在的规定，具有自在的性质；作为存在的方式，它同时又与人相联系，包含为我之维：存在的方式不仅涉及对象如何在存在，而且也关联着人本身如何"在"。 荀子在解说何为"道"时，曾指出："道者，非天之道，非地之道，人之所以道也，君子之所以道也。"[②]这里所肯定的，便是"道"与人的相关性。 当然，这并不是说，作为存在法则的道依存于人，[③]而是强调，"道"作为存在的方式，与人自身之"在"难以分离。 同样，陈亮在确认"道非出于形气之表，而常行于事物之间"的同时，又反对"舍人而为道"[④]，所谓"舍人而为道"，亦即将道隔绝于人的存在过程之外，其中的"道"也同时涉及人的存在形态或存在方式。 对"舍人而为道"的否定，同时也确认了道与人的存在方式的相关性。

　　作为与人相联系的存在方式，"道"具有当然之意。 事实上，在儒家哲学中，道既指"必然"，又以"当然"为其内涵。 "当然"内在地指向规范系统，后者往往取得理想、规则、程序等形式。 在儒家看来，对世界的

---

　　①《中庸》肯定"道不远人""天命之谓性，率性之为道，修道之谓教"等，都在不同的层面上强调了存在与人的联系，这一总的思维趋向，也构成了《中庸》提出"赞天地之化育"的前提；对这一命题的理解，不能离开以上背景。

　　②《荀子·儒效》。

　　③ 对存在法则的客观性，荀子没有表示任何怀疑，所谓"天行有常，不为尧存，不为桀亡"（《荀子·天论》），便表明了这一点。

　　④ 参见陈亮:《勉疆行道大有功》《又乙巳春书之一》,《陈亮集》,中华书局,1974 年,第 97、285 页。

追问，并不仅仅在于揭示存在的必然法则，而且更在于发现、把握人自身如何"在"的方式。 当孟子强调"得天下有道""得其民有道"①时，他所说的"道"，便既涉及社会领域的存在法则，又与人如何"在"（人自身存在的方式）相联系。 所谓如何"在"，具体包括如何安邦治国、如何变革对象、如何成就自我、如何解决人生的诸问题，等等。 就其与实践的关系而言，规范可以在较为普遍的层面体现价值理想，这一形态的规范蕴含着主体的世界观以及关于存在的较为稳定的看法，它往往与普遍的价值原则、价值取向相联系，从总的方面规定实践的目标和方向；规范也可以体现为具体的行为准则，对做什么以及如何做提供较为具体的规定。 普遍导向与具体制约相互关联，从不同的方面赋予作为存在方式的道以现实的力量。

人与世界的以上关系表明，一方面，人的创造活动以存在及其法则（天地之道）为根据，另一方面，世界（天地）本身的完美，又离不开人的创造活动。 从理论上看，人与天地参的过程，也就是人按一定的价值理想变革世界的过程。 而价值理想本身既体现了人的目的，又以现实所提供的可能为根据；价值理想的实现过程无法悖离对象的自在之理，在此意义上，化"天之天"为"人之天"的过程同时也表现为不断回归自然的过程。 总起来，价值理想的实现既意味着赋予自然以价值的意义，也在于化价值为具体存在。 儒家关于"人赖天地以大，天地赖人以贞"的看法，无疑已注意到这一点。

广义的自然不仅指向对象，而且包括人自身。 当人刚刚来到这个世界、尚未经历社会化的过程时，他在相当程度上还是一种生物学意义上的自然存在；自然的人化，则相应地涉及人自身的社会化（包括化天性为德性）。 后者当然并不是一个与人的天性相对立的过程，相反，它更多地展示了天与人之间的连续性。 儒家的经典《易传》已对此作了论述，在谈到阴阳之道与成性的关系时，《易传》指出："一阴一阳之谓道，继之者善也，成之者性也。"②阴阳之道的作用，是普遍存在于一切存在形态的自然过程，人在把握自然之道之后，可以利用对道的认识以实现自己的价值理

---

①《孟子·离娄上》。
②《易传·系辞上》。

想，这一过程既是对自然的超越，也可以视为自然过程的延续（"继之者善也"）；就人自身的发展而言，实现善的理想的过程，同时也以德性的形成（化天性为德性）为内容（"成之者性也"）。戴震对此作了更进一步的阐释："由天道而语于无憾，是谓天德；由性之欲而语于无失，是谓性之德。性之欲，其自然之符也；性之德，其归于必然也。归于必然适全其自然，此之谓自然之极致。"①出于天性的欲望、要求，属自然；此处的"必然"近于通常所说的"当然"，"性之德"即天性合乎普遍规范而化为德性，而这一过程在戴震看来也具有完成自然的意义。在这里，价值理想的实现过程，同时也被理解为参与了自然过程的完成。天性与德性、自然与当然（必然）呈现出互动、统一的关系。

归于必然（当然），全其自然，并不限于从天性到德性的转换。人本身包含多方面的规定，当然与自然的互动也有多重体现形式。王夫之在谈到人的能力由可能到现实的转化时，曾指出："夫天与之目力，必竭而后明焉；天与之耳力，必竭而后聪焉；天与之心思，必竭而后睿焉；天与之正气，必竭而后强以贞焉。可竭者天也，竭之者人也。"②在本然或自然的形态下，人的感知、思虑能力仅仅表现为一种潜能，惟有通过人自身在知、行过程中的努力（竭），作为潜能的目力、耳力、心思才能转化为"明""聪""睿"等现实的认识能力，从而实现其把握世界的价值意义。就其实质而言，作为"天之所与"的自然禀赋，目力、耳力、心思在未"竭"之前，都具有未完成的性质；正是人的作用（竭）过程，使之由未完成的潜能，转化为完成了的现实形态。在这里，人从另一方面参与了自然的"完成"。

儒家对存在的如上考察，更多地展示了实质的维度，与之相对的是以形式为关注之点的形而上学；后者在康德那里获得了较为典型的形态。康德认为，形而上学对人类的理性而言，是不可或缺的③，但在传统的形态下，形而上学又存在着自身的问题，其具体表现形式包括：它没有将自身建立在

---

① 戴震：《原善》卷上，《戴震集》，上海古籍出版社，1980 年，第 334 页。
② 王夫之：《续春秋左氏传博议》卷下，《船山全书》第 5 册，岳麓书社，1996 年，第 617 页。
③ Kant, *Critique of Pure Reason*, Translated by N. K. Smith, *Bedford*, *St. Martin's Boston*, New York, 1965, p. 54, p. 665.

理性批判的基础上，亦未能对知性作用作出限定，结果不免走向独断论①；同时，它也缺乏关于先天的形式与经验内容的区分，从而难以达到纯粹的形态②。 从上述批评出发，康德提出了"作为科学的形而上学如何可能"的问题③。 与旧的形而上学相对，"作为科学的形而上学"以理性的批判及感性、知性与理性的划界为前提，由此达到的是"纯粹"形态的形而上学，包括纯粹理性思辨运用的形而上学与纯粹理性实践运用的形而上学④。 所谓"纯粹"，既意味着先天性或先验性，也意味着形式化，事实上，在康德那里，纯粹、先天、形式常常是相通的。 作为纯粹的、形式化的系统，形而上学既不涉及价值的内容，也缺乏内在的实践指向。⑤ 较之儒家从存在与价值的联系考察世界，这种纯粹的或形式的形上学形态似乎未能注意到现实的世界包含着人的参与，它对存在的理解也或多或少地表现出抽象的性质。

可以看到，对儒家而言，现实的世界本身包含着价值的维度，人的价值理想的实现，既展开为从"天之天"到"人之天"的演化，又表现为通过"归于必然（当然）"而"全其自然"，二者的统一，构成了"人与天地参"的具体内容。 在参与自然的完成过程中，人同时也参与了现实世界的形成；事实上，"与天地参""全其自然"的真正意义，便在于走向和确证作为存在与价值统一的真实存在。

三

在儒家那里，以"人之天"为形态的现实世界同时表现为意义的世界。与注重"人之天"相联系，儒家的形上之思同时指向意义世界。 事实上，

---

① Kant, *Critique of Pure Reason*, Translated by N. K. Smith, *Bedford*, *St. Martin's Boston*, New York, 1965, p. 29.

② Kant, *Critique of Pure Reason*, Translated by N. K. Smith, *Bedford*, *St. Martin's Boston*, New York, 1965, p. 660.

③ Kant, *Critique of Pure Reason*, Translated by N. K. Smith, *Bedford*, *St. Martin's Boston*, New York, 1965, p. 57.

④ Kant, *Critique of Pure Reason*, Translated by N. K. Smith, *Bedford*, *St. Martin's Boston*, New York, 1965, p. 659.

⑤ 康德意义上的思辨或自然的形上学涉及何为存在及如何把握存在，其道德形而上学则关涉人的存在。道德的形而上学本来应以价值关怀为题中之义，但如舍勒（M. Scheler）所批评的，它在康德那里基本上表现为一种形式的体系。同时，道德形而上学虽涉及"实践"概念，但它主要讨论的是道德判断及行为的形式条件，而并不以作为感性活动的实践为对象；与感性的分离，使康德论域中的实践缺乏现实的规定。

道与人的存在的关联，已从一个方面表明了这一点。

按儒学的理解，人所面对的世界，其意义因人而显："人的良知，就是草木瓦石的良知。若草木瓦石无人的良知，不可以为草木瓦石矣。岂惟草木瓦石为然，天地无人的良知，亦不可为天地矣。"①这里主要不是在实存的意义上强调外部对象依存于人，而是着重指出草木瓦石的意义总是相对于人而言。天地、草木、瓦石本是自在的，作为自在之物，它们本处于原始的混沌之中，亦无所谓天地之分、草木之别。天地作为"天地"，草木作为"草木"，其意义只是对人才敞开；就此而言，无人的良知（主体意识及其活动），便无天地、草木、瓦石（即这些对象不再以"天地""草木"等形式呈现出来）。这样，依儒学，人便不能在自身的存在之外去追问超验的对象，而只能联系人的存在来澄明世界的意义；换言之，人应当在自身的存在与世界的关系中，而不是在这种关系之外来考察世界。所谓"不离日用常行内，直造先天未画前"②，便可以视为对这一思路的概括。

孟子从另一角度对对此作了考察："万物皆备于我矣。反身而诚，乐莫大焉。"③这里的"万物皆备于我"，并不是指外部世界以物理的形态内在于个体，而是表现为观念层面的意义境域：以视域的扩展、理性的想象、内在的体验等等为形式，"我"把握了作为整体的世界并领悟了其意义，万物则由此进入"我"的观念之域，二者的关系一如天之"诚"与人之"思诚"："诚者，天之道也；思诚者，人之道也。"④在这里，世界对"我"的敞开与"我"对世界的开放、世界意义对"我"的呈现与"我"对世界意义的领悟融合为一，而对这种精神之境的真切感受，往往又伴随着超乎感性快感的内在精神愉悦，此即所谓"反身而诚，乐莫大焉"。在以开放的视域接纳世界并深切领悟其意义的前提下所达到的这种"乐"，同时表现为精神层面的意义世界。

在张载的"大心"说中，上述观念得到了进一步的体现。在谈到内在之心与外在之物的关系时，张载指出："大其心则能体天下之物，物有未

---

① 王守仁:《传习录下》,《王阳明全集》,上海古籍出版社,1992 年,第 107 页。
② 王守仁:《别诸生》,《王阳明全集》,上海古籍出版社,1992 年,第 791 页。
③《孟子·尽心上》。
④《孟子·离娄上》。

体，则心为有外。 世人之心，止于闻见之狭。 圣人尽性，不以见闻梏其心，其视天下无一物非我，孟子谓尽心则知性知天以此。 天大无外，故有外之心不足以合天心。"①"大其心"，亦即精神视域的扩展，这种视域不同于感性层面的闻见，闻见以特定之物的外在形态为对象，精神视域所指向的则是世界的意义，与之相应，所谓"体天下之物"，也就是超越特定之物或存在的有限形态、从整体上领悟和体认世界的意义，而"无一物非我"，则近于孟子所说的"万物皆备于我"。 在此，涵盖天下之物、其大无外之"心"，同时表现为超越有限、追求无限的意义之境。

在观念的层面，广义的意义世界表现为不同的形态。 事实上，在孟子以及张载对意义世界的理解中，都已蕴含着对其高下差异的确认。 意义之境既有内涵之异，也有层面或层次之别；前者（内涵之异）与伦理世界、审美世界、宗教世界等区分相联系，后者（层面或层次之别）则相应于精神的发展、提升所达到的不同程度。 通常所说的境界高或境界低，便主要体现了精神世界的不同层面或层次。 精神世界的如上差异不仅在认识之维涉及对世界理解的不同深度，而且在评价之维关乎对世界的不同价值取向和价值立场。

与内在的反思、体悟、感受等相联系的意义不仅涉及对象，而且指向人自身之"在"。 事实上，从孟子的反身而乐，到张载的"大其心"，对象意义的理解和把握，都进一步引向了对人自身存在意义的思和悟。 从宽泛的层面看，儒家以成己与成物关切之点，成己意味着自我通过多方面的发展而走向自由、完美之境；成物则是通过变革世界而使之成为合乎人性需要的存在。 在成己与成物的过程中，人也使自身的存在获得了内在的意义；这里的存在意义之所以呈现内在的性质，首先便在于成己与成物以人与人的世界自身的完成为指向；换言之，它所体现和确认的，是人自身的目的性。

在观念的层面，意义之境既包含人对存在的理解，又凝结着人对自身生存价值的确认，并寄托着人的"在"世理想。 与存在与"在"的探寻相联系，境界表现了对世界与人自身的一种精神的把握，这种把握既以理性的体认为其形式，又以实践精神的方式展开。 在求真、向善、趋美的过程中，

---

① 张载：《正蒙·大心》，《张载集》，中华书局，1978 年，第 24 页。

意义之境展示了人所达到和理解的世界图景，这种图景渗入了理性的观照，同时又表现了对意义的追求。在儒家的意义追寻中，我们确实可以看到其中渗入的内在理性精神，而这种理性向度又与建构意义世界的努力相互交融：事实上，当孔子以仁和知规定理想之境时，儒学的这一传统便已开其端。

与儒家坚持理性原则与追寻意义世界形成某种对照，在现代以来的思想演进中，我们常常可以注意到对理性的种种反叛。从哲学到广义的文化领域，在反本质主义、解构逻各斯中心、告别现代性等期帜下，非理性之维受到了越来越多的关注，理性的贬抑和批判似乎已浸浸然成为一种时代思潮。与之相随的是意义世界的失落。这种失落首先展现为意义的迷失、价值的危机，以及各种形式的虚无感、荒诞感等等。意义失落的更内在之维，则以意义本身的退隐为内容。在后结构主义或解构主义那里，这一趋向取得了典型的形式。解构哲学以不确定性为关注的目标：拆解现存的结构，放弃逻辑的整合，拒绝任何确定的解释，简言之，不断地超越给定的视域（horizon），否定已达到的意义，但又永远不承诺新的意义世界。德里达以延异（difference）概念，集中表达了如上意向。延异的含义之一是差异，它意味着本文与作者的意图之间有一个意义空间，作者所写的内容已不限于其本来意图，因此，理解应超越、突破原来的结构，揭示本文中超出作者所赋予的意义；延异的另一含义是推迟（推延），即意义的呈现总是被推延（本文之意不限于作者写作时所赋予者，其意义乃是在尔后不断扩展），因此对本文的理解应不断超出、否定现在的解释。总之，解构强调的是理解过程的不确定性，而由此它亦在相当程度封闭了走向意义世界的道路。这种看法带有明显的相对主义乃至虚无主义倾向，它从一个方面表现了所谓后现代主义的理论特征。

相对于后现代主义蔑视理性、悬置意义世界的进路，儒家境界说体现的理性取向和意义追求，似乎展示了更为健全的精神维度。尽管其理性原则与意义世界本身亦存在理论和历史的局限，但在理性与意义面临挑战的今天，它对于合理性的重建与意义世界的维护，无疑具有警醒作用。

（原载《浙江学刊》2004 年第 4 期）

儒家价值观的历史内涵

　　作为历史中的一种思想系统，儒学的核心体现于其价值观；儒学对中国文化的影响，也首先通过它的价值系统展现出来。 就儒家的价值体系本身而言，其内容包含多重方面，这里主要从儒家价值系统的历史内涵与现代意义等维度，作一较为简略的考察。

一

　　从早期开始，儒家便以"仁"为其核心的观念，先秦时代，就有"孔子贵仁"之说，事实上，原始儒学即奠基于"仁"。 仁以人的关切为指向，当孔子以"爱人"界说"仁"之时，便已表明了这一点。 在儒学的衍化过程中，"仁"这一观念进一步展开为仁道的原则。 作为独特的价值观念，仁道原则包含多方面的内容。 从其最基本的内涵看，基于仁道的价值观念首先体现在对人之为人的内在价值的肯定，"仁"与"爱人"的关联，也以此为前提。 如所周知，儒家很早就关注于人禽之辩，后者的实质意蕴，便是区分人与禽兽（人之外的其他的动物）。 人不同于禽兽（其他动物）的主要特征是什么？ 什么是人之为人的根本规定？ 这种追问所指向的，也就是何为人的问题。 对儒学来说，人区别于禽兽（动物）的主要之点在于人具有价值观意义上的伦理意识。 孟子曾说："人之所以异于禽兽者几希；庶民去之，君子存之。"①对儒家而言，这一使人区别于禽兽的"几希"之"希"，具体即体现在人所具有的伦理观念，而其核心则是仁道的原则。

---

①《孟子·离娄下》。

以价值观念为内涵，仁道的原则包含着对人的理解，后者首先体现为把人本身看作目的，而不是手段。在孔子那里，这一点已得到了十分自觉的表达。《论语》中便有一为人们所熟知的记载："厩焚。子退朝，曰：'伤人乎？'不问马。"①这里可以看到人与人之外的其他对象（马）的比较。所谓"不问马"，并不是说马没有价值：马在当时那个时代当然有其在生产、生活、军事等方面的独特作用。但是，马的这种价值主要体现在工具或手段的意义上，其作用在于为人所用。相对于马，人所具有的价值则呈现不同的性质：人不能被用作达到其他目的的手段或工具，而是本身就包含内在价值。不难看到，在人马之别的背后，孔子（儒家）所突出的乃是人之为人的内在价值。

如果作一大略的比较，便可注意到，西方从古希腊开始就较为强调正义的原则。从柏拉图、亚里士多德，一直到晚近的罗尔斯，都把正义作为核心的价值原则。按照亚里士多德的说法，作为价值原则，正义的主要之点就是让每一个人得其应得：凡是一个人有资格或有权利获得者，他就可以或应该获得。换言之，应当尊重每一个人得其应得的资格和权利。从这方面看，正义原则的背后，蕴含着权利意识，后来罗尔斯在讨论正义论的时候，便把分配正义作为一个重要之点来加以阐述，这同时也从利益关系的调节方面，突出了对个体权利的关注。

可以看到，从文明发展的早期开始，不同的文化传统对价值观念的理解便表现出不同的趋向：仁道原则首先关注人之为人的内在存在价值，比较而言，正义原则突出的则是人的权利。从当代社会的演进看，在建立健全的社会价值系统的过程中，对人之为人的内在价值和人的权利这两个方面都要给予关注：忽视了人的权利，则个体的存在往往容易被抽象化；悬置人的内在价值，则人的尊严以及人超越于工具或手段的规定便无法得到确认。在这一意义上，儒家的价值观念至少从一个方面为今天建立健全的价值系统提供了重要的思想资源。

进而言之，仁道的原则和正义的原则背后，同时涉及当代伦理学和政治哲学讨论的一个重要问题，即如何理解善和权利的关系。按其实质，仁道

①《论语·乡党》。

体现的主要是善的追求，正义则如前所述，以权利的确认为其核心。以当代西方伦理学与政治哲学领域的争论而言，社群主义和自由主义之争是其中的重要方面，二者的对峙同时体现于对善和权利关系的理解，这种理解在某种程度上针锋相对：自由主义主张权利高于善，社群主义则强调善的优先性。如何解决以上问题？这里首先似乎需要区分"善"的不同含义。在自由主义和社群主义的争论中，所谓"善"更多地侧重于形式层面的价值原则。从一个方面来说，"善"确实有它形式层面的意义，事实上，传统儒学中的普遍规范，如仁、义、礼、智，等等，同时也表现为具有形式意义的价值原则，就此而言，儒学对善的理解，也包含在形式层面对普遍价值原则的肯定。然而，除了形式层面的价值原则之外，儒学还注意到"善"所包含的另一个方面，即实质之维。从宽泛的层面看，"善"的实质内涵具体展现为对人在不同历史时期合理需要的关切和满足，在更广的视域中，这一意义上的"善"表现为对合乎人性的存在方式的关注。儒学对"善"的理解，已在某种意义上注意到以上方面。如所周知，孟子对善曾有如下界说："可欲之为善"，这里的"可欲"在广义上可以理解为与人的生存发展相关的合理需要和欲求，从后一方面理解，则凡是能够满足人生存、发展合理需要的，便属于善。这一意义上的"善"并不仅仅表现为形式层面的抽象原则或抽象教条：与合乎人性的发展相涉，它同时体现了实质层面的含义。儒家所展开的人禽之辩试图揭示人不同于其他存在形态、不同于动物的根本之所在，这种辨析讲到底即指向使人真正成为合乎人性的存在这一目标。要而言之，在儒家那里，仁道原则并非抽象、空洞的东西，而是包含形式层面的"善"和实质层面的"善"的统一。

以上述背景为视域考察前面提到的社群主义与自由主义之争，便可以注意到，二者所涉及的善和权利的关系，可以在对形式层面的善和实质层面的善作双重关注这一前提之下来思考。以此为出发点，即可发现，善和权利这两者并非彼此对立或截然相分，也不存在一方压倒另一方的问题：二者都应该是健全的价值系统的题中应有之义。如前所述，当代自由主义视域中的善，主要呈现形式层面的意义。如果仅仅从这一层面理解善，确实可能蕴含消极的后果，这种后果包括：在强化某种外在原则、抽象教条的形态下，使个体的发展受到内在的限定。历史地看，在传统的权威主义价值原则之下,个人的多方面发展、其内在意愿的实现往往受到抑制。 自由主义要求或提倡权利高于善,在某种意义上包含了对这种趋向的警惕。 但由此,他们往往忽略了"善"同时还存在另一重意义,即在实质层面上,它可以表现为满足人的合理需要、肯定合乎人性的存在状态,所谓"可欲之谓善",便涉及这一方面。 就后者而言,善与权利显然并非彼此冲突。 可以看到,儒学对善的理解、它对形式之善和实质之善统一的肯定,为解决当代价值观上的善与权利之争,提供了某种理论的资源:儒家的仁道原则本身即体现为形式的善和实质的善之间的统一,由此出发,无疑有助于扬弃权利和善之间的冲突、消解两者之间的外在张力。 在这里,不难注意到儒家的价值体系所具有的现代意义。

二

在儒家那里,仁道的原则同时包含更为宽泛的内涵。 孟子曾提出"亲亲""仁民""爱物"等观念,这里可以首先关注"仁民"和"爱物"。"仁民"主要涉及仁道原则与人的关系,它意味着把这一原则运用于处理和协调人与人之间的关系;"爱物"则是将这一仁道原则进一步加以扩展、引申,运用于处理人与物的关系。 这里的"爱"有珍惜、爱护之意,其中体现了对人之外的自然、对外部环境的尊重和爱护。 从价值观看,"爱物"的观念关乎广义上的天人关系问题,其具体内容涉及外部自然与人的发展、人的需求之间的协调;由此,它也使儒家的仁道原则获得了更广的意义。在儒学的发展过程中,上述思想进一步演化为万物一体、民胞物与的观念,后者所肯定的,是天和人之间的统一、人与自然之间的和谐相处。 尽管万物一体、民胞物与这种观念有形而上的思辨之维,但就天人关系而言,其内在的价值指向则在于扬弃二者的分离和对峙。

相对于仁民爱物、万物一体,权利意识所关注的,首先是人自身的权益。 从价值观上看,由肯定作为个体的人的权利,往往将进一步引向强调作为类的人的权利,后者意味着以人类——不同于物类的人类——为视域理解自然的价值,并将占有、征服、支配、利用作为对待外部自然的方式,由此每每形成天人关系上狭隘的功利意识。 不难看到,从肯定个人权利到突出人类的权利，其间存在逻辑的关联，与之相联系的则是对待自然的片面的功利意识。

儒家由仁民而爱物的观念，在一定意义上隐含着"以物观之"的视域，后者要求从物的角度出发来考察自然："爱物"本身即以尊重自然本身的法则为题中之义。孔子、孟子以及《礼记》都一再提到，在利用外部自然（如砍伐树木、渔猎）的过程中，必须顺乎自然本身的法则，所谓"树木以时伐"①"斧斤以时入山林"②，便是强调伐木要根据自然季节以及树木的生长法则来进行。引申而言，也就是人应基于自然本身的法则，以作用于对象和自然，这一意义上的"以物观之"不同于完全消解人的价值目的之片面的"以物观之"。在天人关系上，从人的视域考察自然这一广义的"以人观之"诚然无法避免，但不能由此无视自然本身的规定和法则，将"以人观之"片面化。单纯地从人的权利出发而追求对自然的占有、征服和支配，往往容易引向后一偏向。

从现代化的历史进程看，处理人与天（自然）之间的关系，既需要扬弃片面的"以物观之"，也应当超越片面的"以人观之"。一方面，对外部自然的作用是人类发展过程中不可忽略的一个方面：人类的生存、发展不可能完全不利用自然的资源，与之相关的"以人观之"也有其存在的理由。另一方面，这一过程又不能仅仅被理解为基于人自身的需要或"权利"，而是应同时尊重自然本身的内在法则。片面的"以物观之"，将导致忽视人的价值追求；片面的"以人观之"，则将引向以人的权利压倒自然的法则，由此导致天和人之间的过度紧张。可以看到，权利意识所体现的"以人观之"与仁民爱物所蕴含的"以物观之"构成了解决天人关系的双重视域，儒家所主张的广义仁道观念，也由此呈现了其在协调天人关系中的现实意义。

三

在儒家那里，仁民爱物的引申和扩展，进一步指向更广的价值领域，后

---

① 《礼记·祭义》。
② 《孟子·梁惠王上》。

者具体体现于《中庸》的两个重要观念，即"万物并育而不相害"与"道并行而不相悖"。"万物并育而不相害"包含多方面的意义。从本体论层面看，它意味着这个世界就是多样的事物共同存在的世界：各种对象共处于天地之中，彼此相互作用，而非相互排斥。换言之，万物可以在彼此相容的形态下共同存在。在价值观上，"万物并育而不相害"又意味着在社会领域中，不同的个体、不同的群体、不同的阶层、不同的民族、不同的国家可以彼此并存，而这种并存的前提，则是每一个体、每一阶层、集团、民族、国家都具有自身生存、发展的基本空间。从社会的角度看，只有为每一个体、每一阶层、集团提供生存、发展的空间，社会中的不同对象才可能和谐共存。从国际范围来看，不同民族、不同发达程度的国家同样也应当有各自发展的基本空间，只有这样，才可能达到世界范围内不同民族、不同国家之间和平相处。儒家"万物并育而不相害"的看法中，无疑蕴含如上价值观念。

与"万物并育而不相害"相关联的是"道并行而不相悖"，这里的"道"主要不是指形而上视域中的存在根据，而更多地指道德理想、价值理想或普遍的价值原则，"道并行而不相悖"意味着对不同的道德理想、价值理想或普遍的价值原则，应以宽容的态度来对待，允许不同的价值观念并存于这个世界。以人权、民主等观念而言，对人权的内涵、对民主的形式，可以有不同理解，无须定于一尊。广而言之，价值层面的不同理念，可以在这个世界中并行而不悖，不必将某种单一的原则强加给不同的个体或不同的民族、不同的国家。体现"道并行而不相悖"的这种价值观念，同时从一个方面为社会领域或世界范围中人与人之间的和谐共处提供了前提。如所周知，在社会领域以及更广意义上的国际范围之内，人与人之间不同形式的冲突，既关乎现实利益的差异，也涉及价值观念的分歧。晚近有所谓文明的冲突之说，文明冲突的背后，实际上就是价值观念上的冲突，如果人们能够尊重并接受"道并行而不相悖"的价值观念，那么，由于价值观念的不同而导致的各种形式的社会冲突，便可以得到某种限定。就此而言，儒家关于"道并行而不相悖"的观念对协调不同文明传统、不同文明形态的关系，也有其重要意义。

历史地看，儒家不仅提出了"道并行而不相悖"的原则，而且其思想的衍化本身也在某种意义上体现了这一原则。尽管汉代已开始倡导所谓"罢黜百家、独尊儒术",但事实上,提出这一主张的董仲舒,其思想又具有非常浑厚的包容气象。在他的思想系统中,我们可以看到先秦墨家、道家、法家、名家等各派的思想,可以说,他在相当程度上把各家思想融汇于他自己的思想体系之中。汉代在政治上建立了大一统的国家,在思想观念上,也有包容、吞吐各家的气象,在董仲舒那里,可以很具体的看到这一点。就现实的政治体制和治国过程而言,汉代以所谓"阳儒阴法"为特点,这里也不难注意到儒与法之间的某种交融,其中同时体现了"道并行而不悖"的原则。在文化思想、哲学观念这一层面,到宋明时期,儒、释、道之间相拒而又相融,这种现象也折射了"道并行而不相悖"的原则。要而言之,从社会领域看,"万物并育而不相害"主要涉及具体的、现实的利益关系的调节,"道并行而不相悖"则更多地关乎观念层面不同价值原则之间的协调,儒家对以上两个方面都给予了相当的关注。

在历史的早期,后来成为儒家经典的《尚书》就提出"协和万邦"①的要求,这一主张意味着以和平相处、和谐交往为协调天下不同政治实体之间关系的原则,在儒学的发展中,以上思想逐渐融入于儒家的价值系统。到了宋明时期,张载更进一步提出了"为万世开太平"的观念,后者在某种意义上表达了类似于康德所说的"永久和平"的理想。"协和万邦""为万世开太平"这种广义的"永久和平"如何可能?前面提到的"万物并育而不相害""道并行而不相悖"等儒家观念,可以进一步从这一角度加以理解。如前所述,在现实的利益关系上,按"万物并育而不相害"的原则,不仅社会领域中的个体或阶层应当有自身的存在空间,而且在更广意义上的国际范围之内,也应真正让每一个民族和国家都有生存发展的空间;在价值观上,按"道并行而不相悖"的原则,则应以宽容的态度对待不同的价值观念、不同的文明形态和不同的社会发展方式。唯有如此,世界范围之内的和平才真正可能。在这一方面,儒家的相关价值观念无疑展现了更广的历史内涵。

---

① 《尚书·尧典》。

四

价值原则如何落实于具体的践行过程？ 儒家在这一方面的思考，体现于"中道"的观念。 孟子便一再强调中道而立，广而言之，中庸、中道一直是儒家所肯定的。 这里的"中"不仅仅是量的概念，量的意义上的"中"，主要表现为直线中与两端等距离的中点。 在儒家那里，"中"更实质地体现于"度"的观念。 孔子说："过犹不及"，这便涉及"度"。 超过（过度）和"不及"（未达到）都不符合"中"的观念。 这里的实质含义，就是把握事物存在或人的实践过程中最适当的形态。 具体而言，度的观念可以体现为对事物不同方面之间的协调、在保持张力的同时又注意适当的平衡关系，等等。 儒家在看待和处理社会实践与社会交往过程中不同方面的关系时，处处体现这一点。 不仅人与外部对象的互动涉及"中"，而且内在精神世界中的不同方面也关乎此。 以精神世界中的不同情感形态而言，在儒家看来，喜与怒、悲与欢之间，都应保持一定的分寸，达到适当的度。

与度的观念相联系，儒家中道观念的另一重要内涵，涉及处理普遍原则与具体情境之间的关系。 一方面，不管是社会生活本身的展开，还是作用于外部自然的过程，都离不开普遍原则的引导，另一方面，社会生活总是丰富、多样、复杂的，每一种实践的具体情境也千差万别。 在社会生活或实践过程中，一般原则如何与具体情境加以结合？ 这里也有掌握"度"的问题。 在这方面，儒家曾提出有经和权之间关系的协调问题。 经是一般的普遍原则，权是一般原则在具体情境中的变通、调节。 从教育过程看，孔子便非常注重根据教育对象的具体特点，给予相应的引导。 《论语·先进》记载："子路问：'闻斯行诸？'子曰：'有父兄在，如之何其闻斯行之？'冉有问：'闻斯行诸？'子曰：'闻斯行之'。 公西华曰：'由也问：闻斯行诸，子曰：有父兄在；求也问：闻斯行诸，子曰：闻斯行诸。 赤也惑，敢问。'子曰：'求也退，故进之；由也兼人，故退之。'"这里涉及广义的知与行的关系：了解、把握了某种义理，是否应该立即付诸实践？ 就一般的意义而言，儒家以知行统一、言行一致为原则，然而，在不同的情境下，面对不同的对象，这一原则却应作适当的变通、调整，在以上例子中，对率性而行的子路，需要以"父兄在"加以约束；对性格较为谦退的冉有，则以"闻斯行诸"加以激励。 从教育学的角度看，这里体现了因材施教的原则，就人的实践过程而言，这里又体现了经（一般原则）与权（具体情境）之间的交融。 宋明时期，理学家进一步提出理一分殊，理一分殊既有其形而上层面的含义，也涉及实践过程和实践方式，从后一方面看，理一与分殊的关系，也关联着一般的原则与具体情境之间如何协调的问题，这里同样涉及对"度"的把握。

（原载《中华读书报》2014 年 11 月 19 日）

再思儒学

儒学的精神性之维^①

作为观念形态的思想系统，儒学包含精神性之维。 宽泛而言，"精神"具有不同含义，可以从认识论、伦理学、本体论等角度加以讨论。 谈儒家的精神性，无疑也涉及以上领域，但其实质内容则首先关乎价值之维。与之相联系的所谓精神性，首先相对于物质需求和感性欲求而言，其内在指向，则表现为意义的追求。

一

从形而上的层面看，人的存在与意义追求无法分离。 世界本无意义，意义因人而有。 相应地，也只有在人那里，才形成以意义追求为实质内容的所谓"精神性"问题。 人的存在具有多方面性，这一存在境况决定了意义追求的多方面性。 意义追求从核心的内容看关乎真善美，就具体的层面而言又涉及艺术、道德、宗教、哲学等领域。 在意义的以上向度中，宗教既非唯一的方面，也不是终极之维，黑格尔在《精神哲学》中，便把哲学视为"艺术和宗教的统一"^②，按这一理解，宗教仅仅构成了哲学的一个环节，而并不具有至上性。 黑格尔关于艺术、宗教与哲学关系的看法是否合理，当然可以讨论，但他在精神之域拒绝赋予宗教以唯一性、至上性的思路，无疑值得关注。 同样，在肯定"精神性"的实质性内涵表现为意义追求的同时，应当避免把"精神性"简单地等同于宗教性。

---

① 本文系作者于 2017 年 6 月在"当代儒学发展的经验、现状和方向"会议上的发言记录。
② 黑格尔：《精神哲学》，杨祖陶译，人民出版社，2006 年，第 383 页。

意义的追求既不同于意义的消解，也有别于意义的强加。以目的悬置、价值贬弃等为表现形式，意义的消解呈现多样的表现形式。在否定理性的前提下，非理性的情意表达往往压倒了理性的觉解；以确定性的扬弃为形式，意义的追求常常被推向理论关切的边缘；对文明演进、文化延续内在价值的怀疑，则每每使历史本身也失去内在的意义，如此等等。意义的这种消解，在价值观上容易引向虚无主义。与之相对的另一种趋向，则表现为对意义的外在强化或意义的强制。意义的外在强化或强制往往以权威主义或价值独断论为其存在形态，它在实质上以外在强加的方式，把某种意义系统安置于人。意义的这种强制或强加，意味着限制人们自主地选择、接受不同的意义系统。如果说，意义的消解导致精神性的失落，那么，意义的强制则引向精神性的异化。

从儒学的原初形态看，其精神性的维度可以从仁道和忠恕之道的统一中加以理解。仁道原则从价值论、本体论等方面为意义的追求提供了前提；"忠"与"恕"的统一则既意味着拒绝意义的消解，也意味着避免意义的强加。

意义基于人的存在，意义的追寻也离不开对人自身的理解和定位。考察儒家对人的理解，首先需要关注其核心的观念——"仁"。从形而上的角度看，"仁"的意义在于肯定人的内在价值，当孔子以"爱人"界说"仁"时①，便言简意赅地肯定了这一点。对儒家而言，人之外的物固然可以为人所用，并相应地也有其价值，但这种价值仅仅是手段意义上的（为人所用），唯有人才因其自身而具有价值。孔子在得知马厩失火后探询"伤人乎"，而"不问马"②，便体现了这一点。作为不同于外在对象并不可还原为物的存在，人的价值具有内在性，这种内在价值同时从本源上规定了人的存在意义，并构成了一切意义追求的出发点。

仁道原则的确认，本身又以人禽之辩为逻辑前提。人禽之辩的实质指向，在于通过何为人的追问，揭示人之为人的根本规定。对儒学而言，人之为人的基本品格，主要体现于其自觉的伦理意识，正是这种伦理意识，使

---

① 《论语·颜渊》。
② 《论语·乡党》。

人区别于他物。荀子曾对人与其他对象作了比较，认为人不同于这些对象的根本之点，就在于有"义"。所谓"义"，也就是普遍的道德规范以及对这种规范的自觉意识（道德意识），后者同时赋予人以前述内在价值，并使之高于其他一切存在（"最为天下贵"）①。人所具有的这种价值进一步为意义的追寻提供了本体论和价值论的根据：作为有别于禽兽、具有内在价值的存在，人总是追求有意义的、值得过的生活。在此意义上，作为儒学核心的仁道原则既体现了一种精神性的意义取向，又构成了更广意义上精神追求的前提。

与仁道相联系的是忠恕之道。所谓"忠"，即"己欲立而立人，己欲达而达人"，其内在的趋向是由己而及人，使自己所认同、接受的价值理想同时成为他人追求的目标；"恕"则指"己所不欲，勿施于人"，其中包含尊重他人意愿、避免干预他人之意。② 就二者与人的关联而言，"忠"主要表现为使之（人）完美，"恕"则更多地侧重于宽以待人。从价值取向看，"忠"展示的是积极的担当意识或责任意识（努力使人完美），但仅仅以此为原则，容易导致强制他人接受自己的理想或价值观念，从而走向意义的强加。比较而言，"恕"则内含宽容的精神，在儒学看来，真正在实践中对此身体力行，便能逐渐趋近于仁的境界，所谓"强恕而行，求仁莫近焉"③，便表明了这一点。这种宽容的精神在后来进一步衍化为"道并行而不相悖"的观念，后者意味着以开放、兼容的态度对待不同的价值原则和价值观念。"恕"以及"道并行而不相悖"的主张对于"忠"（"己欲立而立人，己欲达而达人"）所可能导致的强人就我趋向，无疑具有某种抑制作用。当然，如果仅仅讲"恕"、单纯地坚持"道并行而不相悖"，也可能导致悬置价值的理想，甚而走向意义的消解或意义的相对化。从以上方面看，"忠"与"恕"的统一既通过理想的担当而远离了意义的消解，又通过力行宽容之道而避免了意义的强加。

从形式的方面看，"忠"与"恕"体现的是"能近取譬"、推己及人的

---

①《荀子·王制》。
② 参见《论语·雍也》《论语·颜渊》。
③《孟子·尽心上》。

思维方式，这种方式，同时被理解为"仁之方"①。 如果说，仁从总的方面规定了意义追求的价值方向，那么，作为实现仁道的具体方式和途径，"忠"与"恕"的统一则使儒家从一开始便与意义的消解和意义的强加保持了距离，儒家以意义追求为实质内涵的精神性，也由此展现了比较健全的趋向。

二

意义追求当然不仅仅限于儒家。 从比较的视域看，意义追求往往展现出不同形态。 这里首先可以关注"超越"和"成长"所蕴含的相异进路。在谈儒学或广义上的中国哲学之时，晚近比较流行的观念之一是所谓"内在超越"。 后者一方面肯定儒学及广义上的中国哲学也有类似西方基督教的超越性（transcendent）或超越性的追求，另一方面则认为儒学或广义上的中国哲学所具有的这种所谓"超越性"，同时呈现"内在性"（immanent）。

以上论点尽管试图把握儒学及中国哲学的特点，但从现实的层面看，却在相当程度上偏离了儒学及中国哲学的本来形态。 在此，首先需要对"超越"这一概念作一分疏。 严格意义上的"超越"，乃是与 transcendent 对应的概念，这一意义上的"超越"概念首先来自西方，并涉及宗教的论域。从以上的"超越"视域看，上帝是唯一具有超越性的存在的，这种超越性非任何其他对象（包括人）所可能具有。 当然，后来哲学家如康德也提到过超越性（transcendent），而且这种超越性在他的哲学中也与宗教存在相关性。 康德区分感性、知性、理性，理性作为超验或超越（transcendent）之域，涉及三重理念，其中最高的理念便是上帝。 这一意义上的超越，无疑也关乎宗教。 不过，在康德那里，超越性同时又主要指超越感性，其意义相对于先验性（transcendental）而言：先验性（transcendental）的特点在于先于感性经验，但又可运用于感性经验，超越性或超验性（transcendent）则超越感性经验而又无法运用于感性经验。

在以上语境中，"超越"关联无条件的、无限的、绝对的方面，并与内

---

① 《论语·雍也》。

在性（immanent）相对。这一视域中的"超越"，同时又具有不同意义上的"彼岸"性，而人则无法由"此"及"彼"：在本体论上，"此岸"之人不可能成为"彼岸"的上帝；在认识论上，人不能由感性领域的现象，达到超越于感性的自在之物或物自体。这一类的所谓"超越"，内在地包含着对人的限定，事实上，"超越"本身即以肯定人存在的有限性为前提。

这里可以暂且搁置广义的中国哲学，主要关注儒学以及儒学与以上思维趋向的关系。与上述"超越"的进路不同，儒学不同于基督教，从而没有承诺唯独上帝才具有那种"超越性"和宗教意义上的"超越"观念；儒学也并不执著于康德哲学中所谓感性和理性、经验和超验等等的区分，从而也没有认识论意义上（超验意义上）的超越性。进一步看，上述视域中的"超越"（transcendent）和"内在"（immanent），在内涵上彼此悖反，前者（"超越"）是无条件、绝对、无限的，后者（"内在"）则是有条件、相对、有限的。在特殊蕴含普遍或个别包含一般等意义上，也许可以肯定有条件、相对、有限的存在中内含着无条件、绝对、无限的规定。然而，以"内在"（immanent）规定"超越"（transcendent），由此形成"内在超越"之说，则犹言"圆的方"，在逻辑上无法自洽。事实上，简单地用"内在超越"这类概念去谈儒学，似乎难以避免"以西释中"（借用时下的流行表述），这里所谓"释"，具有明显的迎合、附会倾向。

相对于基督教之注重"超越"，儒学更为关注的是为己和成己，后者所指向的，是自我的成长。"超越"隐含着自我的某种退隐，"成长"则以自我的提升为目标。自我的成长或自我的提升一方面意味着在"人禽之辩"的意义上由"野"而"文"，亦即走出本然状态，成为不同于自然对象的文明化或真正意义上的人，另一方面又意味着在"圣凡之辩"的意义上，由"凡"而"圣"，不断提升自身的人格境界。这里的"圣"不同于"神"："圣"是内在于"此岸"、具有完美德性的人，而不是存在于"彼岸"的无条件、绝对、无限意义上的上帝。

对"超越"的追求，往往引向自我的否定以及自我发展过程中的间断性：较之绝对的、无条件的、超越的存在，自我似乎显得微不足道，这种自我同时被视为应加以超越的对象。耶稣曾对他的信徒说，"如果有人想跟随我，就让他先否定他自己。"①这里的"否定他自己"既意味着个体的自我否定，也意味着自我发展的中断。比较而言，"成长"侧重于个体的自我实现，后者所确认的，是个体自身发展过程中的自我肯定以及自我发展过程中的连续性。事实上，相对于"超越"的进路，儒学更多地强调形上的根据和人的存在之间的连续性，《易传》的以下论述便从一个方面体现了这一点："一阴一阳之谓道，继之者，善也；成之者，性也。"②这里的"道"可以理解为价值的形上根据，对儒家而言，这种形上根据与人的成长之间更多地呈现前后相继的连续性：人自身成长的过程同时表现为对道的依循和确证。这种依循和确证不同于人的自我否定，相反，在继善成性的过程中，一方面，人的发展有其形上根据，天与人的之间呈现前后的相关性；另一方面，人自身的成长过程，也展现出时间中的绵延统一。如果撇开以上表述的思辨形式，从更为现实的层面加以理解，则可注意到，其中同时蕴含如下观念：受道制约的人，其存在规定中蕴含未来成长（包括成就自我）的可能，这种可能构成了人后继发展的根据，成性（自我成长和自我提升）的过程，也就是以上可能的实现和展开过程，其内在向度则表现为前后的绵延相继。

儒学固然也以"克己复礼"规定"仁"，但此所谓"克己"不同于否定自我，相反，其最终的目标是成己："人须有为己之心，方能克己，能克己，方能成己。"③这里涉及为己、克己、成己等不同环节，其间的关系表现为从"为己"出发，通过"克己"，最后达到"成己"。在此，"成己"构成了终点，"克己"只是这一过程的中介或手段，而个体的成长则相应地表现为一个自我造就，而非自我否定的过程。在"超越"的视域中，既成的"我"和应成的"我"之间往往存在着内在的紧张：应成之"我"表现为对既成之"我"的否定。以"成长"的观念为前提，既成之"我"和应成之"我"之间，则更多地呈现前后的相承：应成之"我"具体地表现为既成之"我"的提升，两者之间不存在否定意义上的张力。

与人自身成长的连续性相联系是过程性、时间性。一方面，学以成

① 詹姆士·里德：《基督的人生观》，蒋庆译，生活·读书·新知三联书店，1989年，第69页。
② 《易传·系辞上》。
③ 王守仁：《传习录上》，《王阳明全集》，上海古籍出版社，1992年，第35页。

人，自我的成就构成了个人发展的目标；另一方面，按照儒家的理解，"学不可以已"①，这里的"学"以成人为指向，而"学不可以已"则意味着是自我成长是一种无止境的过程。"学"以成人的这种无止境性表明，现实世界或"此岸"中的人，其成长、提升总是离不开历史性。

与此相对，"超越"在本质上并不涉及历史性、时间性、过程性。无论是绝对、无条件意义上的上帝，还是作为超验对象的物自体，都存在于时间和过程之外，具有超时空的特点。康德认为时空的直观形式只能应用于现象界，而无法以物自体为作用对象，这种看法也从一方面强调了物自体超越于时间和空间之外。②从意义追寻的角度看，"超越"与时间性、过程性、历史性的隔绝，同时也从一个方面突显了以"超越"为指向的意义追寻本身的抽象性，而成长过程的历史性、时间性规定，则展现了与之相关的意义追求的具体性和现实性。儒家精神性之维的内在特点，也由此得到了进一步的彰显。

三

与注重人自身的成长相联系，以意义追求为实质内涵的儒学精神性之维，内在地体现于宋儒张载的以下名言，即："为天地立心，为生民立道，为去圣继绝学，为万世开太平。"③这既是精神层面意义的追求，又展现了这种意义追求的价值内涵。

如前所述，人之为人的根本特点在于具有创造力量，这种创造力量使人能够赋予世界以意义。在人没有作用于其上之时，作为本然存在的洪荒之世并没有呈现出对于人的意义，世界对于人的意义乃是通过人自身的参与活动而敞开的。张载所说的"为天地立心"在表述上尽管具有某种形上的特点，但在实质上却从价值的层面上，突显了人的创造力量以及人赋予世界以意义的能力。

---

　　①《荀子·劝学》。
　　② 在此意义上，海德格尔将存在与时间联系起来，可以看作是对基督教影响下的西方思想传统的某种转换，它与康德依然承诺理性之域存在的超时空性颇相异趣，其意义不应忽视。
　　③《张载集》，中华书局，1978 年，第 376 页。

"为天地立心"以人与外部世界的关系为指向，"为生民立道"则涉及人与人自身的关系：人的历史走向和发展趋向，基于人自身的选择，而并不是由超越的存在如上帝、神之类的对象所规定；人类走向何方，决定于人自身。对历史方向的规定，以肯定人的存在和发展具有意义为前提，在此意义上，"为生民立道"表明，人的存在和发展并非如虚无主义者所认定的那样没有价值。质言之，一方面，人的存在和发展内含自身的价值意义，另一方面，这种价值意义又源于人自身所立之"道"。

人的存在意义，同时体现于人的文化建构及其绵延发展："为往圣继绝学"便关乎人类的文化历史命脉。"往圣之学"可以视为社会文化思想的象征，它既凝聚了人类的文化成果，又是文化历史命脉的体现，"为往圣继绝学"的实质意义，便在于延续这种文化的历史命脉。文化积累是人的价值创造力量更为内在的表征，对延续文化历史命脉的承诺，同时也是对人的存在价值的进一步确认。

"往圣之学"首先涉及过去（以往的文化成果），比较而言，"为万世开太平"则更多地关注于未来。这里首先渗入了人类永久安平的观念，其思想的源头在一定意义上可以追溯到《尚书》的"协和万邦"以及《大学》"平天下"的社会理想。在西方近代，康德曾以永久和平为人类的未来理想，这一观念在某些方面与张载的思想也有相通之处。不过，在张载那里，"为万世开太平"并不仅限于追求邦国之间的永久和平，其中还包含着更普遍的价值内容，后者具体表现为推动人类走向真正完美的社会形态。历史地看，在不同的时代，人的完美和社会的完美可以被赋予不同的内容，相对于这种特定的历史追求，"为万世开太平"在展示未来价值理想的同时，又赋予这种理想以终极的意义。

作为儒家精神性的具体体现，以上观念并非玄之又玄、空洞无物，而是体现了理想意识和使命意识的统一，并展示了成己和成物的价值取向，其中同时内含了人自我提升、精神升华的要求。这种精神性追求不同于宗教，无法归入由"此"及"彼"的超越追求，其理想、使命都具有此岸性和现实性，与之相联系的自我提升也基于人的现实存在。

进而言之，以上的意义追求或精神性取向与宗教的分别，还在于它以肯定人自身的价值和自身的力量为前提。前文已提及，从人和世界的关系来说，所谓"为天地立心"，意味着人应当并能够赋予世界以价值意义。从人和自身的关系看，所谓"为生民立命"，蕴含着肯定人的历史发展方向取决于人自身的选择和努力。与之相异，对宗教如基督教而言，人是微不足道的。基督教的《圣经》中即有如下名言："人算什么？"①如果人试图为天地立心、为生民立命，便难以避免僭越。在基督教看来，人首先应当祈求上帝的救赎，即使注重信徒自身努力的新教，也要求通过这种努力以证明自己是上帝的选民。这种以"超越"的上帝为指向的进路，与人"为天地立心""为生民立命"的旨趣，相去甚远。

四

基于人自身价值和自身力量的儒学精神取向虽然不同于宗教，但其内在的文化意义和历史意义并不因此而被消解或弱化。以近代以来的历史衍化为背景，可以进一步把握这种意义。

如前所述，在儒学那里，人禽之辩构成了意义追求的出发点，儒家对仁道原则的肯定，也以人禽之辩为前提。广而言之，承认人之为人的价值与明辨人与其他存在的区别，可以视为同一问题的两个方面。意义追求离不开人，人禽之辩与何为人的问题则紧密相关：人禽之辩所指向的是人禽之别，后者意味着确认人之为人的根本规定。由此，人禽之辩本身也构成了意义追寻的本体论根据和价值论前提。

然而，就中国近代的历史衍化而言，自从进化论引入以后，物竞天择、适者生存这一类观念一度成为思想的主流，这种观念的兴起，无疑有其历史的缘由，它对激发近代的民族危亡意识和自强精神，也有其历史意义。然而，从人道或价值观的层面看，这一类观念又在逻辑上蕴含着如下趋向，即把人和其他的对象（包括动物），等量齐观，后者与传统儒学在人道领域上展开的"人禽之辩"构成了一个不同的形态，在某种意义上甚而可以视为"人禽之辩"的一种颠覆：人禽之辩侧重于通过区分人与其他存在（包括动物），以突显人超越于自然的内在存在价值，物竞天择、适者生存则似乎使

---

① 参见《圣经·约伯记》第七章。

人回到自然丛林中的存在形态。从确认人与动物的根本差异（人禽之别），到等观天人（人与物服从同一自然法则），这无疑是观念的重要变化。

同时，随着市场经济、商品交换的发展，人的物化和商品化也逐渐成为一种引人瞩目的社会现象。在商品交换中，人与人的关系往往被转换为物与物的关系，商品崇拜、金钱崇拜等各种形式的拜物教则随之出现。与之相辅相成的是伴随着现代化过程而形成的世俗化趋向，后者往往赋予人的当下感受、感官需要以优先的地位，并以此疏远理想的追求、摈弃精神层面的终极关切。人的物化与物欲的追逐相互关联，使人禽之辩的颠覆，进一步引向了人与物界限的模糊。

进而言之，在科技日新月异的发展中，技术对人的控制以及工具对人的制约也逐渐滋长，人在某种意义上相应地愈益受制于技术和工具。在日常生活中，手不释"机"（手机或计算机）、网络依赖，已成为司空见惯的现象，这种日常景观也从一个方面折射了技术对人的控制。近时的 AlphaGo 与围棋高手的对决以及后者的屡屡落败，又使人禽之辩进一步引向人机之辩。就后一方面而言，人工智能似乎从能力等方面对人的存在价值和意义提出了挑战。

从更宽泛的层面看，尼采已提出上帝死了的口号，在西方思想传统中，上帝通常被视为意义的终极根据，与之相联系，既然上帝已死，则意义的终极根据也随之逝去。福柯进一步作出了"人之消失"的断言，并冷峻追问"人死了吗"①？人是意义的主体，人死了，则意义追求的主体也不复存在。这样，从意义根据的架空，到意义追求主体的退隐，意义都面临着失落之虞。

就现代思想的演进而言，对本质主义、基础主义、逻各斯中心观念以及理性原则的拒斥，往往伴随着对意义追求的质疑，意义的陨落则是其逻辑的结果。在后结构主义或解构主义那里，这一趋向取得了较为典型的形式。解构强调的是意义的不确定性，而在强化这一点的同时，它也在相当程度封

---

① 参见福柯：《词与物》，莫伟民译，上海三联书店，2001 年，第 446 页；《福柯集》，杜小真编选，远东出版社，1998 年，第 78～83 页。

闭了通向意义之境的道路。

此外，当代世界中还可以看到各种形式的极端主义以及原教旨主义，它们往往将某种片面的宗教观念或价值原则绝对化、至上化，并不仅在理论上加以宣扬、灌输，而且力图在实践中推行、贯彻。在实践中推行以上观念往往导致所谓文明的冲突，在理论上对其加以宣扬、灌输则意味着强行让一定共同体的成员接受这种观念。如果说，人禽之辩的颠覆、人物界限的模糊、技术的控制、意义的解构，等等，在从不同层面消解人的存在价值的同时，也使精神之维的意义追求失去了前提和依托，那么，极端主义和原教旨主义则从一个方面表现出意义强加的趋向。

从如上背景出发考察儒学的精神性内蕴，便不难注意到它在今天所具有的意义。以人禽之辩为前提，儒学确认了人之为人的根本规定，由此为意义的追求提供了价值论的前提；基于仁道原则，儒学肯定忠与恕的统一，以此避免意义的消解和意义的强制；以人的自我提升为指向，儒学注重人的成长，以此区别于导向自我否定的"超越"；从"四为"（为天地立心，为生民立道，为去圣继绝学，为万世开太平）的观念出发，儒学肯定人作为价值主体所具有的创造力量，并确认理想意识和使命意识的统一，等等，这种精神追求不仅在消极的层面提醒我们对前述各种价值偏向保持警觉，而且在积极的层面为我们更深沉地关注人的存在价值、承诺意义的追求、拒绝意义的强加提供了重要的传统思想资源。就意义追求本身而言，相对于"超越"的宗教向度，儒学更多地展现了基于"此岸"的现实进路。从以上方面看，重新回溯、思考儒家以意义追求为内涵的精神性之维，无疑有其不可忽视的意义。

（原载《复旦学报》2017 年第 6 期）

儒学中的人性问题

一

　　人性的讨论首先涉及广义之"性"及其内涵。在儒学中，"性"这一概念在某种意义上与现代哲学中的"本质"范畴处于同一序列。孟子已比较早地对性作了考察，其基本的看法是："天下之论性也，则故而已矣。"①依此，则关于"性"的讨论，实质上展开于"故"这一层面。如所周知，"故"包含事物的根据、原因等义，与今天所说的"本质"概念有相通之处。在西方哲学的语境中，与"性"具有较为直接地对应性的概念，主要是 nature，后者也内含"本质"之义。从这一意义上说，我们诚然需要注意"性"与"本质"的不同侧重点，但同时亦应关注二者的相通性，不能否认和忽视这两者作为哲学概念所涉及的相关问题。

　　与以上问题相涉的是"人性"与"人的本质"之间的关系。在具体的应用以及哲学讨论中，二者有时呈现不同的侧重。在某些场合，"人性"的概念与"本性"的概念相通，从而更多地与既成、已然的形态相联系，表现为人本来具有、无法分离的规定。谈到某物的本性，通常便是指该事物一旦存在便与它同在这种内在规定，人的"本性"也常被赋予类似的含义。相对而言，人的本质这一概念，则侧重于更深层的社会意义：当马克思把人的本质理解为"社会关系的总和"时，便表现为在上述意义上具体运用这一概念。人的这种本质，并非与生俱来。人最初只是生物学上的存在，人之

————————————

　　①《孟子·离娄下》。

获得以上本质，基于广义的社会实践和社会交往过程，人的本质本身也逐渐地形成于这一过程，从而带有生成的意义。 存在主义有如下名言，即存在先于本质。 这一看法包含解构本质主义的意向，其逻辑的含义之一是人的本质并不是一开始就有：人首先是被抛掷到这个世界，然后通过自己的筹划、选择等过程，逐渐形成自己的本质。 在此意义上，存在主义也赋予人的本质以生成性。 可以看到，人性和人的本质在具体运用中存在如下差异：比较而言，人性更多地指已然性，既成性，作为既定形态，它无法选择；本质则更多地与生成过程相联系。

　　然而，从另一个层面来说，正如前面提到的"性"和"本质"并非截然相分一样，"人性"和"人的本质"这两个概念也有相通之处。 关于人性，无论是在儒学的语境中，还是在西方哲学的意义上，都不仅仅是指一般意义上的本性，而是同时表示人不同于其他存在的根本之点。 从儒学的角度来说，人性侧重的是人不同于"鸟兽"或"禽兽"之性：儒学讲人性，往往和人禽之辩联系在一起，这一意义上的人性所表示的，同时也是人不同于禽兽的根本特点。 在西方哲学中，关于人性的理解也有类似的含义，休谟著有《人性论》（*Treatise of Human Nature*），从题目上看，这部著作讨论的就是人性问题，就具体内容而言，它既谈到"人的理解"（human understanding），也谈到与道德相关的情感问题（passion、sympathy 等）。 无论是广义上的"理解"，还是道德意义上的情感，都是人区别于一般动物或其他存在的规定之一。 就此而言，休谟论人性，实际上也侧重于人不同于其他存在之点。 杜威在 20 世纪曾出版《人性与行为》（*Human Nature and Conduct*）一书，其中亦以人性为重要论题，并将人性与人的行为联系起来，强调行为规则的遵循、理想的实现，都要以人性的内在自觉为前提。 晚近一些哲学论说，也有类似趋向。 如在《牛津哲学指南》（*The Oxford Companion to Philosophy*）中，便有一个"人性"（human nature）的条目，其解释则与人的本质（"what it is essentially to be a human"[①]）相联系。 可以看到，无论是从儒学的历史来看，抑或就西方哲学的背景而言，谈论人性问题，都涉及人不同于其他存在的根本之点。 从而，这一意义上的"人性"概念，

---

　　① Ted Honderich（Edited），*The Oxford Companion to Philosophy*，Oxford University Press，2005，p. 402.

与"人的本质"概念，也存在相通之处：宽泛而言，人性或人的本质，都关乎人之所以为人的内在特征和内在规定。

进而言之，我们还需要区分"人的本质"或"人性"与"人的真实存在"或"人的具体存在"这样两个方面的问题。如前所述，人的本质是人区别于其他存在（包括动物）的根本之点，但是，人的真实存在或人的具体存在，却不仅包含其本质，而且还涉及人作为动物或生物所具有的各种规定性。作为真实而具体的存在，人并不是以赤裸裸的本质形态出现的，他同时还包含更广意义上的动物性、生物性。马克思曾指出：

> 吃、喝、性行为等等，固然也是真正的人的机能。但是，如果使这些机能脱离了人的其他活动，并使它们成为最后的和唯一的终极目的，那么，在这种抽象中，它们就是动物的机能。①

这里需要特别注意，马克思首先肯定吃、喝、性行为等等机能是"真正的人"所具有的，也就是说，他是以真实的人（"真正的人"）作为理解人的背景。然而，同时，马克思又强调，以上机能如果离开了人的其他社会活动、仅仅以抽象的形式存在，便只是一种动物的机能。在这里，他既把动物的机能与真正的人联系起来，又将单纯的动物机能与人区分开来。所谓"真正的人"，也可以视为具体的、现实的人。对于一个具体的、现实的人来说，动物机能当然不能加以忽略：如果无视这些机能，人便只能呈现为一种抽象的、光脱脱的本质，而不再是活生生的、有血有肉的具体存在。这样，谈到真正的人，便需要同时关注其动物性的方面，这些方面从哲学的意义上说，也就是人的存在中属感性之维的规定。然而，如果要将人跟其他存在（包括动物）区分开来，便必须联系人的本质、关注人性。在这一意义上，把吃、喝、性行为等理解为"真正的人"的机能之一与肯定人的本质是社会关系的总和，并不是完全不相关或相互对立的。可以说，前者是在把人理解为具体、真实的存在这一意义上说的，后者则突出人之为人的本质。在理解人的时候，这两个方面（一是人的本质，一是人的感性规定）都需要注意。在把人同其他动物区分开来的时候，关注的主要是人不同于其他存在的根本之点（人的本质），在把握人的真实、具体存在时，则需要

---

① 马克思：《1844 年经济学哲学手稿》，人民出版社，1985 年，第 51 页。

同时考察人的多方面规定。要而言之，人性问题、人的本质问题与人的真实存在、具体存在应当联系起来考察，对人的理解，既不能限于自然的机能，也不能仅仅停留在抽象的本质层面之上。

二

以上讨论为理解儒学关于人性的理论提供了某种逻辑前提，由此，可以将视域转向儒学的人性理论本身。在儒学中，对于人性的理解，并非仅仅就人性而谈人性。前面已论及，儒学关于人性的讨论，涉及一个更为根本的问题，即："何为人"或"人是什么"？儒学当然没有以现代的形式明确地提出以上问题，但是从其实际的注重之点来看，它在理论上关切的实质上就是何为人的问题，这一点从儒家的人禽之辩中便不难看到。如前所述，儒家讨论人性问题，与人禽之辩紧密联系在一起，他们试图通过对人性的理解和规定，将人和其他动物区分开来。在儒家的性善说中，人性本善的理解便与"何为人"的问题便联系在一起。如所周知，孟子曾提出四心说："恻隐之心，仁之端也；羞恶之心，义之端也；辞让之心，礼之端也；是非之心，智之端也。"① 稍作分析便可知，"四心"在广义上都涉及道德意识，其中又有不同的侧重：恻隐之心、羞恶之心在宽泛的意义上可以理解为道德情感，辞让之心、是非之心则更多地关乎自觉的理性意识。对孟子来说，只有具备了这些基本的道德意识和理性意识，才可以称之为人。孟子还特别提到："人之所以异于禽兽者几希"。② "几希"是非常关键的概念，并不是说人与动物没有什么差别，恰恰相反，它体现的是人禽之别的根本之处。按朱熹的说法："虽曰少异，然人物之所以分，实在于此。"③这些根本之点，就是前面提到的四端，特别是其中所隐含的道德意识及理性意识。在孟子看来，正是这些基本之点，把人和其他存在区分开来。可以看到，孟子对人性的理解，与他对"人是什么"这一问题的理解紧密地联系在

---

① 《孟子·公孙丑上》。
② 《孟子·离娄下》。
③ 朱熹：《四书章句集注·孟子·离娄下》，《朱子全书》，第 6 册，上海古籍出版社、安徽教育出版社，2002 年，第 358 页。

一起。

　　这里还需要讨论一个问题。从外在的方面看，孟子对人性的理解似乎存在一种"张力"：一方面，孟子肯定人皆有"四心"："恻隐之心，人皆有之；羞恶之心，人皆有之；恭敬之心，人皆有之；是非之心，人皆有之。"①另一方面，又说："无恻隐之心，非人也；无羞恶之心，非人也；无辞让之心，非人也；无是非之心非人也。"②以上两者似乎相互悖反：恻隐之心、羞恶之心等人皆有之，意味着凡是人都有恻隐等心，而"无恻隐之心，非人也"，则在逻辑上预设了可能存在人缺乏恻隐之心等情况。这里的关键在于本然和当然的区分。根据孟子的理解，从本然的层面说，人生来都具有四心（道德意识及理性意识），但是从现实存在形态来看，由于各种原因，人所具有的各种道德意识可能会失落，而一旦失去了这些规定，则人便不再成其为本来意义上的人。正是基于后一事实，孟子指出："学问之道无他，求其放心而已矣。"③求其放心的前提是心虽然本来具有，但后来失落了，德性修养的作用之一，则在于将这种本来具有、后来失落的东西再找回来。如果说，人皆有四心属本然，那么，"求其放心"的过程，便属于当然。从以上方面看，前面提到的孟子的那二重看法之间，便并非彼此矛盾：从本然的形态来说，人皆有恻隐、羞恶等道德意识，但是在现实的存在过程中，这种意识有可能会失落，四心一旦完全失落，人就不再是真正意义上的人了。孟子之所以特别强调"求其放心"，就在于让人成为真正意义上的人。日常生活中，人们常常会批评那些完全违背道德原则、做伤天害理之事的人，甚至对其愤而怒斥："简直不是人！"这种批评也是从当然的层面作出的。

　　可以注意到，对孟子而言，本然和当然之间存在着内在关联。从出发点来看，人本然地就具有道德意识和理性意识，从而，在本然意义上都是人，但是在现实存在过程中，这些已有的道德意识可能会失落，所以还需要成其"当然"，所谓"求其放心"就可视为达到当然的具体途径。在孟子那里，达到当然，同时意味着回到本然。比较而言，在儒家的另一些系

---

　　①《孟子·告子上》。
　　②《孟子·公孙丑上》。
　　③《孟子·告子上》。

统，如荀子的哲学那里，本然和当然往往处于分离状态。荀子持"性恶说"，认为："人之性恶，其善者伪也。今人之性，生而有好利焉，顺是，故争夺生而辞让亡焉。生而有疾恶焉，顺是，故残贼生而忠信亡焉。生而有耳目之欲、有好声色焉，顺是，故淫乱生而礼义文理亡焉。然则，从人之性，顺人之情，必出于争夺合于犯分乱理而归于暴。故必将有师法之化，礼义之道，然后出于辞让，合于文理而归于治。用此观之，然则人之性恶明矣，其善者伪也。"①依此，则人的本然状态至少包含向恶的趋向，后者与"当然"显然难以相容。"当然"意味着合乎礼义规范，在荀子看来，从本然到当然，需要经过"化性其伪"的过程。"化性"，也就是改造可能导向恶的本然之性，由此使人成为符合社会规范（礼义）的存在。不难注意到，对荀子而言，本然和当然彼此相悖，惟有否定本然，才能达到当然。在这方面，荀子与孟子显然展现了不同的思维趋向。

进一步看，按荀子的理解，本然之性并不是真正意义上的人性，只有通过"化性起伪"、改造趋向于"恶"的本然之性，才能获得真正意义上的人性。这一点，从荀子有关人性的一些论述中可以较为清楚地了解。荀子在比较人与其他存在时，曾指出：

> 水火有气而无生，草木有生而无知，禽兽有知而无义，人有气、有生、有知、亦且有义，故最为天下贵也。②

这里所说的"知"包括知觉、欲望等，前面所引关于性恶的论述中，荀子已提及，人一开始便具有各种自然的欲望，如耳目、声色之欲，等等，这些都属于广义上的"知"。在荀子看来，仅仅具有上述之"知"，并不表明已成为真正意义上的人，相反，唯有从这一层面的"知"进一步提升到"义"，才成其为他所确认的人。质言之，人不同于其他存在的根本之处，在于"有义"。因此，本然之性，并不是荀子所真正认定的人性，只有通过"化性起伪"而达到的、包含"义"的性，才是真正的人性。在此，关于人性的讨论上，同样与"何为人"的问题紧密地联系在一起。

儒家之外的系统，如道家，在某种意义上把人的天性理解为真实的人

①《荀子·性恶》。
②《荀子·王制》。

性。初看，道家关于人性的讨论与"何为人"的问题之间的关系似乎并不很紧密：把自然意义上的存在规定视为人性，意味着将人与自然沟通起来，而不是指向真正意义上的人。然而，如果作进一步的分析，则可看到，道家哲学系统中所说的天性，已不是纯粹意义上的自然之性，而是被赋予价值意义、被理想化了的规定。在道家看来，以礼义为内容的人性意味着对天性的扭曲、戕贼，与之相关的存在，并不是人的本真形态。唯有剔除了人化的内容，回复本然的天性，才能达到人的真实存在。不难注意到，在实质的层面，道家对人性的理解，与"何为人"（什么是本真形态的人）这一问题，也存在内在关联。就本然与当然的关系言，道家也表现出以本然为当然的趋向，在这方面，道家与孟子具有相近之处。不过，二者对本然的理解又存在实质的差异：在孟子那里，本然之性包含德性内涵（表现为仁、义、礼、智之端），道家则以自然之性（天性）为本然，并将这种自然的天性与人化意义上的世俗内容加以对立，主张"无以人灭天"、反对"失性于俗"。① 在这里，道家与儒家对人的不同理解，与他们对人性的不同看法，具有理论上的相关性。这一事实从另一个方面表明，人性问题与"何为人"这一更根本的问题无法相分。

三

进而言之，"何为人"与"如何成就人"在逻辑上彼此联系。事实上，由以上所述作进一步考察，便可以发现，人性的问题不仅涉及"何为人"，而且关乎"如何成就完美的人""如何达到道德上的完善之境"，后者所讨论的，也就是儒学所说的"成人"问题。考察儒学史上的人性问题，常常容易就人性理解人性，然而，从内在的理论意蕴看，儒学的主要特点在于把人性的讨论与追求更完善的人格紧密地联系在一起。质言之，人性的问题并非孤立存在，对人性的规定在本原的层面构成了"成人"理论的前提。

对儒家而言，人禽之辩与圣凡之别具有内在的相关性。如前文所一再论及，在儒家（如孟子）看来，人与禽兽的根本不同，在于人具有恻隐之心

①《庄子·秋水》《庄子·缮性》。

等善端，这种善端既使人区别于动物，又为人走向完美的存在形态提供了可能。 圣凡之别，则涉及是否能够将以上可能转化为现实：圣之为圣，就在于能够将善端扩而充之，使人不仅区别于禽兽，而且进一步把走向完美的潜能，转化为现实的人格。 唯有完成这种转换，才能既成为真正意义上的人，又达到理想的人格之境。 这里可以更具体地注意到人性理论与成人学说之间的内在关联。

从以上前提考察孔子关于"性"的看法，便能获得比较具体的理解。如所周知，孔子论"性"，兼及"习"："性相近也，习相远也"。① 宽泛而言，"习相远"中的"习"包括两个方面，一是习俗，即广义上的社会环境，一是习行，即个人的知行活动。 在孔子看来，人的本性是相近的（尽管他没有明确指出相近之性究竟是善还是恶），然而，由于后天环境、习行的不同，个人的人格便形成了差异。 在孟子那里，"性相近"被引申为"性本善"，按孟子的理解，正是这种本善之性，为人成就完美德性提供了可能，这种可能同时构成了人格完善的内在根据。 这样，对孟子来说，完美的德性并不是外在的强加或灌输，而是以内在的可能性作为出发点。 从理论上看，孟子强调性善说的根本意义就在于从人性的层面，为成就完美的人格提供内在的根据和前提。 人皆可以成尧舜，其前提就是人皆有作为成圣内在根据的本善之性。 这也可以从一个方面解释，为什么儒学不需要超越的上帝或超验的存在作为超越有限的至上之源：在儒学特别是孟子一系的儒家哲学看来，人自身的本性中已经包含这样一种内在根据，个体只需要把这种根据加以扩充，就可以完善自己，达到人格上的完美。

与孟子有所不同，荀子着重发挥了孔子"习相远"之说。 从逻辑上说，既然人性本恶，而本恶之心又不能成为走向完美人格的根据，那么，就需要通过后天的习俗（环境）与习行，"化性其伪"。 荀子强调用后天的礼义，包括法律规范等等的引导、约束，来改变人的本恶之性，使人由此走向完美之境。 在这里，荀子的人性理论也构成了其人格完善理论（成人学说）的前提：正由于人性一开始并不具有善的趋向，后天的化性其伪、礼义教化便必不可少。 化性其伪、礼义教化的具体内容，也就是孔子所说的

①《论语·阳货》。

"习"，包括习行与习俗。可以看到，孟、荀在不同的方向上展开了孔子对人性的理解，并且进一步把它和人格的完善联系在一起。二者尽管出发点不同，但追求的目标却是一致的：无论是孟子，抑或荀子，都既肯定人皆可以为尧舜，也以此为成人的目标。当然，二者所确认的成人前提又存在差异：孟子强调人性本善，由此肯定人具有成就完美人格的内在根据；荀子认为人性本恶，由此突出外在礼义准则、法律规范的作用。孟子在突出成人的内在根据的同时，对孔子所说的"习相远"未能给予充分的关注；荀子则在肯定后天作用的同时，对成人的内在根据不免有所忽略，与之相应的是把人的成长看作是外在灌输、强加的过程，所谓"长迁而不返其初"。① 后来秦代趋向"以吏为师、以法为教"，强化外在社会规范的约束的作用，这与荀子的观念似乎也具有某种思想的联系。要而言之，从人性理论来看，孟子与荀子既各有所见，也各有所偏，而在对人性理论的不同阐发中，他们同时又展示了讨论人性问题的具体意义之所在。

（原载《哲学分析》2013 年第 1 期）

---

① 《荀子·不苟》。

儒家哲学中的"和"及其内在意蕴

　　"和"是中国哲学的一个古老观念，早在《尚书》《诗经》《国语》等文献中，已出现了"和"这一名词及相关思想。大体而言，"和"既有天道观的意义，也有人道观的内涵。从天道观上看，"和"主要被理解为事物生成、运行、存在的条件和方式，史伯所谓"和实生物，同则不继"[1]，便是指事物的形成以不同要素的相互作用和统一为前提。这一思路在尔后的中国哲学中一再得到了发挥，从荀子的"万物各得其和以生"[2]、《淮南子》的"阴阳合和而万物生"[3]，到董仲舒的"和者，天地之所生成"[4]，等等，都把"和"视为不同要素或不同力量之间的互动与统一，并以此为万物的发生所以可能的条件。对"和"的这种理解，基本上侧重于天道观的论域。在人道的意义上，"和"往往表现为一种价值观念，后者具体展开于人与天或人与自然的关系，以及人与人的关系两个维度。庄子已对"与天地和"及"与人和"作了区分[5]，前者涉及人与自然的关系，后者则涉及人与人的关系。同样，在传统儒学中，"和"既与天人之辩相关，也体现于人与人之间的交往关系。这里主要从人道观的角度，对儒学传统中"和"的思想作一考察。

---

① 《国语·郑语》。
② 《荀子·天论》。
③ 《淮南子·天文训》。
④ 董仲舒：《春秋繁露·循天之道》。
⑤ 《庄子·天道》。

作为人与人之间交往的一种原则，"和"的意义有多方面的体现。首先应当关注的是《论语·学而》中所提出的一个著名论点，即"礼之用，和为贵"。儒家所说的"礼"，既指普遍的规范体系，又包括社会政治的制度，孔子推崇备至的周礼，便兼指周代的社会政治体制；"和"则更多地表现为一种体现于交往过程的伦理原则：从消极的方面看，"和"要求通过主体之间的相互理解、沟通，以化解紧张、抑制冲突；从积极的方面看，"和"则意味着主体之间同心同德、协力合作。在此，"和"似乎具有二重含义：它既是目的，又是手段。从"和"为目的这一方面看，礼（规范、制度）的功能及作用在于为达到社会领域中的"和"提供前提；从"和"的手段意义看，礼本身的合理运作又离不开作为伦理、价值原则的"和"。荀子指出：人"力不若牛，走不若马，而牛马为用，何也？曰：人能群，彼不能群也。人何以能群？曰：分。分何以能行？曰：义。以义分则和，和则一，一则多力，多力则强，强则胜物。"①"群"在宽泛意义上可以看作是一种社会组织，"分"则可以视为礼的具体体现，荀子在谈到礼的特点时，曾提出了"礼别异"②之说，别异即区分，质言之，礼的作用在于给社会成员提供不同的职分。在荀子看来，人的存在总是离不开一定的社会组织，社会组织的形成，则需要确定度量界限（包括名分等级），而度量界限的确立又要以一定的规范（义）为根据。一方面，"和"构成了社会凝聚的条件（和则一），另一方面，在一定规范下确立的制度结构（度量界限或"分"）又成为"和"的前提（以义分则和），"和"与社会组织、制度结构之间展开为一种互动关系。

在以上关系中，特别值得注意的是"和"对于制度的存在与运作的意义。在"礼之用，和为贵"的表述中，礼本来首先涉及制度层面的运作（包括一般仪式的举行、等级结构的规定、政令的颁布执行、君臣上下之间的相处等

---

① 《荀子·王制》。
② 《荀子·乐论》。

等），但儒家却将这种制度的运作与"和"这样的伦理原则联系起来，强调礼的作用过程，贵在遵循、体现"和"的原则，这里已有见于体制组织的背后，是人与人之间的关系；体制的运行过程，离不开合理地处理人与人之间的关系（以"和"的原则达到彼此的相互理解与沟通，从而消除冲突、同心协力）；换言之，制度（礼）的作用过程，需要道德原则（和）的担保。

"和"作为一种伦理原则，以肯定差别为前提。孔子曾对"和"与"同"作了区分："君子和而不同，小人同而不和。"①同即无差别的同一，它往往建立在某种单向度的意见、偏向、利益的基础之上，容易形成帮派倾向；"和"则是在确认差异的前提下达到的协调统一。就"礼"与"和"的关系而言，如前所述，礼本来即以"别异"为特点，其中总是包含着各种差别，以"和"来担保"礼"的运作，并不意味着抹煞或泯灭这种差别，而是通过相互间的理解、沟通、尊重，一方面避免差别向冲突、对抗发展，另一方面则使不同力量彼此互动，成为一种具有积极意义的力量。这里似乎存在着礼制运作的辩证法：差异和分别的存在，使社会往往面临各种可能的冲突，但同时，这种差异所蕴含的不同社会因素和力量之间的合理协调与和谐互动，又使礼制的存在和运作获得了内在的生命。

儒家关于礼与和的思想，在现代依然具有不可忽视的意义。在此，我们可以循沿儒家的以上思路，作若干进一步的引申和阐发。社会的存在需要一种有序的结构，这种有序结构有多重表现形式。首先是与生命的生产和再生产相联系的生活世界，它源于家庭关系，展开于生活过程的各个方面，为日常存在提供了切近的空间。社会结构的另一方面，是广义的体制化（institutional）的存在。从团体（group，如学术团体、艺术团体、宗教团体等等），到组织（organization），如经济领域的企业组织、政治领域的政党组织等等；从公共的科学、教育、文化机构，如学校、科研机构以及其他公共教育文化设施的管理机构，到国家政权机构，包括各级立法、行政、司法机构等等，广义的体制化的系统或体制结构展开于社会生活的各个方面。相对于生活世界中日用常行的自发性，体制化的存在更多地带有组织化的特点，其运行表现为一个有组织的、相对自觉的过程。

①《论语·子路》。

统一的社会系统从总体上看既包含生活世界，又以体制组织为其内容。如前所述，生活世界与体制组织无疑具有不同规定及存在面向，但作为统一的社会系统的两个方面，二者又并非彼此隔绝、截然相分。从现实的存在形态看，生活世界与体制组织之间，往往具有互渗互融的特点。家庭是日常生活的基本载体之一，然而，它同时又与不同类型的婚姻制度相联系，后者（婚姻制度）则是广义的体制组织的形式之一；同时，家庭会成员往往参与各种经济、政治、宗教、教育等活动，从而，家庭也相应地涉及政治、经济、宗教、教育等领域的体制与组织。① 同样，政治权力也不仅仅限于国家政权等机构，在经济组织（如企业）、教育机构（如学校）以及家庭等等之中，都可以看到权力的影响与作用。即使宗教团体和组织，也往往同时横贯于生活世界与体制组织之间，如西方的教会组织，便既包括展开于生活世界的日常宗教活动（如祈祷）等，也兼及政治、经济等领域的活动（如对世俗权力的影响、教会财产的运作等）。② 总之，作为统一的社会系统中的相关方面，生活世界与体制化的结构既相互联系，又相互作用。

当然，生活世界与体制组织在广义社会系统中的相关互融，并不妨碍我们在相对独立的意义上，对二者分别加以考察。就体制组织而言，其存在形态首先带有无人格性的特点。在生活世界中，家庭、邻里、朋友等社会关系通常以人为直接的关系项，也就是说，在日常的交往活动中，我们所面对的对象，都是具体的人。相对于此，体制化的存在往往表现为超然于人的结构，在各种以效率为目标的管理机构中，工具意义上的理性常常构成了其组织原则；后者有别于关注人的存在意义的价值理性。以不同程度的形式化为特征，体制组织形成了自身的运行机制。

然而，这只是问题的一个方面。在体制组织实际的运作过程中，总是

---

① 泰勒（Chares Taylor）曾把日常生活理解为经济生活与家庭生活的生产与再生产过程（参见 *After MacIntyre：Critical Perspectives on the Work of Alasdair MacIntyre*，Polity Press，1994，p. 931），这一看法亦注意到了生活世界中家庭生活与经济活动之间的联系。

② 哈贝马斯曾分析了生活世界殖民化现象，并把经济领域中的金钱关系与政治领域中的权力关系向生活世界的渗入视为生活世界殖民化的根源。这种分析无疑注意到了体制组织对生活世界的负面影响，但它同时在逻辑上可能导向如下结论，即生活世界的理想形态，应是一个消除外部体制组织影响的自足（自我运行）的系统。事实上，尽管哈贝马斯将生活世界视为更广社会系统中的亚系统（subsystem），但在总体上他似乎更多地强调生活世界与经济、政治等制度等存在形态的区分，对二者作为统一的社会系统的相关方面这一点未能从正面予以充分的关注。

处处包含着人的参与；它的功能和作用，也惟有通过人的活动才能实现。制度本身是无生命的存在，它的活力必须由人赋予。当我们与不同形式的团体、组织、机构、制度发生联系时，我们与之打交道的，并不仅仅是无人格的物，而且同时是赋予体制以生命的人。作为体制的运作者，这种人具有两重性：他既是体制的代表，又是具体的个人；与之相应，我们所面对的，也不仅仅是形式化的结构，而同时是他人的存在；主体间的交往不仅是生活世界中的存在境遇，而且也是体制运作过程中的本体论事实。从某种意义上说，体制组织的核心是人。①

由此，我们不难注意到体制化存在的两重品格：它既是一种超然于人的形式化结构，又与人的作用过程息息相关（无人的参与则无生命）。作为体制运作的条件，人的参与过程始终伴随着道德的作用。儒家所说的"礼之用，和为贵"，其重要的理论意义，即在于注意到并强调了这一点。

与"和"相联系的社会体制在其运作过程中同时需要道德的引导和制约。以经济领域而言，经济的体制组织（如企业、公司等）主要以利益为追求的目标，而市场本身也以功利和效率为原则：它仅仅根据竞争者的实际效率来给予相应的回报。在利益的驱使下，各种经济组织常常容易趋向于不顾环境、生态、职工的工作条件以及社会的长远发展而从事开发、生产等经营活动，它往往以牺牲人的生存环境、外部生态、生产者的健康等等为其经济效益的代价。经济组织作为物质资料生产与再生产的形式，本来是人存在的条件，但在失控的状态下，它却反过来威胁人自身的存在；这种现象可以看作是特定意义上的异化。如何避免与克服经济组织体制（economic institution）可能导致的异化趋向？在这里，道德制衡便显得十分重要，这种制衡有助于规范经济组织体制作用方式、抑制过度的功利冲动。如果由此作进一步的分析，则可以看到，此处的道德制约同时也体现了"和"的观念：对人的合理存在形态的关注，在此具体化为社会和谐发展（首先是经济增长与人的发展之间相互协调）的要求。

---

① 拉瑞玫（Larry May）在谈到团体组织与个人的关系时，曾认为，"真正具有现实性的是个体与个人，而不是团体。"（Larry May：*The Morality of Group：Collective Responsibility，Group - Based Harm，and Corporate Rights*，Indiana：University of Notre Dame Press，1987，p. 24）对团体组织的这种理解，无疑具有某种体制唯名论的倾向，因而很难视对对团体特点的全面把握，但就其肯定人在体制（团体）中的作用而言，则不无所见。

二

在儒家哲学中，"和"既被视为礼制作用的条件，又涉及自我的精神世界及自我之间的关系。儒家的经典《中庸》在解释"中"与"和"时指出："喜怒哀乐之未发谓之中，发而皆中节谓之和。中也者，天下之大本也；和也者，天下之达道也。"喜怒哀乐属情感之域，未发是情感的潜在形态，已发则是情感的现实活动及外在表达；所谓"中节"，既指达到一定的度，又有合乎一般的准则、规范之义。在情感活动中，"不及"往往表现为情感的冷漠，"过"则容易流于非理性的冲动。从"度"的方面说，中节便意味着情感的活动无过无不及。在这里，"和"主要被理解为情感活动的和谐有度。情感是自我的精神世界的一个重要方面，情感活动的和谐有度，构成了精神世界健全发展的一个重要方面；就此而言，对"和"的肯定与追求，也蕴含着建构自我的健全精神世界、避免精神活动的失衡等要求。

与儒家相近，道家对"和"的理解，也常常与自我精神世界相联系。当然，对"和"的内涵，道家又有自身的规定。庄子曾提出"游心乎德之和"，并要求取法于水："平者，水停之盛也，其可以为法也，内保之而外不荡也。德者，成和之修也。"[1]在这里，理想的精神形态被看作是宁静有如不流动的水，而精神的这种宁静，同时也体现了"和"的德性品格。相对于儒家之主张"发而中节"，亦即在情感的活动中达到精神世界的和谐有度，道家似乎更多地崇尚一种摆脱外在干扰的平和心境。不过，无论是《中庸》的由动而致"和"，抑或庄子的由静而达到"和"，在追求健全的精神世界上，二者无疑又有相通之处。

从自我的内在精神世界，转向自我之间，便涉及"和"的另一意义。荀子在谈到乐的社会功能时，曾将乐与"和"联系起来："乐在宗庙之中，君臣上下同听之，则莫不和敬；闺门之内，父子兄弟同听之，则莫不和亲；

---

[1]《庄子·德充符》。

乡里族长之中，长少同听之，则莫不和顺。故乐者，审一以定和者也。"①
如前所述，礼通过"分"而将社会成员定位于不同的社会等级，而在荀子看
来，为礼所分化的社会成员，通过乐等审美形式，可以重新走到一起。这
里所说的和敬、和亲、和顺，主要侧重于社会成员之间在心理情感等方面的
沟通。历史地看，不同社会地位的社会成员之间往往不仅有利益等方面的
差异，而且也存在着某种心理情感上的距离；和敬、和亲、和顺在主体间交
往中的意义首先便在于超越或消除彼此间的这种心理距离，达到情感上的相
互沟通。在这里，作为审美形式的音乐主要被理解为达到"和"的方式与
手段，而"和"则表现为社会共同体在心理情感上的认同与凝聚。《吕氏
春秋》对此作了更为言简意赅的阐释："故乐之务在于和心。"②和心即心
灵间的共鸣与融合。

《易传》从更普遍的层面肯定了人心与"和"的关系："圣人感人心，
而天下和平。"③人心侧重的是人的心理情感，"感"与分离、隔阂相对，
主要指人与人之间在心理情感上的相互作用和沟通，和平则意味着社会成员
之间由分离、隔阂以及由此导致的紧张、纷争，走向融合、协调。从某种
意义上说，人心之间的相感，也可以看作是确立某种心理情感的秩序；天下
的和平，则是社会本身的有序化，就此而言，"和"的观念中又包含着从心
理情感的层面为社会的有序运行提供担保之意。在其现实上，社会的有序
性涉及多方面的条件和前提，除了制度层面的保证之外，社会心理情感的意
义也不可忽视，事实上，与社会有序性相联系的社会认同，便包含着心理情
感等内容；在一个充满敌意的世界中，个体对社会的认同往往会存在心理情
感方面的障碍。广而言之，人与人之间的相互信任、理解以及心理情感上
的相互接近、沟通，是个体融入社会、履行社会义务、遵循社会规范的重要
前提。《易传》认为通过"感人心"可以达到"天下和平"，无疑注意到了
这一点。

可以看到，作为儒学及更广意义上中国哲学的重要观念，"和"在消极

①《荀子·乐论》。
②《吕氏春秋·适音》。
③《周易·咸·象传》。

的意义上以化解紧张、避免从差异走向冲突为指向，在积极的意义上则以社会成员的理解、沟通、融合以及和谐共存为目标。如果说，"礼之用，和为贵"主要从人的存在与社会组织、社会制度的相互关系上展开"和"的如上二重意义，那么，发而中节、和亲和敬等观念则分别从自我如何建构健全的精神世界以及自我之间如何超越心理情感上的距离而达到彼此的沟通、融合等方面体现了"和"的深沉内涵。

（原载《中国哲学史》2001 年第 2 期）

儒家的理想人格学说

　　理想人格可以视为价值理想的具体体现，它以综合的形态，展示了人的价值取向、内在德性以及精神品格。 人应当走向何种存在形态？ 完美的人格具有什么样的内涵？ 内在的品格与外在的习行呈现怎样的关系？ 如何达到理想的人格？ 儒家哲学中关于理想人格的探索从不同方面涉及以上问题。 近代以前，人格理想在儒学中得到了更为集中的体现，与之相应，这里的考察更多地涉及儒学。 随着社会的演进，儒家哲学对人格的理解也经历了历史的转换。

一

　　早在先秦，儒家已提出了成己之说，所谓成己，也就是成就理想的人格。 孔子以仁道立说，仁道的基本要求是爱人，这一要求决定了理想人格以仁爱的精神为其题中应有之义。 作为理想的品格，仁爱不仅仅一般地表现为对他人的尊重、关心，而且更在于同他人在情感上的相互沟通，亦即以真诚之情对待他人。 孟子把仁界定为"恻隐之心"，恻隐之心主要表现为一种同情心。 在孟子看来，一个完美的人，应当具有普遍的仁爱之心："仁者以其所爱及其所不爱。"①同样，荀子也认为，作为理想的追求，完美的人格应当包括健全的情感。 在荀子看来，人性之中本来便包含着情："情者，性之质也。"②当然，本然形态的情感还未能达到理想的要求，人

①《孟子·尽心下》。
②《荀子·正名》。

格应当进而提升到诚的境界。

人格的另一重规定是坚定之志。孔子说："仁者必有勇。"①"仁者"是孔子心目中的理想人格，"勇"则更多地体现了意志的品格。意志首先具有自主选择的功能，孔子强调"为仁由己"，便把是否遵循仁道视为主体自主的选择。除了自主的选择外，意志还表现为一往无前的坚韧毅力，对孔子而言，为了实现仁道，即使献出生命，亦应在所不辞："志士仁人，无求生以害仁，有杀身以成仁。"②正是这种意志的坚毅性，构成了完美人格的又一品格。孟子也提出了类似的看法，认为在生命和道义不能兼得的情况下，完美的自我应当勇于"舍生而取义"，这里的取义，既表现为自我的选择，又展示了意志的力量。荀子对人格的意志规定同样予以相当的关注，肯定主体的意志具有"自禁""自使""自行""自止"等能力，而并非完全为外在力量所决定。一旦形成了坚定的意志，便可以获得凛然无畏的气概，所谓"独立天地之间而不畏"③。

当然，对儒家来说，至诚的情感、坚定的意志并非隔绝于理性之外。在孔子那里，仁总是与智联系在一起："未知，焉得仁？"④孟子要求"从其大体"，所谓大体也就是心之官，相对于耳目之官，它所表现的是理性的品格，从其大体相应地意味着服从理性的引导。荀子也认为，情之动，应合乎理性的要求；意志的选择也应以普遍之道为准则，而不能"离道而内自择"。对道的认识体现了理性的功能，以道为选择的准则，其内在含义在于以理性引导意志。王夫之强调"志正而后可治其意"，反对"无志而唯意之所为"⑤，同样要求以合乎理性之志，抑制意志的盲目冲动。

可以看到，儒家对理想的人格作了多方面规定：它既有仁爱的情感，也有坚定、自主的意志，而二者又与自觉的理性相融合，从而，完美的人格既涵盖于仁道等观念之下，又表现为知、情、意的统一。这种人格学说注意到了人格不能偏向一端，而应在各个方面获得较为协调的发展。在"君子不器"的观念中，理想人格内含多方面规定也得到了具体体现。

①《论语·宪问》。
②《论语·卫灵公》。
③《荀子·性恶》。
④《论语·公冶长》。
⑤ 王夫之：《张子正蒙注·中正篇》，《船山全书》第12册，岳麓书社，1996年，第189页。

对儒家哲学而言，人格作为内在的品格，与内圣难以相分。所谓内圣，首先表现为人的内在德性。然而，按儒家哲学的理解，人格并非仅仅凝聚于内，它同时又呈现于外，后者涉及广义的外王过程。相对于内圣，外王具体表现为经世治国的活动。儒家的经典《大学》有"修身、齐家、治国、平天下"之说，其中"修身"以正心、诚意为具体内容，从而更多地以内圣为指向，"治国平天下"则关乎外王。人格的现实形态，同时体现于内圣和外王的互动过程。

在人格的层面，内圣与外王的联系，首先表现为人格的外化。对儒家而言，个体总是存在于社会生活中，在这一过程中，他不仅应当具有内圣的德性，而且应该赋予生活过程以广义的历史内容，后者所涉及的便是外王。当孔子的学生问孔子何为其志向时，孔子的回答便是："老者安之，朋友信之，少者怀之。"①这是孔子的人生理想，而其中又明显地蕴含着一种继往开来的历史责任：老者安之，意味着承前代之业；少者怀之，则意味着奠后代之基。人格的外化与这种深沉的历史使命感相结合，已泛化为"外王"的观念。

作为理想人格的外在规定，外王可以有不同的形式。在君主那里，它表现为巍巍之功业："大哉，尧之为君也！……巍巍乎！其有成功也。"②在志士仁人那里，它表现为受命于危难之际，慨然承担安定社稷之重任："可以托六尺之孤，可以寄百里之命，临大节而不可夺也。君子人与？君子人也。"③如此等等。外王的形式尽管多样，但却有其共同之点，即都以社会理想的实现为主体的责任，并自觉地致力于这种历史过程的完成。这样，以外王为理想人格的规定，同时即意味着赋予它以广义的实践品格。

当然，在儒家哲学的演进中，作为人格中相关的方面，内圣与外王往往也被作了具有不同侧重的引申。一些思想家比较注重内圣之维，在这方面，孟子以及受孟子影响的思想家具有一定的代表性。按孟子的理解，判断一个人是否已经在人格上得到升华，主要以其"存心"为依据："君子所

---

①《论语·公冶长》。
②《论语·泰伯》。
③《论语·泰伯》。

以异于人者，以其存心也。"①所谓存心，也就是内在的德性或道德意识的涵养。 在此，内在的德性（内圣）便构成了理想人格（君子）的根本特征。在孟子对理想人格的化身——大丈夫的描述中，我们可以更为具体地看到这一点："富贵不能淫，贫贱不能移，威武不能屈，此之谓大丈夫。"②相对于内在的精神境界而言，富贵、贫贱、威武等等基本上表现为外在的力量，而理想人格（大丈夫）的崇高性，即在于具有坚定的操守，不为外在的力量所淫、所移、所屈。 这种操守所体现的，首先是内圣的品格。

与孟子所展现的以上趋向有所不同，荀子更多地侧重于人格的外王规定。 按照荀子的理解，完美的人格总是有其现实的社会功能，后者不仅仅在于通过身体力行道德理想而展现出外在的人格力量，而且更在于自觉地担负并完成广义的社会历史使命："儒者在本朝则美政，在下位则美俗。"③这里所勾画的理想人格（儒者），并非仅仅以反身内修见长，它的本质特征更多地表现在安邦济世、治国平天下的政治实践之中；正是外在的事功，使人格获得了丰满的形象。 与天人之辩上主张化"天之天"为"人之天"，力命之辩上强调制天命而用之相应，荀子认为，理想人格的外王功能不仅体现于美政经世的过程之中，而且以经纬天地的形式展开："经纬天地而材官万物，制割大理而宇宙里（理）矣……夫是之谓大人。"④这样，完美的人格便由社会理想的实现者，进而成为自然的主导者，外王观念的如上扩展，同时也使人格形象进一步具体化。

从儒家哲学的演进看，孔子已开始已将内圣与外王的统一作为理想人格的基本模式，不过，这种统一在孔子那里尚未得到具体规定。 孔子之后，孟子着重对孔子的内圣观念作了发挥，以为君子（理想人格）不同于一般人之处，主要即在于其"存心"（内在德性）。 相对于孟子，荀子对人格的外王规定作了更多的考察，并从经世安邦与经纬天地两个方面展开了儒家的价值目标。 在儒家哲学的尔后衍化中，达到内圣与外王的统一，成为理想人格的重要目标。 从实质的方面看，内圣与外王的统一所涉及的，是成己与

①《孟子·离娄下》。
②《孟子·滕文公下》。
③《荀子·儒效》。
④《荀子·解蔽》。

成物的关系，成己在此主要指向内在德性的培养，成物则关乎成就世界，后者包括自然对象的变革与社会的完善。在此意义上，内圣与外王的统一，意味着内在德性与外在的现实社会作用之间的一致。

作为价值理想的体现，人格理想只有进一步化为人格典范，才能获得具体的形态。事实上，儒家哲学中的人格理想，总是与不同的人格典范相联系。以儒学而言，孔子已提出了两种类型的人格典范，即圣人与君子。《论语·述而》篇记载了孔子对两者的区分："圣人，吾不得而见之矣，得见君子者，斯可矣。"从这一提法中，我们可以看到，尽管圣人与君子同为理想人格的具体形态（在孔子那里，二者的内涵在某些方面交错重叠），但却分属两个序列。所谓圣人，按照孔子的理解，即是理想人格的完美化身，它构成了人格的最高境界。从逻辑上说，凡人皆可以成圣，但就现实性而言，圣人又是一种很难达到的境界。孔子本人即从来不以圣人自许："若圣与仁，则吾岂敢？"[1]即使像尧舜这样的明君，孔子也不轻易以圣相称。《论语·雍也》篇中可以看到如下对话："子贡曰：'如有博施于民而能济众，何如？可谓仁乎？'子曰：'何事于仁，必也圣乎！尧舜其犹病诸！'"按照以上理解，作为理想人格的体现，圣人的特点在于既具有内在德性，又展现了外在社会作用，他不仅包含完美的品格，而且在现实的社会层面致力于群体价值的实现，从而表现为内圣与外王的统一。在这里，圣人同时呈现了某种引导的意义：作为理想人格的完美体现，人们不断地趋向于这一目标。孔子对圣人的如上设定表明，人格理想的追求本质上是一个无止境的过程，人们不可能一蹴而就地达到某一个终点。同时，圣人作为一种引导的目标，为人提供了精神发展的方向，使人始终受到理想的鼓舞，从而能够避免世俗的沉沦，不断实现精神的升华。

相对于圣人，君子可以看作是理想人格的现实体现。它固然不如圣人那样尽善尽美，但也不像圣人那样难以企及，而是表现为一种现实生活中的典范。孔子对君子品格的描述，总是与现实的日用常行相联系，诸如"君子笃于亲""君子不忧不惧""君子泰而不骄""君子和而不同"[2]，等

---

[1]《论语·述而》。
[2]《论语·泰伯》《论语·颜渊》《论语·子路》。

等。 这里没有什么高不可攀之处，一切都是那么平易切近：对父母的孝敬（笃于亲）、从容平和的心态（不忧不惧）、对待他人宽容谦逊（泰而不骄）、与人交往开放而不封闭（和而不同），都是普通人可以做到的。 如果说，圣人作为人格的引导目标使个体始终具有超越的要求（超越现实的"我"），并使理想的追求表现为一个未有止境的过程，那么，君子作为现实的人格典型则为人生提供了切实可行的具体规范，从而避免了人格理想的抽象化、玄虚化。

与圣人和君子相联系、但内涵又有不同侧重的人格形态，是豪杰之士。孟子已对此作了描述："待文王而后兴者，凡民也。 若夫豪杰之士，虽无文王犹兴。"[1]这里所说的"兴"，主要是道德上的自我挺立，在孟子看来，这种道德挺立，主要依赖于主体自身的努力，而非外力作用使然，其中包含着对人格独立性的肯定。 宋明时期，以人格独立为内在特点之一的豪杰之士，进一步被赋予无所依傍的品格，惟其无所依傍，故能保持内在操守，不为流俗所移，它意味着个体不能沉沦于世俗而泯灭自我。

豪杰之士的另一特点，在于面向现实，经纬天地，在历史过程中建功立业："千古之英雄豪杰，经世宰物莫有外焉。"[2]在儒家哲学看来，真正具有豪杰气概的人格，应当在辅世济民的现实过程中展开其现实力量。 豪杰既非仅仅关注内在心性的涵养，其活动也非仅限于书斋，他具有经天纬地之胆略，其视野超越了自我的完善而转向广阔的外部世界。 从南宋的事功学派，到明清之际的思想家，都着重突出了人格的这一维度。 黄宗羲曾对此作了更为具体的阐述："从来豪杰之精神，不能无所寓。 老、庄之道德、申、韩之刑名，左、迁之史，郑、服之经，韩、欧之文，李、杜之诗，下至师旷之音声，郭守敬之律历，王实甫、关汉卿之院本，皆其一生之精神所寓也。"[3]在这里，经世活动表现为广义的文化创造，后者展开于哲学、政治、历史、文学艺术、科学等各个领域，正是在这种不同的文化创造中，理想的人格取得了具体的形式。

豪杰之士的如上特点，同时从不同的方面体现了内圣与外王的人格内

---

① 《孟子·尽心上》。
② 孙奇逢：《两大案录序》，《夏峰先生集》卷四，中华书局，2004 年，第 125 页。
③ 黄宗羲：《靳熊封诗序》，《南雷文定后集》卷一，中华书局，1985 年，第 8 页。

涵。 如果说，豪杰内含的人格独立精神主要展现了内在的德性，那么，其经天纬地的实践取向，则更多地展现了外王的品格。 对儒家哲学而言，真正的圣贤应当同时体现豪杰的精神："未有圣贤而不豪杰者也。 能兴即谓之豪杰。"① 在这一意义上，理想人格的不同形态，无疑又具有相通的一面。

二

人格的更深沉的内涵，体现于精神境界。 作为人格的表现形式，精神境界既有其内在的核心，又展开于不同的方面，由此形成多维度的精神形态。

孔子在《论语·里仁》中曾提出"仁者安仁，知者利人"之说，王夫之从成就德性的角度，对此作了分疏："'安仁''利人'，总是成德后境界。"② 在王夫之看来，安仁、利人都构成了德性涵养中的不同境界。 当然，以成德为视域，境界又表现出不同形态，当人仅仅以富贵贫贱为意时，其境界便也难以越出此域，反之，如果始终坚持仁道，在任何时候都不与仁相悖，则意味着进入另一重境界："到得'君子无终食之间违仁'，则他境界自别，赫然天理相为合一。"③ 在这里，境界之别，既涉及德性的高下，也表现为内在精神形态的差异。

作为观念的存在，境界也可以视为宽泛意义上的精神世界，而对后者（精神世界）的考察，则涉及更广的视域。 孟子曾有如下表述："万物皆备于我矣。 反身而诚，乐莫大焉。"④ 这里的"万物皆备于我"，并不是指外部世界以物理的形态内在于个体，而是表现为观念层面的意义境域：以视域的扩展、理性的想象、内在的体验等等为形式，"我"把握了作为整体的世界并领悟了其意义，万物则由此进入"我"的观念之域。 在这里，世界对"我"的敞开与"我"对世界的开放、世界意义对"我"的呈现与"我"

---

① 王夫之：《俟解》，《船山全书》12 册，岳麓书社，1996 年，第 479 页。
② 王夫之：《读四书大全说》卷四，《船山全书》第 6 册，岳麓书社，1996 年，第 624 页。
③ 王夫之：《读四书大全说》卷四，《船山全书》第 6 册，岳麓书社，1996 年，第 627 页。
④《孟子·尽心上》。

对世界意义的领悟融合为一,而对这种精神之境的真切感受,往往又伴随着超乎感性快感的内在精神愉悦,此即所谓"反身而诚,乐莫大焉"。 在以开放的视域接纳世界并深切领悟其意义的前提下所达到的这种"乐",同时表现为一种精神境界,王夫之已指出了这一点:"孟子于'万物皆备于我'之下,说个'反身而诚,乐莫大焉,'是何等境界!"①

精神境界的核心,集中体现于理想的追求与使命的意识。 理想的追求以"人应当期望什么"为指向,使命的意识则展开为"人应当承担什么"的追问,二者从不同的方面体现了对人自身存在意义的深沉关切。 从人格理想的层面看,"应当期望什么"的追问所指向的,也就是"成己"或成就自我,后者意味着人自身通过多方面的发展而走向完美之境。 在成就自我的过程中,人既赋予期望与理想以实质的内涵,也使自身的存在获得了内在的意义。 相对于"应当期望什么"所体现的理想追求,以"应当承担什么"为内涵的使命意识,更多地从人的责任、人的义务这一维度表现了对自身存在意义的关切。 二者从不同层面体现了人之为人的内在规定。 使人区别于动物(禽兽)的主要之点究竟体现在何处? 在谈到君子的特点时,孟子对此做了进一步的阐释:"君子所以异于人者,以其存心也。 君子以仁存心,以礼存心。"②对孟子而言,君子作为人的完美存在形态,集中地体现了人之为人的品格,而君子的具体特点,则表现于其"存心";在这里,所谓"存心"便与包括道德意识的内在的精神世界相联系,其具体内容则展现为"仁""礼"。 "仁"与"礼"既有德性之意,又表现为"当然"(应当遵循的规范):作为不同于禽兽者,人都"应当"循仁而"在"、依礼而行,这里无疑既体现了道德的理想(确立以道德意识为内涵的精神世界),也蕴含着某种道德领域的责任意识(应当循仁依礼,意味着有责任遵循道德规范)。 所谓"以仁存心,以礼存心",也就是确立和维护包含广义道德理想与道德责任的精神世界,在儒家哲学看来,正是这种内在的精神世界,使人达到完美的人格境界。

作为精神境界的内在核心之一,前面提到的使命意识包含着群体的关

① 王夫之:《读四书大全说》卷十,《船山全书》第 6 册,岳麓书社,1996 年,第 1119 页。
② 王夫之:《读四书大全说》卷十,《船山全书》第 6 册,岳麓书社,1996 年,第 1119 页。

切。 对儒家哲学而言，个体的自我实现并非仅仅限于一己之域，而是进而指向群体的认同，个体所承担的历史使命，也同时体现为注重群体价值的实现。 当孔子的学生问何为君子（理想的人格）时，孔子的回答便是："修己以安人。"①修己即道德上的自我涵养，安人则涉及社会整体的稳定和有序，后者已超出了个体之域而与广义的社会生活相联系。

在儒家哲学中，理想人格所内含的使命和责任意识，与天下的观念具有内在的联系。 孟子在谈到君子（理想人格）的特点时，已指出："君子之守，修其身而天下平。"②《大学》也以"修身、齐家、治国、平天下"为理想的目标。 这里所说的"修身"，侧重于自我的完善，"天下平"或"平天下"则表现为人的使命和责任。 作为包含价值内涵的观念，"天下"超越了家、国等界限，体现了一种普遍的价值视域。 对儒家哲学而言，人的"忧"和"乐"都应以"天下"为指向，所谓"乐以天下，忧以天下""先天下之忧而忧，后天下之乐而乐"，等等，都表现了这一点。 作为精神境界的表现形式，这种以天下为怀的观念表现了对群体价值的关切。

以天下为怀，同时意味着担当天下之任。 理想的人格应当以天下为己任，将维护天下安平视为责无旁贷的义务："保天下者，匹夫之贱与有责焉耳矣。"③这种观念常常被更简要地概括为"天下兴亡、匹夫有责"，在历史的演进中，它逐渐成为儒家哲学中主流的价值趋向。 在这种观念之后，是对群体命运的深切关怀。 为了天下的安平，便应将个体的生死置之度外："既以身任天下，则死之与败，非意外之凶危。"④在社会危难、民族存亡的历史时期，以天下为己任的观念，总是激励着仁人志士挺身而出，担当起个体应负的社会历史责任。 在儒家哲学的历史演进中，我们可以一再地看到以上观念的积极影响。

以天下为己任，展现的是精神境界的社会内涵。 从内在的方面看，精神境界又与个体的精神追求相联系。 在儒家哲学看来，理想的人格不能仅仅以满足物质需要为目标，而应以"道"为关切的对象。 孔子已比较明确

①《论语·宪问》。
②《孟子·尽心下》。
③ 顾炎武：《日知录》卷一三。
④ 王夫之：《读通鉴论》卷二八，《船山全书》第 10 册，岳麓书社，1996 年，第 1106 页。

地表达了这一观念："君子谋道不谋食……君子忧道不忧贫。"①这里所说的"道"，是指广义的社会理想（包括道德理想），谋道、忧道所体现的，首先是理性层面的精神追求；"谋食""忧贫"所关涉的，则主要是感性的欲求与物质的境遇。在感性欲求（谋食）、物质的境遇（忧贫）与理性追求（谋道、忧道）两者之间，后者被置于更为优先的地位。当然，"不谋食"并不是指完全摒弃感性欲望，而是使物质需要从属于理性的追求。

对儒家哲学而言，一旦志于道，则即使处于艰苦的生活境遇，也可以达到精神上的愉悦。孔子曾这样称赞其弟子颜回："贤哉，回也！一箪食，一瓢饮，在陋巷，人不堪其忧，回也不改其乐。"②这种人生态度，也同样表现为孔子自己的精神追求："饭疏食饮水，曲肱而枕之，乐亦在其中矣。不义而富且贵，于我如浮云。"③此处所描述的"乐"，也就是后来儒家（特别是宋明新儒学）常常提到的"孔颜之乐"，它的核心是超越感性的欲求，在理想的实现过程中达到精神上的愉悦。孔颜的这种境界既肯定了理性的自觉（义）与情感的愉悦（乐）的统一，又将精神的陶冶提到了突出的地位，强调幸福不仅仅取决于感性欲望的实现程度，从而进一步凸现了人不同于其他存在的本质特征。在对理想的这种不断追求中，人的精神也由此得到升华。

关于人格境界的以上看法，与注重道德原则的引导作用具有一致性。从理论上看，对其过分强化诚然可能导向对人的感性规定与现实境遇的忽略，但其中又包含着突出精神升华的内在价值这一面，后者在培养崇高的道德节操等方面，显然有其不可忽视的意义。在中国历史上，士人往往注重节气，而在民族的危难之秋，也确实出现了不少像岳飞、文天祥这样舍生取义的志士仁人；忧道不忧贫的精神追求，在这里已具体化为富贵不能淫、威武不能屈的凛然正气，由此展现了一种正面的价值导向。

从现实的形态看，人的存在既涉及人与对象的关系，也关乎个体与他人的交往。在如何处理以上关系这一问题上，儒家哲学不仅展开了天人之辩，而且提出了更广意义上的万物一体说。就人格理想而言，后者同时从

88

---

① 《论语·卫灵公》。
② 《论语·雍也》。
③ 《论语·述而》。

一个方面展现了人的价值取向。

宋明时期，张载提出了"民胞物与"的思想，并对此作了如下的具体阐释："乾称父，坤称母；予兹貌焉，乃混然中处。故天地之塞，吾其体，天地之帅，吾其性。民吾同胞，物吾与也。"①在此，整个世界被视为一个大家庭，社会中所有的个体，则被看作是这一大家庭中的一分子。家庭中的亲子、兄弟等关系，既基于自然的血缘，又具有伦理秩序的意义；将家庭关系推广到整个世界，尽管带有某些形而上的思辨意味，但从人格理想的角度看，它又意味着扩展个体的精神视域，突破个体之间的距离、间隔，在个体之间建立和谐相容的关系。

民胞物与观念的进一步引申，便是万物一体说，程颢对此作了如下概述："仁者，以天地万物为一体。"②仁者也就是理想的人格，作为涵盖之面相当广的观念，万物一体既指向天人之际，亦涉及人我之间。从天人关系看，万物一体意味着人与自然从相分走向相合；就人我之间而言，万物一体则以个体与个体的相互沟通为内涵。作为人格理想的内在规定，万物一体的观念具体表现为以仁道的原则对待其他个体，并真诚地关心、友爱他人。它着重于规定自我在与他人共处过程中应当遵循的规范：所谓"以天地万物为一体"，即意味着以万物一体为个体间交往的基本出发点。

个体作为社会的存在，总是与他人处于同一社会空间，形成相合共处的关系。这种共处首先展开于日常的生活世界（日用常行）之中，而日常的生活世界无疑又有与理想追求相对的世俗性这一面。与之相应，仅仅认同日常的世界并限定于世俗的视域，往往容易弱化理想的追求。因此，个体需要不断超越世俗以挺立自我。然而，如果因为日常世界的世俗维度而将与他人的共处仅仅视为消极的形态，则往往会走向封闭的我。就自我与他人的相互共处而言，个体在挺立自我的同时，又应以宽广的胸怀面对他人，通过对人的真诚关心与友爱而赋予个体间关系以仁道的意义。从这一方面看，儒家哲学中的万物一体观念既是行为的出发点，也从人我关系的层面，展示了理想的人格境界。

---

① 《张载集》，中华书局，1978年，第62页。
② 《二程集》，中华书局，1981年，第15页。

三

　　如何使人格的理想成为现实的人格形态？ 这一问题以人格的培养为其实质的指向。 人格的培养既涉及人自身发展的内在根据，也关乎人格培养的现实途径、方式，包括知与行、本体与工夫的关系。 儒家哲学关于理想人格的思想，在这些方面得到了更具体的展开。

　　如前所述，孔子曾提出了一个著名的命题，即"性相近，习相远"。①从理想人格的培养这一角度看，所谓性相近，也就是指每一个人都有相近的本质（性），因而都具有达到理想人格的可能。 孟子与荀子分别将孔子所说的性相近引申为性本善与性本恶，并由此各自突出了成人过程的内在根据与外在之"习"。 广而言之，人格的培养不仅涉及"性"与"习"，而且与知和行、本体和工夫的互动相联系。 如前所述，理想人格内在地包含理性的内涵，这种品格的形成，离不开基于"知"的理性自觉，而"知"本身又与"行"相关。 知行之辩在人格的培养中进一步展开为本体与工夫的互动。

　　对儒家哲学而言，个体在人格上达到理想之境，既基于知，也依赖于行。 荀子已对此作了自觉的阐述："行之，明也，明之为圣人。 圣人也者，本仁义，当是非，齐言行，不失毫厘，无它道焉，已乎行之矣。"②"明"与"知"相联系，涉及理性的自觉，而这种自觉的获得，又以"行"为前提。 在这里，达到理想人格与知行的互动成为同一过程的两个方面。人格作为道德理想的具体体现，本质上并不仅仅是抽象思辨的产物；所谓人格的外在展现，无非是人格在实践过程中的展开；而社会的规范也只有在长期的道德实践中才能逐渐转化为个体的内在品格。 荀子以"行"为成人（达到理想人格）的条件，肯定的正是道德实践在人格培养中的作用。

　　引申而言，在儒家哲学中，肯定知行的互动，包括对德性与德行统一性的确认：所谓知，主要指德性之知，行则指向道德践履，从而，知与行的统

---

　　①《论语·阳货》。
　　②《荀子·儒效》。

一，也意味着内在德性与外在行为不可分离。知行互动与德性涵养的统一，在明与诚的关系得到了进一步的展开。程颐便将知行之辩与明诚之说联系起来，认为："君子之学，必先明诸心，知所养，然后力行以求至，所谓自明而诚也。"①先明诸心而后力行，表现为由明而诚。在此，理性的自觉（明）与正心诚意构成了同一过程的两个方面，而其逻辑终点则是成圣（成人）。知与行的统一，在这里表现为成圣（达到理想人格）的具体过程。

从成就理想人格的视域看，知与行之辩同时又与本体与工夫的相互作用相联系。在人格培养的领域，所谓本体主要指由内在的道德意识等构成的精神结构，王阳明便把良知视为本体；工夫则以人的道德实践活动为内容。在人格培养的过程中，一方面需要以既有的道德意识为根据，另一方面又离不开道德实践的活动，二者的关系具体展开为本体与工夫的互动："合着本体的，是工夫；做得工夫的，方识本体。"②这种理解的重要之点，在于既肯定内在道德意识在人格培养中的作用，从而既避免了将德性的涵养仅仅视为外在的附加或外在的灌输，又注意到外在的实践工夫在人格培养中的现实意义，从而避免内在道德意识（本体）的抽象化。

知与行、本体与工夫的互动作为人格培养的途径，具体展开为一个过程。事实上，以理想的精神之境为指向，人格的培养内在地包含着过程性。作为一个既涉及宏观的文化历史、又关乎个体习行的过程，人格的培养具体包含多方面的环节和内容。

《论语·宪问》中记载："子路问成人。子曰：若藏武仲之知，公绰之不欲，卞庄子之勇，冉求之艺，文之以礼乐，亦可以为成人矣。""成人"亦即理想的人格。在孔子看来，达到理想人格的过程总是包括知、勇、艺等环节。所谓知，是指通过认识活动来发展人的理性能力，这种认识活动更多的是对社会人伦关系的把握，即"知人"；在体察人伦及自我反省的过程中，主体便逐渐形成了自觉的理性。所谓"勇"，较多地与意志的品格相联系，引申为意志的磨炼。礼本来指交往的方式，乐则是广义的艺术活动，礼乐并提，泛指与一般的文明交往相联系的艺术审美活动，而所谓"文

---

① 《二程集》，中华书局，1981 年，第 577 页。
② 《王阳明全集》，上海古籍出版社，1992 年，第 1167 页。

之以礼乐"，则含有通过审美活动以陶冶人的情操之意。孔子很注重审美活动在成人过程中的作用，曾主张"兴于诗，立于礼，成于乐"①，亦即通过礼乐教化来培养完美的人格。

荀子对艺术审美活动在成人过程中的作用也作了具体的考察。按荀子的看法，在化性起伪的过程中，音乐构成了一个重要的方面："夫声乐之入人也深，其化人也速。"②相对于其他艺术形式，音乐更能展示主体的心路历程，也更容易激起心灵的震荡和共鸣，而在内心的深层感染中，主体的精神便可以得到一种洗礼和净化。从更广的视域看，乐甚至还有移风易俗的作用："乐者，圣人之所乐也，而可以善民心。其感人也深，其移风易俗也易。"所谓移风易俗，也就是影响或改变一定的社会文化氛围，而后③者反过来将进一步制约个体的内心世界。王夫之同样十分注重艺术在成人过程中的作用，认为"乐为神之所依，人之所成也"。④这里的"神"，便是指作为人格内容的内在精神，而在王夫之看来，人格精神的培养，又离不开艺术的陶冶。

可以看到，儒家哲学对艺术的以上考察，主要着眼于其社会道德功能，这一点，在荀子的如下论述中表现得很明确："君子以钟鼓道志，以琴瑟乐心，动其干戚，饰以羽旄，从以磬管。故其清明象天，其广大象地，其俯仰周旋有似于四时。故乐行而志清，礼修而行成，耳目聪明，血气和平，移风易俗，天下皆宁，美善相乐。"⑤通过艺术的陶冶，个体的内在精神世界得到了净化和提升，感性（耳目、血气）之中渗入了理性，从而达到了人格的完美；而个体人格的完美又促进了社会的道德凝聚（天下安宁）。质言之，善规定了美，美又推进了善，美善相互作用，使个体人格不断提升到一个新的层面。

当然，在中国传统文化中，艺术对主体的陶冶，总是受到理性的规范。按儒家哲学的理解，如果离开理性之知的引导，则往往导向消极的方面。同样，意志的磨炼，也应当受到理性的制约，正是在此意义上，儒家哲学常

92

①《论语·泰伯》。
②《荀子·乐论》。
③《荀子·乐论》。
④ 王夫之:《诗广传·商颂》,《船山全书》第 3 册,岳麓书社,1996 年,第 511 页。
⑤《荀子·乐论》。

常将"知虑明"与"志意修、德行厚"①联系起来，其中体现了一种理性主义的精神。②

　　作为一个由多重环节构成的过程，达到理想人格并非一蹴而就。 如前所述，从圣人与君子的区分开始，儒家哲学就注重人格成就过程的过程性：圣人作为人格典范和人格目标，引导着人不断地向其趋近。 "积善"而成圣中的"积"，也突出了走向理想人格的过程性。 对儒家哲学而言，"积"作为一个过程，具有无止境的特点，这一过程不同于向出发点的回复，而是以新的人格形态的形成为其内容，所谓"长迁而不反其初"③，便肯定了这一点。

（原载《道德与文明》2012 年第 5 期）

---

① 参见《荀子·正论》。
②《荀子·天论》。
③《荀子·不苟》。

儒家的贤能政治:意义与限度

　　以贤能治国,可以视为儒家的政治理念。 儒家对贤与能既作了不同定位,又关注其统一。 较之政治领域中的体制、程序,贤能更多地与人的内在品格、能力相联系。 与此相联系,肯定贤能在政治实践中的作用,对于避免仅仅将政治的运作限定于体制、程序等形式的层面,无疑具有积极的意义。 当然,贤能作为个体性的品格和能力,其作用本身无法完全与体制、规范、程序等等相分离,贤能者本身之进入政治实践的领域以及对其可能产生的消极趋向的限定,也需要体制、程序等层面的担保。 在此意义上,实践主体层面的贤能与政治体制层面的程序系统并非彼此相斥。

一

　　将贤能与政治实践联系起来,是儒学的特点之一。 在儒家的视域中谈政治形态意义上的贤能,首先涉及"贤"与"能"的关系。 孟子已对"贤"与"能"作了区分:

　　　　贤者在位,能者在职。①

　　在这一分野中,"贤"主要与内在的道德品格或德性相涉,"能"则指治国经世的实际才干。 与"贤"相联系的"位"关乎荣誉性的社会地位;相应于"能"的"职",则主要指治理性或操作性的职位。 对待贤者的基本方式是尊重,能者所面临的问题则是如何被使用:"尊贤使能,俊杰在

---

　　①《孟子·公孙丑上》。

位，则天下之士皆悦而愿立于其朝矣。"①在以上区分中，德性与能力本身各有定位，但从社会的层面看，侧重于德性的贤者与侧重于能力的能者又都不可或缺：唯有尊贤使能，才能使天下之士都愿意为君主效力。

儒家的经典之一《礼记》在谈到天下之序时，也涉及贤与能："大道之行也，天下为公。选贤与能，讲信修睦。"②根据这一理解，则在天下为公的背景下，既应关注"贤"，亦应注重"能"。相对于孟子在区分贤与能的前提下肯定二者，《礼记》更直接地从正面确认了贤与能的相关性。当然，肯定贤与能的联系，并不意味着无视二者的不同定位，事实上，《礼记》对贤与能的社会功能同样作了不同的规定："先王尚有德，尊有道，任有能。"③"有德"与"有道"属广义的"贤"，"尚有德，尊有道"相应地近于孟子所说的"尊贤"，"任有能"则与"使能"具有相通之处。

从历史的演进看，"大道之行也，天下为公"表现为一种理想的社会预设，以此为前提，"选贤与能"首先也具有社会政治理想的性质；"尊贤使能"则更多地展开为一种现实的政治要求。与之相联系，贤与能既有理想之维，也包含现实内容。从现实的层面看，贤与能都包含二重性。"贤"作为德性，具体表现为个体的内在品格，在内容上，这种品格与个体的价值取向、价值立场相一致：德性与品格本身可以视为价值理想的体现。在形成的方式上，德性与品格又基于个体的修养。儒家所肯定的贤人，往往也体现于个体的价值追求或人生追求。在赞美颜渊之贤德时，孔子便感叹："贤哉，回也。一箪食，一瓢饮，在陋巷。人不堪其忧，回也不改其乐。贤哉，回也。"④在贫寒的物质境遇中依然保持乐观的人生态度，这种贤德所展现的便是与个体的价值取向相联系的内在品格。

德性意义上是"贤"不仅与个体性的人生追求相涉，而且也表现为与社会相关的品格，并有其普遍的社会含义，孟子在谈到"进贤"时，便指出了这一点：

国君进贤，如不得已，将使卑逾尊、疏逾亲，可不慎与？左右皆曰

---

①《孟子·公孙丑上》。
②《礼记·礼运》。
③《礼记·礼器》。
④《论语·雍也》。

贤，未可也；诸大夫皆曰贤，未可也；国人皆曰贤，然后察之，见贤焉，然后用之。①

　　"国人皆曰贤"，意味着相关个体所具有的贤德已展现于个体之外的社会生活领域，并得到了群体的认可。作为社会化的德性，"贤"同时表现为政治品格，并为主政者所应具备。就君主而言，有此品格则为贤君，其特点在于尊重臣下、关注民众："是故贤君必恭俭礼下，取于民有制。"②如果说，人生取向层面的贤德表现为私德，那么，社会政治生活中的贤德，则具有公德的意义。

　　与"贤"相近，"能"作为能力、才干也体现于不同方面。不过，如前所述，"贤"首先侧重于个体性的品格，相对于此，"能"更直接地体现于社会领域的治国过程。作为与"职"相联系的才干，"能"与多样的治理活动相联系，表现为处理各种政治事务的能力，所谓政绩或治国成效，常常便相应于这种不同能力。从更广的视域看，"能"也涉及君主的治国活动。就君主而言，其治国能力主要表现在对人的使用、支配之上："人主者，以官人为能者也。"③从否定或消极的方面看，缺乏这方面的能力，则将导致国之动乱："君不能者，其国乱。"④从贤与能的区分看，这一意义上的能力，构成了政治秩序与社会治理所以可能的条件。

　　在儒家那里，贤能之辩中的"能"不仅体现于外在的社会领域，而且关乎个体的德性修养与提升。孟子曾提出四端之说，以仁义等为内容，四端同时被理解为德性涵养的出发点："恻隐之心，仁之端也；羞恶之心，义之端也；辞让之心，礼之端也；是非之心，智之端也。人之有是四端也，犹其有四体也，有是四端而自谓不能者，自贼者也，谓其君不能者，贼其君者也。"⑤作为道德意识的萌芽，四端既构成了德性的涵养的内在根据，又为德性涵养中内在能力的形成提供了可能：所谓"有是四端而自谓不能者，自贼者也"，便表明了这一点。道德领域中的这种"能"，不仅体现于个体自身的涵养过程，而且展现为道德实践（为善）的能力。在后一意义上，

　　①《孟子·梁惠王下》。
　　②《孟子·滕文公上》。
　　③《荀子·王霸》。
　　④《荀子·议兵》。
　　⑤《孟子·公孙丑上》。

孟子区分了"能"与"为"："挟太山以超北海，语人曰：我不能。是诚不能也。为长者折枝，语人曰：我不能。是不为也，非不能也。"①对孟子而言，人皆有从事道德实践的能力，所谓"不为"是指虽有能力为善但却不实际地为善。与这种"为"相对的"能"，主要便指个体道德实践领域的能力。

可以看到，"贤"与"能"在不同的意义上包含二重性："贤"作为德性既关乎个体的内在品格，又涉及社会领域的实践过程；同样，"能"作为能力也既涉及治国的才干，又关乎个体的道德涵养。在以上方面，贤与能呈现了内在的联系。贤与能的这种相关性，同时决定了二者在政治实践中难以截然相分。

<h1 style="text-align:center">二</h1>

按儒家的理解，治国过程既涉及贤与能，又需要循乎一般规范或普遍之道，二者彼此关联而又相互作用。在谈到为政过程时，孟子指出："离娄之明，公输子之巧，不以规矩，不能成方圆；师旷之聪，不以六律，不能正五音；尧舜之道，不以仁政，不能平治天下。……为政不因先王之道，可谓智乎？"②规矩、六律作为准则，规定了应当如何做，同样，仁政作为先王之道的体现，也蕴含着治国的程序。这里值得注意的是孟子将"道"与规矩联系起来，从而赋予它以普遍规范的意义。"仁"首先表现为道德理想，规范则关乎政治实践的操作活动和规程。在这里，与仁政的道德理想相涉的贤德与如何行道（如何按道而行动）的能力，呈现了一致性。

在儒家看来，规范的制约，并非仅仅表现为形式化的理性操作。以治国过程而言，其中所运用的规范，往往与道德人格相联系：

> 规矩，方圆之至也；圣人，人伦之至也。欲为君，尽君道；欲为臣，尽臣道，二者皆法尧舜而已矣。③

规矩本来是工匠测定方圆的准则，引申为一般的行为规范，圣人则指完

---

①《孟子·梁惠王上》。
②《孟子·离娄上》。
③《孟子·离娄上》。

美的理想人格，作为完美的人格形态，圣人不仅包含内在的贤德，而且具有安平天下的能力。《论语》中已可看到孔子对圣人的以上理解："子贡曰：'如有博施于民而能济众，何如，可谓仁乎？'子曰：'何事于仁，必也圣乎！'""博施于民而能济众"显然已不限于内在德性，而是同时关乎治国平天下的经世能力，以此为圣人的特点，表明圣人以相关的品格为题中之义。孟子将圣人与规矩加以对应，其中蕴含如下含义：在"为君""为臣"这一类政治实践中，行为规范可以取得完美人格的形式；或者说，完美人格能够被赋予某种规范的意义。当圣人成为效法对象时，他同时也对如何"为君"、如何"为臣"的政治实践具有了范导、制约的功能。以完美人的格（圣人）为政治领域的存在形态，内在的贤德与体现于"为君""为臣"这一类治国活动中的能力进一步呈现了内在的关联。

把完美的人格引入治国的政治实践，既意味着确认贤德在政治实践中的作用，也在一个更为实质的层面肯定了"贤"与"能"的内在关联。如前所述，"贤者在位，能者在职"包含着"贤"与"能"的区分，这种区分如果过于强化，则在逻辑上蕴含着二者导向分离的可能。以既"贤"且"能"为政治实践主体的品格，其内在意义之一在于为避免导致以上分离提供某种担保。

由以上观念出发，儒家对自我的修养予以了相当的关注。就个体与天下、国、家的关系而言，儒家首先强调了个体的本位意义：

> 人有恒言，皆曰天下国家。天下之本在国，国之本在家，家之本在身。①

身或个体的这种本位性，决定了修身对于平天下的重要性："君子之守，修其身而天下平。"②平天下属于广义的政治实践，修身则是个体的道德完善；以修身为平天下的前提，意味着政治实践无法离开以贤德等形式表现出来的道德规定之制约。

基于贤德在政治实践中的作用，儒家对善政与善教的不同特点作了考察③，"善政"侧重于法制，"善教"则主要指教化。在儒家看来，仅仅关注"善"，与仅仅关注"法"，都难以担保社会的有序运行，所谓"徒善不

---

① 《孟子·离娄上》。
② 《孟子·尽心下》。
③ 《孟子·尽心上》。

足以为政，徒法不能以自行①"便表明了这一点。

三

相对于儒学，现代政治哲学似乎趋向于将私人领域与国家权力机构以及更广意义上的公共领域区分开来。在狭义上，公共领域介于国家权力机构与私人领域之间，在广义上，则公共领域和国家权力机构都与私人领域相对。在这种分野中，道德（包括德性）常常被视为私人领域的问题，政治领域的能力则往往被理解为与国家权力机构及公共领域相关的规定。对现代的政治哲学而言，社会政治领域中的实践活动，主要表现为一个按一定规则、程序而运作的过程，其间固然需要运用能力，但并不涉及品格和德性的问题：后者仅关乎个体性或私人性的领域。

然而，如前所述，从贤与能的关系看，贤德与能力都内涵二重性：贤德既呈现为个体性的德性，也具有社会及公共的指向；同样，能力既服务于社会政治及公共领域，又是个体所具有的内在力量，并与个体自身德性的提高相关。贤与能的以上关联，一方面表明私人领域与社会政治以及公共领域无法截然分离，另一方面也决定了社会政治以及公共领域的活动难以离开个体的品格，包括其内在贤德。社会政治的运作无疑需要体制、规则、程序，但体制以及政治活动的背后是人，体制的合理运作、政治活动的有效展开，离不开其背后的相关主体：正是政治实践的主体，赋予体制以内在的生命，并使实践活动的展开成为可能。作为具体的主体，人既需要具备相关的能力，也应当有道德的素养，从宽泛意义上的仁道、正义，到与权力运用相关的清廉、自律，等等，这些内在的品格或贤德在不同的层面制约着政治领域的活动，并从一个方面为体制的合理运作提供担保。

如果将贤能政治作为社会政治领域中的一种治理模式，那么，这种治理模式的根本特点就在于将注重之点放在政治领域中的人以及人的内在贤能之上：通过"选贤与能"，让有能力和德性的人处于政治管理的不同岗位，由此为政治实践的展开提供担保。如上所述，传统儒学区分"贤"与

①《孟子·离娄上》。

"能"，强调"贤者在位，能者在职""尊贤使能"，试图由此形成"贤"与"能"之间相互制衡的格局。然而，从逻辑上看，"贤"与"能"的这种分野，似乎将导致德（伦理）与政（政治）的分离：政治领域的治理仅仅与能力相关，社会荣誉则归于贤德，治世之能臣与道德之贤人分属于不同的领域。尽管前面已提到，儒家对政治实践的理解以肯定道德作用为内在特点，其强调人格（圣人）的规范性，也包含扬弃贤能分离的意义，然而，"贤者在位，能者在职""尊贤使能"的观念却在逻辑上蕴含以上的分离，二者存在某种内在的张力。就现实的形态而言，政治中的人作为具体的实践主体，总是既有能力的规定，又有德性之维，二者都制约和影响着政治实践："在职"需要贤德，"在位"也离不开能力。政治实践的主体在体制运作与治理过程中的作用，乃是通过"贤"与"能"的统一而实现的。

以既"贤"又"能"者作为政治实践的主体，无疑有助于体制的合理运作和政治领域治理活动的有效展开。然而，这一视域中的贤能政治，本身并不能与政治体制相分离。首先，如何能够使既"贤"又"能"者走向政治实践中心或成为政治领域的领导者？贤能者固然是比较理想的政治实践主体，但仅仅凭借其自身的"贤"与"能"，并不能保证他们一定成为政治领导者：这里显然需要体制层面的担保。唯有通过比较完善的体制设计以及相关的程序运作，才能为贤能者登上政治舞台提供前提和条件。在这里，形式层面的体制、程序与实质层面的主体品格（贤能）并非互不相关。

就政治运作的过程而言，贤能者在成为实际的政治领导者以后，往往面临着如何避免自身蜕变的问题。"贤"与"能"作为人的内在品格，并非永恒不变，权力既可以改变社会，也可能改变权力的掌握者。如历史过程一再表明的，权力如果失去监督或制衡，常常便会导致腐败。贤能者在成为政治权力的拥有者之后，也可能发生类似的变化。正如贤能本身无法担保贤能者走向政治中心一样，贤能本身也难以保证贤能者永远保持"贤"与"能"。这里，同样需要体制的制衡：为了避免贤能者在拥有政治权力之后发生蜕变，体制层面的监督、制衡是不可或缺的。事实上，体制的运作本身对政治实践的主体具有制约的作用，从消极的方面看，体制的建构，可以使人避免为恶。就社会体制与个体行动的关系而言，社会可以通过建构一定的体制，形成特定实践背景或场域，由此对个体行为造成某种约束。

儒家之外的《商君书》已注意到这一点，并强调在社会政治领域应形成"势不能为奸"的格局①，所谓"势不能为奸"，也就是通过建构一定的政治体制，使个体无法为非作歹：不论相关个体愿意与否，客观之"势"规定了他难以作恶。体制对个体的制约，从另一个方面表现了贤能政治与体制运作的相关性。

从更本原的层面看，"贤"与"能"本身并不是先天的品格，其形成一方面需要个体自身的学习、陶冶以及参与广义的实践过程，另一方面又离不开社会层面的教育、培养、引导，后者在另一重意义上涉及社会体制对个体的影响：在这里，个体与社会、人与体制之间，同样展开为一种互动的过程。不难注意到，从贤能的形成，到品格的提升，从积极意义上成就正面的贤与能，到消极意义上避免品格的蜕变，都无法仅仅依赖于贤能本身，其间总是渗入了广义的社会体制的作用。

作为儒家所追求的特定政治形态，贤能政治显然不同于现代意义上的民主政治体制。从侧重之点看，贤能政治以政治实践的主体（人）为关注重心，民主政治则展开为基于一定政治体制的程序运作；从政治权力的确立方式看，贤能政治形成于非选举的方式，民主政治则依赖于不同形式的选举。然而，就实质的层面而言，无论是贤能政治，抑或民主政治，都既涉及"贤"、也关乎"能"。贤能政治以"君"与"臣"为主体，尽管儒家每每将"贤"与"能"分别归属于"位"与"职"，但在理想的贤能政治形态中，作为实践主体的"君"与"臣"（"明君"或"良臣"）都应同时具备"贤"与"能"的品格。同样，从理想的层面看，民主政治中选举出来的领导人物，也不仅需要"能"，而且应当"贤"。

贤能政治与民主政治之辩，同时涉及人治与法治的关系。从形式的层面看，贤能政治以人的品格担保治国平天下，体现的是人治的进路；民主政治注重规则、程序，更具有法治的特点。然而，如前文所论，在实质或现实的意义上，贤能政治所体现的人治，也无法完全离开普遍的规则以及相关的程序：即使君主的世袭、官吏的选拔，也需遵循一定的规则并有其特定的程序，如皇位的继承方面便有嫡长继承制。与之相类似，民主政治尽管首

---

① 《商君书·画策》。

先基于一定的规则和程序，但其有效展开，也并非与民主政治参与者的个人品格完全无涉。

概而论之，一方面，贤能政治同时涉及规则、程序。另一方面，民主政治无法与个人品格分离，在现实的政治实践中，二者的区分具有相对性。与之相类似，人治与法治的区分也呈现相对的意义。就现代政治体制的建构与政治实践的展开而言，我们既需要关注贤能政治注重实践主体德性与人格的政治取向，也不能忽视民主政治突出政治实践的规则与程序的基本立场。从正面的或建设性的角度看，如何在形式层面的程序、规则与实质层面的个体品格、德性之间形成积极的互动关系，是现代政治实践需要正视的问题。

（原载《天津社会科学》2013 年第 2 期）

儒学视域中的为政和成人 ①

　　儒家注重"为政"（政治实践）与为政者（政治实践主体）人格修养之间的关联。 在总体上，儒家所理解的政治实践主体以贤和能的统一为指向，其中"贤"主要便涉及内在德性。 对儒家而言，人的德性关乎为政的价值方向，并从内在的方面担保了为政过程的正当性。 在儒家看来，为政者（政治实践主体）品格的养成离不开后天的修为，有见于此，儒家对修身予以高度的重视。 修身过程展开于不同方面，德性和品格也体现于多样的关系并在以上关系的展开中获得具体内涵。

一

　　如何展开政治实践？ 在这一问题上大致有两种不同的理念或进路。 其一趋向于将政治实践的过程与一定的制度、体制的运作联系在一起，其注重之点在于体制、制度自身的力量，而体制、制度之外的个人品格和德性，则被推向边缘。 西方近代以来的一些政治哲学和政治学的理论，常常体现了以上进路。 他们倾向于区分个人领域和社会领域或私人领域和公共领域，政治实践中权力的运作过程主要属公共领域，而人格的修养则被置于个人领域或私人领域之中，二者互不相干；权力的运作过程或政治实践的展开过程也相应地无涉人格修养。

　　另一进路以儒学为代表，其特点在于注重体制的运作过程和人格修养之间的关联。 儒家的政治理念之一便是："其身正，不令而行；其身不正，

---

　　① 本文系作者于 2016 年 6 月在中国浦东干部学校的讲演记录。

虽令不从。"①这里的"其"即执政者或运用权力者,"身"则关乎权力运用者的品格。 质言之,如果运用权力者本身人格完美,则他所颁布的各种行政命令、政策便会得到比较好的实施和贯彻;反之,如果"其身不正",即执政者本身品行修养上有所欠缺,则他颁布的政令、政策在行使过程中往往很难真正地得到落实。 在此,制度、体制方面的运作过程与体制的运作者(政治实践的实践主体)自身的人格修养这两者并非截然分开。

在以上方面,儒家思想中值得关注的观念之一是强调礼法之制的运作过程离不开一定的道德原则以及执政者本身德性的制约。 这种看法,不同于前述近代以来西方政治哲学的某些主张。 儒学从不同方面对以上观点做了具体的说明。 对儒学而言,如果仅仅限于体制层面的程序、形式来运作而缺乏一定价值观念的引导,政治领域中的治理活动就容易成为技术化的操作过程,并引发种种问题。 孟子在谈到"术"的作用特点时,便涉及这一方面。 "术"属技术性、操作性的方面,在孟子看来,"术"的操作者一定要谨慎,所谓"术不可不慎"。②

具体而言,政治实践的主体应该具有何种品格? 在这方面,传统儒学提出了多重看法,在总体上,其基本要求是贤和能的统一。 与"尊贤使能"相关的是"内圣外王",后者构成了儒家的价值理想,其中包括"内圣"和"外王"两个方面。 "内圣",主要侧重于政治实践主体自身的品格和德性,"外王"则更多地与实际的政治实践过程相联系。 在传统儒家看来,这两者彼此相关,不能分离。 "内圣"并不仅仅是个体内在的规定,它同时需要在现实的政治实践过程("外王")中得到体现。 对孔子而言,"圣"并非仅有内在的仁爱品格,而且同时以"博施于民而能济众"③为特点,即能够给广大的民众以实际的利益。 另一方面,"外王"也需要"内圣"的指导。 在儒家的观念中,"外王"最后指向的是王道的理想,后者与"王霸之辩"联系在一起。 "王道"主要指以道德的力量和方式来实现对社会的治理和整合,"霸道"则是依赖强权、武力、刑法来治理社会。按照儒家的理解,作为广义上政治实践的"外王"如果离开了"内圣"的引

①《论语·子路》。
②《孟子·公孙丑上》。相关问题更进一步的讨论,可参阅收入本书的《孟子的政治哲学思想》。
③《论语·雍也》。

导，就有可能从"王道"走向"霸道"，从而脱离儒家的理想的政治目标，在这一意义上，"外王"同样也离不开"内圣"。"内圣"和"外王"的如上统一，意味着内在的品格和外在的政治实践之间存在着互相制约和互动的关系。

二

在儒家看来，政治实践主体的品格并不是自然或先天的，其养成离不开后天的修为。有见于此，儒家对修身予以高度的重视。《大学》提出格物，致知，诚意，正心，修身，齐家，治国，平天下，这也可以被广义地理解为政治实践领域中的八项条目，其内容可区分为两个方面：一是"格物，致知，诚意，正心"；另一是"修身，齐家，治国，平天下"。在涉及以上诸方面的整个过程中，"修身"构成了极为重要的环节，正是以此为前提，《大学》强调："自天子以至于庶人，壹是皆以修身为本。"从"修身"出发，进而"齐家，治国，平天下"，"修身"在这里具有基础性的作用，而前面提到的"格物，致知，诚意，正心"，则可理解为"修身"的具体内涵。当然，如果作进一步考察，则可注意到，"格物，致知，诚意，正心"也可以分为两个方面："格物、致知"主要偏重于培养自觉的理性意识：通过认识对象、认识世界逐渐地使人自身多方面地达到理性的自觉；"诚意、正心"更多地侧重于养成内在的道德意识，并使之真正实有诸己。"格物、致知"和"正心、诚意，"的统一，总体上表现为自觉的理性意识与真诚的道德意识的交融，这同时也构成了"修身"的具体内涵。

在儒学中，"修身"的过程与人的自我理解紧密地联系在一起。对人自身的这种理解可以区分为两个方面，即："什么是人"与"什么是理想的人"。进一步看，第一个问题（"什么是人"）又与儒学中的"人禽之辩"相联系：从孔子、孟子，到荀子，儒家从不同方面展开了"人禽之辩"。"什么是人"？人和动物（禽兽）的区别究竟在哪里？对此可以有不同的理解，诸如："人是使用语言的动物""人是理性的动物""人是政治的动物"，等等。儒家对"什么是人"也有自身的看法，这种理解又基于人与其他存在的比较。荀子在这方面有概要的论述，在他看来，人不同于其他存在的根本之点，在于他不仅由一定的质料（气）所构成、具有生命、具有感知能力，而且有"义"，即内在的道德意识，正是后者，使人成为天下万物中最有价值的存在（"最为天下贵"）。可以看到，人和其他对象（水火、草木、禽兽）的比较所要解决的根本问题，是"何为人"，这同时也构成了儒家讨论"修身"的前提。

与"何为人"相关的是"何为理想的人"。人通过修养过程最后将达到什么样的人格目标？这一问题在儒家那里涉及"圣凡之辩"。前面提到的"人禽之辩"，侧重于人和其他对象的区别，"圣凡之辩"则关乎人的既成形态与理想形态的区分。这里的"圣"即圣人，其特点在于已达到道德上的完美性，"凡"则是既成的普通人，他虽有"义"，但尚未达到至善之境。与之相关，"修身"具体便表现为一个由凡而圣的过程，后者表现为从仅仅具有道德意识，逐渐走向道德上的完美。

在儒家那里，"由凡而圣"的修身过程，同时又与"为己之学"相联系。孔子已区分"为人"之学和"为己"之学。这里的"为己"非仅仅表现为追求个人的一己之利，"为人"也不是为他人谋利，二者主要不是以利益关系为关注之点。"为人"之学中的"为己"，首先以自我的完成、自我的人格升华为目标，与之相对的"为人"则是仅仅做给别人看：相关个体也许在行为过程中也遵循了道德原则，但其行为的目的却是为了获得社会和他人的赞誉。按照儒家的理解，以"由凡而圣"或"成圣"为目标的修身过程，应该以自我的充实、自我的提升为指向，而不是仅仅摆个样子、做给别人看，以获得外在的某种赞誉。以"为己之学"扬弃"为人之学"，构成了儒家"修身"理论的内在特点。

具体而言，"修身"的内容涉及哪些方面？儒家从不同的角度对此作了讨论。首先是"志于道"，即向道而行、以道为人生的目标和方向。在中国文化中，"道"可以从两个层面加以理解。在形而上的层面，"道"常常被视为整个世界或宇宙的最高原理；在价值的层面，"道"则关联着人的存在，指不同形式的社会理想，包括道德理想、文化理想，等等。所谓"志于道"，主要涉及"道"的后一意义，其内在旨趣是以一定的社会理想为自身的追求目标。按儒家的理解，人格的修养需要形成和确立社会或人生的理想，"志于道"即以此为内容。只有在人生的理想确立之后，才能形成人的价值方向，并在具体的实践（包括"为政"的政治活动）中懂得走向何方。 所谓"君子谋道不谋食"①，也从一个方面体现了这一点：谋道可以视为理想的追求，谋食则是仅仅专注于物质利益，对儒家而言，无论是为人，还是为政，都应选择前者（谋道）而拒斥后者（谋食）。

在传统儒学中，人格的修养同时又与"养浩然之气"相联系。 "气"这一概念在中国哲学中含义比较广，它既可以在物质的意义上使用，也可以在精神的意义上运用，所谓"浩然正气"、正气等等，便更多地涉及精神的层面，表现为内在的精神力量。 "养浩然之气"概要而言即是培养个体的凛然正气。 历史上，文天祥曾写过《正气歌》，其中也提到了"浩然之气"："天地有正气，于人曰浩然"。 在此，人的"浩然之气"便与天地正气合二为一，展现为昂扬的精神力量。 按照传统儒学理解，这样的精神力量同时给人以精神的支柱，使人不管处于何种境地，始终都能够坚持道德操守。 孟子的以下论述便肯定了这一点："富贵不能淫，贫贱不能移，威武不能屈。"②在此，孟子既以上述品格为理想人格的特征，也将其视为"浩然之气"的体现形式。 对传统儒学而言，在必要的时候，为了理想甚至可以献出自身的生命，孔子所说的"志士仁人，无求生以害仁，有杀身以成仁"③，便强调了这一点。 "仁"是孔子思想中的核心概念，其基本含义是肯定人之为人的内在价值；对孔子而言，为了维护这一价值原则，即使杀身也应在所不惜，后来孟子提出"舍身而取义"，表达的也是类似的观念。这些看法，同时构成了儒家理想人格精神的具体内容，为政过程中的政治气节，便与之直接相关。

在儒家那里，人格修养作为一个具体的过程，同时又关乎"自省"或"内省"等形式。 在《论语》中已可以看到如下观念："吾日三省吾身：为人谋而不忠乎？ 与朋友交而不信乎？ 传不习乎？"④这里首先把反省提到重要的位置，而反省的主体则是自我：自我（"吾"）反省自身（"吾身"）。 具体而言，反省的内容包括："为人谋而不忠乎"，即替人谋划、

①《论语·卫灵公》。
②《孟子·滕文公下》。
③《论语·卫灵公》。
④《论语·学而》。

考虑是不是真正尽心尽力了；"与朋友交而不信乎"，即与朋友交往的时候是不是做到诚信、守信；"传不习乎"，"传"指前人的学问、学说和理论，对这些内容，是否加以温习、践行。 反省的这三个方面都涉及自我和他人的关系。 对传统儒学来说，个体存在于世，总是处于多方面的关联之中。 在与他人交往过程中，其所作所为到底是不是合宜、是不是合乎道德的原则和规范，都需要经常加以反省。 孔子还提到："见贤思齐焉，见不贤而内自省也。"①所谓"贤"，即道德完美的人，遇见这样的贤人，首先就应从内心思忖：如何向他看齐、向他学习？ 同样，看到在品格方面有所欠缺的人，也需要反省：自己是不是和这些人有类似的问题？ 在这里，反省呈现正面和反面二重形式：正面意义上，反省意味着积极走向完美的人格，反面意义上，反省则以如何避免德性的不完美为指向。 人格自身的修养当然也需要外在的培养、教育，等等，但是比较而言，个体自身的反省往往具有更为主导的作用，它可以通过对自我的评价，不断地给人以自我警醒，时时发现自身可能的不足。 按照传统儒家的理解，这种反省意识和评价意识对人格的修养是不可或缺的。 儒家在谈到自我的反省意识时，也兼及反省的具体方式。 孔子便提出了"四毋"的观念：第一是"毋意"，即不要凭空地去揣度；第二是"毋必"，即不要绝对地加以肯定，以避免将自己的看法绝对化；第三是"毋固"，即不要拘泥、固执，拒绝变通；第四是"毋我"，即不要自以为是，从自我的成见出发去看问题。② 如果具有这样反省的意识，便如同具有了精神的护栏，可以及时地对自己的言行和所作所为进行自我的评价，并做出相应的调整，这样，即使有过失，也不至走得太远。 自我的反省、不断的警醒，既构成了一般意义上人格修养的内容，也内在地制约着为政者的治国实践：为政不仅涉及个人，而且影响社会，其主体是否时时保持反省和警醒意识，也相应地具有尤为重要的意义。

在人格的修养过程中，儒家关注的另一个问题是"慎独"。 《大学》《中庸》《荀子》以及后来儒学的其他经典，都反复提到这一问题。 对儒家来说，"慎独"是人格修养的一个重要环节和方面。 所谓"慎独"，也就

---

① 《论语·里仁》。
② 参见《论语·子罕》。

是在他人的目光不在场、外在舆论监督阙如的情况下，依然坚持道德的操守。一般而言，当他人的目光不在场、舆论的压力也暂时缺席时，人似乎可以为所欲为，甚至去做有违道德规范的事；在以上情境中依然保持道德操守，往往很不容易。在他人的目光和外在舆论的监督都不存在的情况下，人应如何作为？从日常生活，到政治权力的运用，都会面临这一问题。就日常生活而言，在无人监控的情况下，言行不合于礼，常常不必有顾虑；在权力的运用过程中也有类似问题：权力的运用并不是无时无刻都处于监督之下，它也会在监督缺位的情况下运作。以上情境属广义的独处，在独处情境下坚持道德操守，较之非独处时的坚守，更为困难。儒家之所以要强调"慎独"，便是有见于"慎独"之不易。

"慎独"在逻辑上与前面提及的"为己之学"相关：慎独的前提是自我的所作所为并不是做给别人看，而是以自我成就（"为己"）为指向。正由于如此，因而即使他人不在场、外在监督缺席，自我依然需要坚持道德操守。同时，行为需要一以贯之，在不同的场合，包括人前人后，人的行为都应当始终如一，人的德性也应具有稳定性；如果仅仅在他人目光下行为才合乎伦理、政治规范，而在他人缺席的时候却另是一个样，那就表明自我的德性还缺乏一贯性、稳定性。进一步看，这一类行为一方面具有被迫性：行为乃是迫于外在压力或他人的监督，不得不如此；另一方面也表明行为主体缺乏真诚性：行为不是源自内心，而仅仅是示之于人。与之相对，"慎独"意味着将关注之点转向自我的完善，与之相关的行为也出于个体的意愿而非基于外在强加。这里既强调了德性的真诚性，也突出了德性的恒定性或始终一贯性。儒家一再强调德性的真诚和稳定，认为人的内在的品格应当实有诸己、稳定如一，如此，行为才能达到自然中道，亦即无须勉强，自然而然地合乎行为规范。儒家强调"为政以德"，作为治国的前提，其中的"德"便包括为政者自身德性的真诚性与一贯性。

三

德性和品格往往体现于不同的关系中，正是在多样的关系之中，儒家所追求的内在品格和德性展现出自身更为具体的内涵。

为政过程首先面临自我和群体、自我和社会之间的关联问题。《大学》提出"修身、齐家、治国、平天下"已涉及自我和外部社会、自我和群体之间的关系。对儒学而言，个体一方面应当独善其身、培养自身的德性和人格；另一方面又要兼济天下、承担社会的责任。孔子所谓"修己以安人"便非常概要地表述了自我和他人之间的以上关联："修己"侧重于自我本身的完善以及自我人格境界的提升；"安人"更多地涉及个体对社会的责任，后者的关注之点主要在于如何实现社会整体的价值。在儒学看来，"修己"需要落实于"安人"，其中主体的完善和社会的关切紧密联系在一起。以"为政"即政治实践而言，按孔子的理解，为政者（政治实践的主体）首先应"敬事而信"，"敬"即一丝不苟，所谓"敬事"，即认真对待所承担的政治事务；"信"则是注重诚信。同时又要"节用而爱人"，"节用"即节俭，"爱人"则是以关爱的方式对待被治理的对象（民众）。此外还需要"使民以时"，即在征用民力的时候，一定要考虑农时、季节，避免在农忙之际大规模的地动用民力，以影响农业生产。① 在此，执政者的个人品格，便体现于以上社会关切。这种观念演化到后来，进而形成"先天下之忧而忧，后天下之乐而乐"的群体意识。

人的存在（包括政治实践）过程中，常常面临"情"和"理"的关系，行为的主体，包括为政者的具体人格，也无法回避"情"和"理"的协调。对儒家而言，在自我的层面，所谓"情"和"理"的统一意味着既应形成理性的意识，也要培养健全的情感。儒家提出"格物致知，诚意正心"，其中，"格物致知"更多地与培养、提升自觉的理性意识相联系。儒家同时很早就开始注重健全的情感，孔子提出"仁"的观念，"仁"之中就包含关切他人的情感；孟子进一步提出"恻隐之心""不忍人之心"，亦即对他人的同情意识，这也属健全的情感。从自我德性的修养来看，完美的人格不仅应当明乎理，而且应当通乎情，由此达到"理"和"情"的统一。

同样，从人与人之间的交往看，儒家首先肯定应当彼此说理，而不应强加于人。在为政者在教化过程中，需要以理服人，而不是独断地给出某种定论；在实践（包括为政）过程中，则应以说理的方式让人理解，通过理性

① 参见《论语·学而》。

的引导使人接受某种规范。 同时，儒家又强调，与人相处，需要注重情感沟通、尊重他人的意愿。 在政治领域人与人的互动中，一方面应晓之以理，另一方面又要动之以情。 在处理人与人之间关系时，如果仅仅讲理性或"理"，则这种关系常常便仅仅具有法理的意义，缺乏人间的温情。 近代以来，在片面强调理性的趋向之下，人与人之间温情脉脉这一面往往会退隐、淡漠，政治领域中形式、程序的非人格方面，则被提到至上地位。 儒学之注重情，对化解以上偏向，无疑具有重要意义。

概要而言，儒家肯定，"为政"或政治实践中应注重"情"和"理"的统一，为政过程，既要合理，又要合情；既要入理，也要入情。 这种观念一方面有助于避免仅仅注重理性而引向刚性的法理关系，另一方面也有助于克服仅仅注重情感而导致无视礼法等偏向。 今天，在思考重建合理性之时，如何把"情"和"理"协调起来，依然是一个无法回避的问题。 重建合理性，不能单纯从工具、技术意义上着眼，它同时也应当对人的情感规定以及人与人之间的情感沟通给予必要的关注。 无论从个体人格看，还是就个体间的交往言，儒学所肯定的"合情合理""情""理"统一，都值得予以关注。

（原载《道德与文明》2017 年第 2 期）

儒学与实用主义

儒学形成于中国先秦，实用主义萌发于 19 世纪后期的美国，二者在时空上相去甚远。 然而，从时空之外的哲学层面看，儒学与实用主义又存在某种相近的理论趋向。 当然，相近之中又蕴含相异，从比较的视域考察具体地对儒学与实用主义作一考察，无疑既有助于理解两者相近的哲学旨趣，也有助于把握两者的各自特点。

一、存在与人之"在"

关注人的存在和人的生存，构成了儒学与实用主义的共同特点。 与离开人之"在"追问形上的天道不同，儒学首先将目光投向人自身的存在。从个体人格，到社会人伦，从群居和宜，到古今变迁，人的存在构成儒学关注的主要问题。 就个体而言，儒学的关切指向怎样实现自我的成长、提升；就群体而言，儒学则以如何协调人伦关系、怎样达到国治而民安为追问的对象。 在这里，人既是儒学关切的出发点，也构成了儒学关切的中心。同样，实用主义也将注重之点首先指向人自身的存在。 对实用主义来说，在利用外部世界及其材料以维护生命存在这一点上，人与其他生物有机体具有一致性："生理的有机体及其结构，无论在人类或在低级动物中，是与适应和利用材料以维护生命过程有关的，这一点是不能否认的。"[1]与之相应，如何生存是人面临的首要问题：相对于形而上的超验世界，人自身的存在具有更为切近、紧迫的意义。

---

[1] 杜威:《经验与自然》,傅统先译,江苏教育出版社,2005 年,第 17 页。

赋予人的存在以优先性，同时也制约着对更广意义上存在的理解。 在中国哲学中，道往往被视为终极的存在原理，然而，对儒学而言，这一意义上的道并非超然于人："道不远人。 人之为道而远人，不可以为道。"①在儒学看来，道并不是与人隔绝的存在，离开了人的为道过程，道只是抽象思辨的对象，难以呈现其真切实在性。 而追寻道的过程，则具体展开于日常的庸言庸行："君子之道，造端乎夫妇；极其至也，察乎天地。"②道固然具有普遍性的品格，但惟有在人向道而在的过程中，其超越性才能被扬弃，其真实意义才能为人所把握。

　　与儒学相近，实用主义也拒绝追问与人无涉的存在。 杜威便明确地指出了这一点："实用主义关于实在的概念的主要特色，正在于它认为关于实在的一般理论是不可能的，或者说不需要的。"③"关于实在的一般理论"，涉及人之外的超验存在，对实用主义而言，与人自身没有发生关联的存在具有抽象的形而上性质，以这种存在为指向的实在理论，缺乏现实的依据，因而难以成立。 由关注人的存在而拒斥一般的的实在理论，既体现了思想的内在逻辑进展，也从一个方面进一步突显了人的存在的优先性。

　　不过，与实用主义倾向于悬置关于存在的一般理论不同，儒学在反对离开人而谈道的同时，并不拒绝在道的层面对世界的把握。 由人而达道，侧重的是对存在的非超验把握，而非完全回避对存在的考察。 孟子肯定"尽其心者，知其性也；知其性，则知天矣"④，便要求从"人"进一步走向"天"，并由此沟通人自身之"在"与天道意义上的存在。 这样，一方面，人不能在自身的存在之外去追问超验的对象，另一方面，世界的意义则在由"人"而及"天"的过程中进入人的视野。 正是在此意义上，《中庸》强调"极高明而道中庸"："极高明"意味着承诺普遍之道，"道中庸"则表明这一过程即完成于人自身在生活世界中的日用常行。 不难看到，这里侧重的是天与人、世界之在与人的存在的沟通，而不是由关注人的存在而消解世界之在。

---

①《中庸》。
②《中庸》。
③ J. Dewey，A. W. Moore，et al.，*Creative Intelligence：Essays in the Pragmatic Attitude*，New York：Henry Holt And Company，1917，p. 55.
④《孟子・尽心上》。

与以上进路有所不同，在赋予人的存在以优先性的同时，实用主义趋向于强调人自身之"在"（包括人自身的活动）对存在的影响，后者同时展现了实用主义与儒学在形而上层面的相异趋向。 在谈到关于对象或事物的观念时，皮尔士指出："考虑一下我们认为我们概念的对象所能有的效果（可以设想，这些效果具有实际意义），那么，我们关于这些效果的概念就是我们关于对象的观念"。 "我们关于任何事物的观念就是我们对它的感性效果的观念"。① 此处所谓"效果"，主要与人的活动或行为相联系，它形成于主体的作用，本质上带有主体活动的印记；与这种效果相对的，则是本然（自在）的实在。 皮尔士把关于事物（对象）的观念与对它的效果的观念等而同之，意味着将有意义的对象规定为人化的实在（打上了主体印记的实在）。 在他看来，一旦将实在理解为人化的对象，则无意义的形而上学本体也就可以被摒弃。 皮尔士的以上观点在后续的实用主义哲学中得到了更明确的表述。 在比较理性主义与实用主义对实在的不同看法时，詹姆士写道："理性主义（指传统的思辨哲学——引者）的实在一直就是现成的、完全的；实用主义的实在，则是不断在创造的，其一部分面貌尚待未来才产生。""因此，什么事物都打上了人的烙印"。② 事物的这种人化，同时意味着对象可以由人任意塑造，杜威便断言"自然变成可以任意塑造的供人使用的东西"③。 这些看法多少表现出如下意向，即以人的活动及其结果消解世界的实在性。 事实上，詹姆士便比较明确地表达了这一点，在他看来，在人（包括人的观念）以外的任何"独立"实在"是很难找到的"，"这种所谓实在，绝对是哑的、虚幻的。"④

就其现实形态而言，人总是无法回避对存在的追问，但这种追问又并非仅仅是一种思辨探寻。 存在的澄明总是与人自身之"在"联系在一起。 相对于本体论意义上的存在（being），人自身之"在"更多地展开于人的生存过程：它在本质上表现为一种生活世界和历史实践中的"在"（existence）。 离开人自身之"在"，存在（being）只具有本然或自在的性质；正

① C. S. Peirce, *Selected Writings: Values in A Universe of Chance*, edited by PhilipP. Wiener, New York: Dover Publications, INC, 1966, p. 124.

② 詹姆士：《实用主义》，陈羽纶、孙瑞禾译，商务印书馆，1979 年，第 131、136 页。

③ 杜威：《哲学的改造》，许崇清译，商务印书馆，1958 年，第 62 页。

④ 詹姆士：《实用主义》，陈羽纶、孙瑞禾译，商务印书馆，1979 年，第 127 页。

是人自身之"在"，使存在向人敞开。 从形而上的层面看，儒学与实用主义对存在的理解，无疑有见于以上方面。 不过，人自身之"在"，也并非处于存在之外，它总是同时具有某种本体论的意义。 这样，人一方面在自身之"在"（existence）中切入存在（being），同时又在把握存在的过程中，进一步从本体论的层面领悟自身之"在"。 对人之在与广义存在的本体论意义以及两者（人之在与广义存在）的相关性，实用主义似乎有所忽略。 同时，这里需要区分世界的现实性（actuality）与世界的实在性（reality）。 基于人的存在理解世界固然赋予世界以现实性，但不能由此否定世界的实在性。 由注重人自身的作用，儒学与实用主义都趋向于扬弃世界的不变性、突出世界的生成性（becoming），这种生成性也从一个方面彰显了世界的现实性，但生成性以及它所表征的现实性与实在性并非彼此排斥。儒学在致力于沟通人与道的同时，也在一定意义上从形而上的层面为承诺以上实在性留下了空间，相对于此，实用主义在这方面的进路似乎更容易由注重人的存在及其活动而引向消解世界的实在性。

进而言之，从人与世界的关系看，对世界的规范与对世界的说明是两个相互关联的方面。 规范世界涉及的是世界"应当是什么"的问题：所谓规范世界，也就是使世界走向当然（理想）的形态。 比较而言，说明世界关切的是世界"实际是什么"的问题：对世界的说明，主要侧重于敞开世界的真实形态。 儒学与实用主义都注重世界应当是什么的问题，不过，儒学在肯定"赞天地之化育"等规范性之维的同时，并没有完全悬置对世界的说明，在其关于人与道的追问中，便包含说明世界的内容，而儒学"以名指实"的名言理论，则更直接地以说明世界为指向。 相对于此，在实用主义的视野中，说明世界似乎主要涉及形而上学的世界图景，而人的存在则首先关乎应对环境以及与之相涉的变革或规范世界，在注重规范世界的同时，实用主义往往将说明世界的问题推向边缘。 如后文将进一步论及的，以上哲学取向同时制约着实用主义对理论、概念的理解：概念和理论作为把握世界的形式，本来具有说明世界的意义，然而，在实用主义那里，概念和理论每每被工具化，并主要被视为规范现实的手段，其说明世界的功能，则或多或少被消解。 当然，从另一个方面看，作为传统哲学形态，儒学尽管基于人的存在以论天道，但在追问"道"或"天道"的形式下解释世界，仍表现出某种思辨的性质,在理气、道器之辩方面,儒学中的一些学派和人物,也依然有对此作抽象理解的趋向,从"理也者,形而上之道也,生物之本也;气也者,形而下之器也,生物之具也"①"自其末以缘本,则五行之异本二气之实,二气之实,又本一理之极,是合万物而言之,为一太极而已也"②这一类议论中,便不难看到这一点。较之儒学所内含的这些方面,实用主义在扬弃思辨或抽象的形而上学方面,似乎显得更为彻底。

二、情境与本体

人存在于世,总是面临不同的生存情境,后者既赋予人的存在以多样的形态,也从一个方面突显了人自身之"在"的现实品格。由注重人的存在,儒学与实用主义对人的生存情境也给予了多方面的关注。

宽泛而言,人的存在既有经验、感性之维,也有理性、精神的向度,人的生存情境也相应地呈现多重性。相对来说,儒学比较注重人的精神性之维,与之相关的存在情境,则更多地涉及道德情境。事实上,儒学视域中存在的情境性,首先也体现于道德情境。面对多样、独特的生活情境,个体常常面临各种道德的两难处境,需要进行独特的选择。儒学讨论的经与权、理一与分殊,等等,都关乎道德层面的存在情境,如何恰当地应对这种情境,往往具体表现在如何作出合理而又合宜的选择。

存在情境具有独特性,关注存在的情境性,同时意味着肯定情境的独特性。不过,对儒学来说,存在情境的独特性与普遍的原则或规范,并不彼此排斥。前面提到的经与权、理一与分殊,便涉及这一方面。"经"和"理一"表征的主要是普遍的原则或普遍的规范,"分殊"和"权"则意味着基于特定情境的分析而对一般原则加以变通,由此作出合理而又合宜的选择。孟子曾提及:"男女授受不亲,礼也;嫂溺援之以手者,权也。"③"男女授受不亲"作为礼的体现,关乎一般原则和规范,"嫂溺"则是特定

① 朱熹:《答黄道夫一》,《朱子全书》第23册,上海古籍出版社、安徽教育出版社,2002年,第2755页。
② 朱熹:《通书注·性理命章》,载《朱子全书》第13册,上海古籍出版社、安徽教育出版社,2002年,第117页。
③《孟子·离娄上》。

的情境，在嫂溺水而危及生命的特定情境下，便不能拘守"男女授受不亲"的一般规范，而应以"援之以手"这一权变的方式来应对所处的危急情境。当然，对儒学而言，特定境遇中的具体分析与变通，并非完全离开普遍的道德原则。嫂溺水时，固然可以不受"男女授受不亲"之礼的限制，但援手救嫂，同时又体现了一般的仁道原则。相反，如果在嫂落水而处于危难之际袖手旁观，则意味着完全悖离了以肯定人的生命价值为首要内容的仁道原则，从而如同禽兽："嫂溺不援，是豺狼也。"①在此，"仁道"较之"男女授受不亲"展现为更普遍层面的原则，"嫂溺援之以手"的特定行为虽逸出了"男女授受不亲"的具体原则，但却依然循乎"仁道"这一更普遍的原则。正是在上述意义上，儒学一再强调"学者亦必以规矩"。②不难看到，这里包含两个方面：其一，承认情境的多样性和特殊性，其二，肯定一般原则的制约作用。儒学确认经与权、理一与分殊的统一，其内在旨趣不在于以存在情境的特殊性否定一般原则的普遍制约，而在于沟通普遍原则与特定情境，并使二者保持合理张力。

相对于儒学之注重存在的理性向度和精神向度、并由此突出情境的道德内涵，实用主义的关注之点更多地指向存在的经验性之维，与之相涉的情境，则首先被赋予生活和生存的内容。对实用主义而言，人作为有机体，与其他生物有机体具有相近的特点。杜威便指出了这一点："在生物学水平上，有机体必须对周围条件做出反应，其方式是改变那些条件以及有机体与它们的关系，从而恢复相互适应，这是维持生命功能所必需的。人类有机体也卷入相同的情境。"③生物有机体的生存过程，离不开特定的情境，所谓"周围条件"，便可视为这类情境的具体形态，而适应这种情境，则是生物有机体生存的前提。与之相联系，对实用主义而言，在人的生存过程中，情境具有主导的意义："所谓个人生活在世界之中，就是指生活在一系列的情境之中。"④人究竟做什么、如何做，都受到特定情境的制约，而非取决于一般的理论或一般的原则。在实用主义看来，人的认识，主要表现

①《孟子·离娄上》。
②《孟子·告子上》。
③ 杜威:《常识与科学探究》,祝莉萍译,载《意义、真理与行动》,东方出版社,2007 年,第438 页。
④ 杜威:《我们怎样思维·经验与教育》,姜文闵译,人民教育出版社,1991 年,第267 页。

为探索过程，其目的是解决相关情境中的问题，而这种解题的过程也无关乎一般的理论或一般的原则，而主要表现为具体个人和特定情境之间的相互作用，经验本身也形成于这一过程：人生活于各种情境中，主要意味着"个人和各种事物以及个人和其他人们之间进行着的交互作用。 情境和交互作用这两个概念是互不可分的。 一种经验往往是个人和当时形成他的环境之间发生作用的产物。"①较之儒学致力于协调一般原则（"经""理一"）与特定情境中的变通（"权"），实用主义更多地表现出消解一般理论和一般原则的趋向。 从价值取向的层面看，执着"权"（情境应对）而疏离"经"（一般原则），往往容易导向相对主义，就认识之域而言，以"权"而拒斥"经"则很难避免经验主义的归宿。

从存在形态看，情境具有偶然性、外在性、变动性，与外在情境相对的是人的内在的精神世界或意识结构，这种意识结构大致包含两方面的内容，其一，价值层面的观念取向，其二，认知意义上的知识系统。 人的在世过程既面临"成就什么"，也涉及"如何成就"，前者与人的发展方向、目标选择相联系，后者则关乎达到目标的方式、目标。 比较而言，精神世界中的价值之维，更多地从发展方向、目标选择（成就什么）等方面制约着人的在世过程；精神世界中的认知之维，则主要从方式、途径、程序（如何成就）等方面，为人的在世过程提供内在的引导。

与经与权、理一与分殊之辩相联系，儒学在后来的衍化中进一步展开本体与工夫关系的讨论。 这里的"本体"与人的存在相关，主要指人的内在精神世界或意识结构，"工夫"则是人在不同情境中展开的活动过程。 对主流的儒学而言，作为内在精神世界的本体，具有稳定、前后一贯的形态，工夫则具有变动性、多样性。 一方面，本体需要通过工夫而确证，另一方面，工夫的展开又离不开本体的引导；前者使本体避免了抽象化，后者为工夫的价值方向以及工夫本身的前后延续提供了担保。 当然，儒学在以"心之本体"这类思辨形态来规定人的内在意识结构之时，常常赋予上述本体以先天形式，以此为人存在和行动的内在根据，不免仍带有某种抽象性。

较之儒学，实用主义更多地关注不同的存在情景以及与之相关的行动的

---

① 杜威：《我们怎样思维·经验与教育》，姜文闵译，人民教育出版社,1991 年,第 267 页。

多样性、特殊性、偶然性，杜威已强调了这一点，"人发现他自己生活在一个碰运气的世界①"，"碰运气的世界"也就是一个充满偶然性和不确定性的世界。对实用主义而言，这种存在情景和发生于其中的多样活动，又首先与人作为生物有机体的感性生存相联系。被视为新实用主义的罗蒂便认为，达尔文学说是实用主义的基石，而文化的演变则是生物进化的进一步发展。与以上看法相应，实用主义所理解的人的活动每每既疏离于抽象的精神性之维，也与概念层面的认知活动无实质的关联，后者在概念的工具化中得到了一个方面的体现。从逻辑上说，精神之维的架空，将导致内在意识结构中价值内涵的失落；概念的工具化，则可能使内在意识结构失去认知的内容，由此，儒学意义上的本体或内在精神世界往往面临被消解之虞。事实上，实用主义在强调人的存在及其行动的情境性的同时，确乎未能承诺儒学意义上的本体或内在精神世界。从现实的存在形态看，人的存在及其行动并非无根无由、完全由外在的情境所决定，而是同时有其内在的根据，并受到已有观念系统的引导，儒学意义上的本体或精神世界便可以视为人的存在及其行动的这种内在根据，而本体或精神世界的消解，则似乎使人的存在与行动的内在根据难以落实。同时，上述意义上的本体或精神世界具有相对稳定、前后延续的品格，这种稳定性、前后延续性，从内在的方面为人的存在及其行动的稳定性、前后延续性提供了可能，本体的消解或失落，则容易将人的存在与行动引向随意化、碎片化。如果说，悬置人存在与行动的内在根据使实用主义多少避免了儒学对本体理解的某种抽象性，那么，由突出存在和行动的情境性而消解本体，则使如何克服人的存在及其行动的随意化、碎片化成为实用主义所面临的理论难题。

三、知与行

从人的存在过程看，情境与行动往往难以分离：就其现实的形态而言，存在的情境性便与行动的多样性相关联，从前文所述中也可注意到，对情境的关注总是包含着对行动的注重。在这方面，儒学与实用主义同样表现出

---

① 杜威：《经验与自然》，江苏教育出版社，2005年，第28页。

某种相通性。行的展开，同时又关乎知，儒学的内在论题之一，便是知行之辩，实用主义在哲学上同样涉及知行关系。

儒学将行提到了重要地位。《论语》开宗明义便指出："学而时习之，不亦说乎？"①这里，"学"和"习"即联系在一起，而"习"的含义之一，则是习行，亦即人的践履。从"习行"的角度看，所谓"学而时习之"，也就是在通过"学"而掌握了一定的道理、知识之后，进一步付诸实行，使之在行动中得到确认和深化，由此提升"学"的境界。荀子更明确地指出了行的意义："求之而后得，为之而后成。""能习焉而后成谓之伪。""学至于行之而止矣。"②此处之"为""习""行"主要指人的践履活动，"得""成"则指广义之知的获得以及人格的提升（化性起伪）。儒学所理解的"得"，并不仅仅指对现象的考察，而且包括得道（把握普遍的存在法则），肯定行的意义，同时也就意味着由行而把握道。关于这一点，王夫之作了言简意赅的阐述："行而后知有道。"③在此，"行"从另一个层面体现了其优先性。

儒学所说的"行"，与儒学所理解的人伦关系无法分离。在谈到社会伦常时，孟子曾指出："父子有亲，君臣有义，夫妇有别，长幼有序，朋友有信。"④这里涉及儒学视域中的基本人伦，其中"父子""夫妇""长幼"涵盖家庭伦理关系，"君臣"关乎那个时代的政治关系，"朋友"则与社会论域更广意义上的交往关系相涉，与之相应，人的践行主要指向事亲等道德实践、事君等政治实践、日常的社会交往，而"亲""义""信"等等则是引导以上日用常行的普遍规定。在引申的意义上，道德实践进一步扩展到家庭之外的更广领域，政治实践则延伸至治国安民等广义的经世活动，社会交往也渗向日常生活的各个方面。上述人伦属不同层面的社会关系，与之相关的"行"或践履所侧重的，首先也表现为协调、处理人与人之间的不同关系。

不过，在突出"行"的同时，儒学并没有忽略"知"。从孔子开始，儒

①《论语·学而》。
②《荀子·儒效》。
③ 王夫之：《思问录·内篇》，载《船山全书》第 12 册，岳麓书社，1996 年，第 402 页。
④《孟子·滕文公上》。

学便肯定仁知统一，这里的仁既指仁道规范，也意味着依仁而行，知则包括对仁道的把握，后者赋予依仁而行的过程以自觉品格。 孟子对行为的自发与自觉作了更明确的区分，指出："行之而不著焉，习矣而不察焉，终身由之而不知其道者，众也。"①行之而不著、习矣而不察，表明行为尚处于自发的形态，而这种自发性，又根源于"不知其道"。 在儒学尔后的衍化中，以上观念得到了进一步的阐发，从程颐的以下看法中，不难注意到这一点："学者固当勉强。 然不致知，怎生行得？ 勉强行者，安能持久？"②未能持久，亦即缺乏一贯性、恒久性。 就是说，无知而行，固然也可以勉强合乎义理，但这种行为往往带有偶然的特点，而不能一以贯之，唯有以知为指导，才能使行遵循必然之理，从而扬弃偶然性，具有稳定性。 从伦理学上看，道德行为之一贯性，总是来自道德认识的自觉性，只有具有较自觉的精神境界，道德行为才能超越偶然的冲动，并表现为一种稳定的操守；就道德践履之外一般的实践活动而言，行为的确定性、可重复性，也总是来自对必然法则的认识。 儒学的这些看法，多少触及了知与行的上述关系。

在实用主义那里，同样可以看到对行的注重。 杜威便明确指出："人们是来行动的而不是来讲理论的。"与这一观点相应，杜威批评柏拉图："关照本质境界在内心所产生的变化，而轻视行动，把它当作是短暂的和低下的。"③不难注意到，按实用主义的理解，较之关于理论以及本质的思辨，行动具有更本源的意义。 对行动优先性的这种肯定，与儒学无疑具有相近之处。 不过，在儒学的视野中，行动首先展开于伦理领域，并以人与人之间的相互作用为主要形式，实用主义则将关注之点更多地指向人与环境的关系，并将行动与环境的改变联系起来。 在实用主义看来，主观主义的缺陷，主要便表现在仅仅"强调改变我们自己而不注意改变我们在其中生活的这个世界"。④ 所谓"改变我们生活其中的世界"，首先关乎应对人生存于其间的具体的环境。 如前所述，实用主义将人的生存放在首要的地位，行动的基本使命，也与生存过程的延续相联系。 通过行动应对环境、改变世界，由此为人

---

① 《孟子·尽心上》。
② 《二程集》，中华书局，1981 年，第 187 页。
③ 杜威：《确定性的寻求》，上海人民出版社，2005 年，第 212 页。
④ 杜威：《确定性的寻求》，上海人民出版社，2005 年，第 212 页。

的生存过程提供担保，构成了实用主义关切行动的出发点。①

从现实的形态看，人的存在既关乎生物有机体层面有效应对环境、维护生命延续等方面，也涉及精神的追求和人格境界的提升等问题。实用主义基于生物进化论，更多地注重生物有机体层面人与环境的互动，由此担保人在物质生命层面的生存和发展。比较而言，儒学则较为侧重人存在过程中的精神追求和人格境界的提升，二者各自注意到了人自身之"在"的一个方面。然而，在侧重存在一定方面的同时，二者对人生存过程中的另一方面或另一些方面，往往未能给予充分的关注：如果说，儒学在注重社会人伦以及与之相涉的生活过程的精神之维的同时，对变革物质层面的环境或改变人生活于其间的物理世界未能给予同样的关注，那么，实用主义则在注重生物有机体层面人与环境的互动，并试图由此担保人在物质生命层面的生存和发展的同时，对生活过程中的精神之维多少表现出存而不论的趋向。二者对人自身之"在"的理解既有各自的洞见，也呈现某种理论上的偏向。

对人的存在过程的不同看法，同时规定着对知与行以及二者关系的不同理解。儒学注重社会人伦的合理定位以及生活过程中的精神之维，人伦的合理定位和精神生活的提升既需要普遍价值原则（包括礼义规范）的引导，也离不开对这种价值原则和规范的自觉把握和理解。由此，儒学在注重人的多样之行的同时，也关注知的制约作用。实用主义关注人与特定环境的互动，如前所述，这种环境首先呈现情境性、特殊性的品格，与之相关的行动也相应地呈现情境性、特殊性的特点，相对于此，理论和概念则更多地包含普遍、一般的内涵。对实用主义而言，如何有效应对不同情境，是人与环境互动过程首先面临的问题，这一应对过程并非基于普遍理论或一般原则，而是以情境分析为其实际的出发点。相对于解决特定情境中的问题，以理论、概念的形式展现的普遍之"知"，似乎空泛而抽象，由强调"脱离

---

① 认同实用主义的当代哲学家布兰顿（R. Brandom）也将实践和行动提到重要地位,在他看来:"理性的事业也就是追问理由并提供理由的实践,它是讨论行动的核心。"（R. Brando, Reason, Expression, and Philosophical Enterprise, in *What is Philosophy*, Edited C. P Ragland and S. Heidt, Yale University Press,2001,p.77）布兰顿同时注重哲学的规范性,然而,与"理性事业"的如上理解相应,这种规范性主要被限定于概念的运用,后者又与使之明晰相联系,这种哲学观念基本上没有超出概念之域。比较而言,如以上所论,本来形态的实用主义则更注重生活过程中的多样行动,注重通过现实的行动以应对生活过程中遇到的各种问题;概念的作用,主要也被理解为服务于现实的生活。简言之,实用主义要求超出概念,走向生活,参与行动,布兰顿则仍限定于概念,就此而言,他似乎可以视为修正的实用主义或不彻底的实用主义。

了具体行动和造作的理论是空洞无用的"①，实用主义往往在突出特定情境中之"行"的同时，表现出某种疏离"知"的取向。

与以上立场相联系，实用主义进一步趋向于以"行"界定"知"。 在谈到"知"的本来意义时，杜威便认为："知（knowing）就其本义而言也就是做（doing）。"②这里固然肯定了知与行的相关性，但其前提则是将"知"融入于"行"。 对"知"的以上理解，与本体论上悬置形而上学的超验存在相应。 按实用主义的看法，传统哲学的主要缺陷之一，在于仅仅停留于对实在的抽象描述与解释，这种解释与主体变革环境的活动始终彼此悬隔，而实用主义融"知"于"行"，则为拒斥这一类的思辨哲学提供了根据。 对实用主义而言，认识的真正目的首先在于行："思维的整个机能在于引起行为习惯，与思维相关但与它的目的无关的一切，则是思维的累赘，而不是它的一部分"。 "不同的信念是根据它们产生的不同行动而被区分的"。③ 在此，"知"在本源的层面被赋予从属的性质，其意义和作用完全由"行"所规定。 就知行关系而言，这里似乎多少表现出销知入行的倾向。 从认识论上的以上立场出发，往往容易将知本身推向被消解之境。 实用主义注重经验，后者本来表现为认识的一种形态，然而，在实用主义那里，经验却每每被排除在知识之外："经验首先不是知识，而是动作和遭受的方式。"④同样，"感觉失去其为知识门户的地位，而得其为行为刺激的正当地位。 眼或耳所受的感觉对于动物并不是世间无足轻重的事情的一种无谓的知会，而是因需要以行动的一种指导因素。 它在性质上是触发的，不是辨别的，经验论者和唯理论者关于感觉的知识价值的争论全部归于无用。 关于感觉的讨论是属于直接的刺激和反应的标题底下，不是属于知识的标题底下的。"⑤感觉经验作为联结主客体的直接桥梁，所提供的乃是关于客体的最原始的质料，否定感觉经验的知识性质，也使"知"在本源的层面失去了意义。 在此，融知于行与知自身意义的退隐，表现为同一过程的两个方面。

---

① 杜威:《确定性的寻求》,上海人民出版社,2005 年, 第 217 页。

② J. Dewey, *Essays in Experimental Logic*, p. 331.

③ C. S. Peirce, *Selected Writings：Values in A Universe of Chance*, p. 120 ~ 121.

④ J. Dewey, A. W. Moore, et al. ,*Creative Intelligence：Essays in the Pragmatic Attitude*, p. 7.

⑤ 杜威:《哲学的改造》,第 46 ~ 47 页。

四、认知与评价、真与善

宽泛而言，知与行之辩涉及认识过程与实践过程的相互作用，从认识过程本身看，问题则进一步引向认知与评价的关系。认知以如其所是地把握对象为指向，并相应地与事实及真的追求相联系，评价则关乎价值意义的判断，这种价值判断同时以善的确认为内容。从现实形态看，广义的认识过程不仅涉及认知，而且关乎评价，儒学与实用主义在这里既表现出相近趋向，又蕴含不同进路。

与注重存在过程的精神之维相联系，儒学将知行过程中价值意义的评价放在重要地位。无论是行为过程，还是观念论争，所为与所言实际呈现或可能具有的价值意义，往往成为儒学首要的关注之点。众所周知，战国时期已出现百家争鸣的历史格局，各家各派从不同的角度和立场上，提出了各自的哲学理论、政治主张，并相互论争和辩难。如何看待这种论争？当时儒学的代表人物孟子首先便注重于价值层面的判断："圣王不作，诸侯放恣，处士横议，杨朱、墨翟之言盈天下。……吾为此惧，闲先圣之道，距杨墨，放淫辞，邪说者不得作。"①这里的"先王之道"与"淫辞""邪说"主要表现为价值性质上的分异，孟子对它们的把握，也主要基于其不同的价值意义。也正是从价值的关切出发，孟子申言："我亦欲正人心，息邪说，距诐行，放淫辞，以承三圣者。"②亦即以拒斥和否定作为对待"淫辞""邪说"的基本立场。不同的哲学理论、政治主张是观念领域的认识对象，从价值的层面把握这些观点，同时也意味着赋予认识过程中的评价以优先性。

儒学的主要的概念之一是"诚"，对儒学而言，"诚"首先与善的追求相联系，并在个体的层面关联内在的德性和人格。儒学提出成人（成就理想人格）的学说，这种理想人格既包含知情意等多重规定，又以实有诸己（自我真正具有）为特点。孔子区分了为人与为己，为人即为了获得他人

---

① 《孟子·滕文公下》。
② 《孟子·滕文公下》。

的赞誉而刻意矫饰，其结果往往流于虚伪；为己则是培养真诚的德性，造就一个真实的自我。 这里涉及对人及其行为和品格的把握，而其首先关注的，同样也是行为和品格的价值性质：以自我实现为指向的"为己"与仅仅形之于外、炫人以善意义上的"为人"，展现的是行为的诚伪之别，后者包含不同的价值意义，而对这种意义的把握，则构成了知人（认识人）的前提。

不过，在注重认识过程中评价之维的同时，儒学并没有排斥对事实的认知。 儒学的经典之一《易传》，便将《易经》中卦象的作用理解为"类万物之情"（揭示对象的真实状态）①。 《易经》本是一部占卜的书，其内容似乎应疏离现实世界，但在儒学看来，情况却刚好相反：卦象的可靠性从根本上说在于它导源于真实的现实。 在这里，如实地把握对象，构成了说明世界的基本要求，事实之"真"与观念之"真"则被视为相互关联的两个方面，以上的统一性又构成了确信《易经》中诸卦象普遍有效的根据。

在面向事物的认识过程中，如实地把握对象，同样成为儒学的关切之点。 孔子已提出了"四毋"的要求："毋意，毋必，毋固，毋我"②，其中的核心是反对主观独断，它从认识方式的层面，规定了如其所是地把握对象的前提。 董仲舒在谈到名的时候，进一步肯定："名生于真，非其真，弗以为名。"③名在广义上包括概念，以真规定名，同时意味着概念应如实把握对象。 在相近的意义上，朱熹要求在研究过程中"以物观物，不可先立己见"④，亦即从对象本身出发，撇开先入之见。 物我、主客的这种分疏和辨析所指向的，不外乎"求是"（获得正确的认识）：主观的成见往往遮蔽对象，惟有从事实出发，才能得其真相。

儒学在衍化过程中逐渐形成所谓汉学与宋学的不同传统，从清初到乾嘉时期，以训诂、考证为主要内容的汉学浸浸然成为一代显学。 训诂、文献考证的中心原则是"实事求是"，在以文献考证等为主要指向的清代儒学中，"实事求是"几乎被视为治学的第一原理。 这里的"实事"即"事

---

① 《易传·系辞下》。
② 《论语·子罕》。
③ 董仲舒：《春秋繁露·深察名号》。
④ 《朱子语类》卷十一，《朱子全书》第 14 册，上海古籍出版社、安徽教育出版社，2002 年，第 337 页。

实"，是古代的文献以及其中的文字材料等，"求"即研究过程，"是"则指真实（本来如此）的形态。在小学（语言文字学）中，"是"或指文字的原始含义（古义），或指文字的原始读音（古音）；在校勘中，"是"相对于后世传抄过程的讹误而言，指文献（古籍）的本来形态；在辩伪中，"是"主要指伪作的真实作者和真实年代，如此等等。在所有这些方面，"求是"都意味着在认知意义上如其所是地把握对象。

从总的取向看，儒学更多地倾向于对认识过程作广义上的理解，在"是非之辩"中，这一点得到了比较综合的体现。"是非之辩"中的"是"与"非"不仅仅指向价值意义上的正当与非正当或善与恶，而且与事实层面的真和假相联系，是非之辩则相应地既关乎价值领域正当与非正当或善与恶的评价，也涉及事实层面真与假的辨析和认知。这样，尽管儒学在一定意义上赋予价值的评价以某种优先性，但同时也注意到了认识过程中认知与评价之间的关联。

如前所述，实用主义将解决特定情境中的问题放在首要的地位。解决问题首先涉及的是评价，而从评价的角度看，知识或观念的意义便主要在于它是否能够对于相关问题提出好的或者有效的解决方案，而其真或假则可无须关注。皮尔士说："我们一经达到坚定的信念，就完全满足了，而不管这种信念是真还是假。"①此处所说的满足，即是指与广义的需要的一致，在皮尔士看来，坚定或确定的信念帮助人们走出疑难之境，其本身是否为真则非所论。詹姆士对此作了更明了的概括："总之，'认识'只是与实在发生有利关系的一种方式。"②所谓"有利关系"，属价值之域，从"有利关系"考察认识，侧重的主要便是评价问题。杜威以更明确的形式悬置了人与对象的认知关系："对象是被占有和欣赏的，但它们不是被认知的。"③这里的"占有和欣赏"同样基于价值的关切。在杜威看来，"人所必须解决的问题是对他周围所发生的变迁作出反应，以便使这些变迁朝着为他将来的活动所需要的方向走。"④"它们是好的或坏的，合乎需要的或不

---

① C. S. Peirce, *Selected Writings: Values in A Universe of Chance*, p. 121.

② 詹姆士:《实用主义》，第 202 页。

③ 杜威:《经验与自然》，江苏教育出版社，2005 年，第 86 页。

④ J. Dewey, A. W. Moore, et al., *Creative Intelligence: Essays in the Pragmatic Attitude*, p. 9.

合乎需要的"。① 这里也以解决问题和满足需要为关注之点，其中涉及的首先亦为认识的评价之维。 评价所指向的是具有价值属性的行动结果，与注重评价相联系的是突出后果在认识中的地位："后果，而不是先在条件，提供了意义和真实性。"②"先在条件"涉及已有或既成的对象，按实用主义的理解，认识的意义和真实性，主要便基于对行为后果的评价。 可以看到，在实用主义那里，主客体的关系主要呈现为一种以行动为中介的价值关系，认识、探索则相应地被归结为一种评价活动，其功能在于从需要、利益关系的角度，确定信念、假设的意义。 这种看法无疑赋予评价以更多的优先性，在某种程度上，甚而以评价取代了认知或将认知融合于评价，与此相关，对善或者价值的强调，或多或少掩蔽了对事实和真的把握。

在一定意义上，认知的终极目标也许可以被看作是解决人存在过程（包括生活过程）中的问题，实用主义反复强调这一点，并非毫无意义。 然而，从逻辑上说，如果我们对相关的事物或对象缺乏认知层面的知识，则生活以及各种实践中的解题过程又如何获得认识论上的支持？ 生活情境中的问题固然不能忽略，但同样重要的是，不应当以关于解题作用（能否有效解决问题）的评价，消解对相关事物或过程的认知。

认识的过程同时涉及能知（knower）或认识主体，作为具体的存在，能知不能被简单化约为抽象的评价者或解决生活中问题的抽象主体，他同时也是一个认知主体。 与此相关，可以区分"关于是什么的知识"（knowledge of that or knowing that）、"关于如何的知识"（knowledge of how）或者"知道如何"（knowing how），以及"关于是否的知识"（knowledge of whether）或者"知道是否应当做"（knowing whether it should be done）。 乍看起来，"知道是否"涉及评价，而"知道什么"只是一个认知的过程。 然而，就现实形态而言，"知道什么"和"知道是否"相互统一于认识过程之中。 尽管认知旨在把握事实或者客体本身，而评价则主要揭示客体对于人或认识主体所具有的意义，但认知和评价在现实的认识过程总是难以分离。 评价影响着认识的诸多方面，包括设定认知的目标、确定认知的对象、判断认知的

---

① J. Dewey, *Essays in Experimental Logic*, p. 311.
② 杜威:《经验与自然》,江苏教育出版社,2005 年,第 100 页。

结果，等等。 同样，认知也影响着评价，除了以需要和规范为基础外，评价还应当基于真实的认知。 认知与评价的统一同时表明了认识主体的具体性：作为包含多方面规定的整体存在，认识主体在认识的实际过程中展现了与认知和评价相应的不同维度。 简言之，认知与评价之间并非相互排斥，毋宁说，它们是作为一个整体而构成了实际的认识过程。 实用主义单纯强调认识过程中的评价之维，似乎未能注意以上方面。

要而言之，人如何存在、如何生存，是儒学与实用主义共同关注的问题。 儒学要求将天道落实于人的存在过程，实用主义则主张从形而上的超验世界，转向人的生存过程。 在关注人之"在"的同时，儒学与实用主义又表现出不同的特点：如果说，儒学比较侧重于人的存在中理性、精神的层面，那么，实用主义则更为注目于生活过程的经验、感性的层面。 由理性、精神层面的关注，儒学同时追求以人格提升为指向的完美的生活；由感性、经验的注重，实用主义同时关切与生物有机体生存相关的有效的生活。生存的精神之维与经验之维都关乎个体存在的具体情境以及情境中展开的行动，但儒学由精神的关切而同时承诺本体及广义之知，实用主义则由本于经验而注目于情境中的特定问题本身，并在将概念工具化的同时融知于行。生活的完美性和生活的有效性都包含价值内涵，儒学与实用主义由此关注认识的评价之维，但儒学以是非之辩接纳了认知，实用主义则趋向于以评价消解认知。 可以看到，儒学与实用主义在哲学的出发点及其展开过程中既展示了相近的哲学旨趣，又表现出不同的思想进路。

（原载《学术月刊》2018 年第 3 期）

下篇　儒学分论

《诗经》的情感世界

王夫之在谈到《诗经》时，曾指出："诗达情。"①在此之前，朱熹也提出了类似的看法，认为《诗经》的特点之一在于"感物道情，吟咏情性"。②不难看到，二者都把情感的表达作为《诗经》的重要方面。确实，"诗"与"乐"有相通之处，早期的儒家学派对"诗"和"乐"都给予了较多的关注，《论语》之中，便常常提到"诗"和"乐"。"诗"和"乐"的相通之处主要在于，二者都涉及情感的表达。就总体而言，从日常生活到社会政治领域，从世俗的追求到终极的关切，《诗经》确实展示了丰富、多样的情感世界。

一

在日常生活的层面，《诗经》所涉及的情感表达，具体展开为不同方面。首先是情爱之情，它所体现的是男女之间的情感关系。在这一方面，《诗经》所展示的情感内容也有多样的特点。首先是思慕或爱慕，在《关雎》之中，便可以看到这类情感的表达："窈窕淑女，寤寐求之。求之不得，寤寐思服。优哉游哉，辗转反侧。"③对心仪之人心里一直思慕不已，以致在晚上"辗转反侧"，不能成寐，描述非常生动，对男女之间思慕之情的表达，也十分真切。另如，"有美一人，清扬婉兮。邂逅相遇，适我愿

---

① 王夫之：《诗广传》卷一，《船山全书》第 3 册，岳麓书社，1996 年，第 325 页。
② 朱熹：《朱子语类》卷八十，《朱子全书》第 17 册，上海古籍出版社、安徽教育出版社，2010 年，第 2748 页。
③《诗·周南·关雎》。

兮"。① 偶然相遇，一见钟情，邂逅之后，难以忘怀。 男女之间的思慕之情，溢于言表。 这种情感一方面基于两性间自然的性别差异，具有异性彼此吸引的自然之维，由此引发的情感表露，也相应地体现了一种自然意义上的真情实感。 另一方面，其中又表达了对人与人之间真实情爱的渴求、向往，后者又包含社会的内涵。 《诗经》中对这种男女情爱的表达，同时又有其内在之度，呈现出相当的分寸感，这一点孔子后来也已注意到。 孔子在谈到《关雎》时，便特别提到其特点是"乐而不淫"，②这里的"淫"是过度的意思，"乐而不淫"表明情爱之情的表达具有适度性。 在孔子看来，《关雎》一方面内含真情实感，另一方面又不过度。

生活世界中情感表达的另一内容，是相思或思念，这主要体现于夫妇之间。 具体而言，其中既涉及丈夫对妻子的思念，也关乎妻子对丈夫的相思。 首先是妻子对丈夫的想念，《诗经》中大量的诗篇都涉及这方面的内容。 "未见君子，忧心忡忡"，③表达的就是妻子对远在他乡的丈夫的思念之情；"未见君子，我心伤悲，亦既见止，亦既觏止，我心则夷"④，没有见到丈夫之前心里甚为担忧，见到之后心境就比较平和了。 类似的诗句还有："未见君子，我心悲伤。 既见君子，我心则降"⑤，"降"在此指放下心来，妻子对于远方的丈夫，未见之前充满忧伤，见到之后就放下心来，这里所表达的，主要是妻子对外出服役或出征在外的丈夫的思念。

与以上情感相联系的另一个主题是丈夫对妻子的绵绵相思。 "念彼共人，涕零如雨。 岂不怀归？ 畏此罪罟。"⑥这里表达的是受命远出的官吏的情感：远在家乡之外，思念家中的妻子，以致"涕零如雨"。 难道不愿意早日回来吗？ 但这是奉命外出，如果随意回去就会受到惩处。 这里展示的是一种非常纠结的矛盾心境。 夫妇之间的这种思念或相思，较之前述男女之间基于两情相悦的彼此思慕，更多了一些伦理的内容，情感的具体内涵也发生了相应的变化：其中表现的是对所爱对象的关切，以及基于关切的相

---

① 《诗·郑风·野有蔓草》。
② 《论语·八佾》。
③ 《诗·召南·草虫》。
④ 《诗·召南·草虫》。
⑤ 《诗·鹿鸣之什·出车》。
⑥ 《诗·谷风之什·小明》。

思，这种关切已不同于仅仅基于自然层面的男女之间的思慕，而是包含更深层的社会内涵。

在《诗经》之中，男女之间的情感既以肯定的方式加以表达，也以否定的方式得到体现，后者的表现方式之一，是对情变的凄怨。"不思旧姻，求尔新特。"①妻子试图另觅新欢，由此导致丈夫的凄怨之情。"子不思我，岂无他人？"②这里涉及另一种情形：尽管你抛弃了我，但我并非无人爱慕。其中表达的是妻子对丈夫的艾怨，具体而言，是对丈夫移情别恋的不满。凄怨之情往往包含着怨恨，怨恨则可以视为一种否定性的情感表达。然而，即使在这样一种否定性的情感表达中，也包含具有正面意义的内容：男女对情变的凄怨或怨恨，以承认夫妇之间具有爱与被爱的权利为前提，情变的背景都涉及被抛弃的境遇，而被抛弃也就是对被爱的权利遭到否定，与之相对的凄怨从正面来看便基于对这种权利的肯定。夫妇的关系既涉及主动意义上的相爱，也关乎被动层面的被爱。在被抛弃或被遗弃的情况之下，被爱的权利常常受到剥夺，由此引发的是夫妇之间的怨恨之情，它同样构成了日常生活中情感表达的一个方面。

生活世界中涉及的另一类情感，具有更积极的伦理意义。这种情感首先体现于亲子（父母和子女）之间。其一，子女对父母的关切："哀哀父母，生我劳瘁。"③这里表达的，便是对父母因生育、养育自己而过度劳累所表示的伤痛之情。其二，子女对父母的感恩之情："无父何怙，无母何恃，出则衔恤，入则靡至。父兮生我，母兮鞠我，拊我蓄我，长我育我，顾我复我，出入腹我。欲报之德，昊天罔极。"④这是作者对父母如何含辛茹苦、养育关心的回顾，然而，由于父母早逝，却使之失去了回报的机会，作者由此表达了哀痛之情。与此相联系的是"永言孝思，孝思维则""有冯有翼，有孝有德"⑤，其中已体现"孝"的观念。从感恩到孝敬，对父母的情怀又深化了一层。其三，子女对父母的责任意识。这里的责任意识并非仅仅以法理意义上的义务为依据，而是基于内在的关切，从而更多地包含情

①《诗·鸿雁之什·我行其野》。
②《诗·郑风·褰裳》。
③《诗·谷风之什·蓼莪》。
④《诗·谷风之什·蓼莪》。
⑤《诗·文王之什·下武》《诗·生民之什·卷阿》。

感的内涵。 在诸如"王事靡盬，忧我父母"①的诗句中，便表达了这一类情感。 作者因召出征或服劳役在外，君主要求做的事没完没了，作为子女，没有机会来尽对父母的责任，由无法尽责而导致情感上的忧虑、忧伤。 这样的情感明显地带有伦理的内涵。 除了亲子之间的情感之外，基于亲缘的情感还包括对祖先或先祖的怀念："我心忧伤，念昔先人"，②这里的"念昔先人"，便渗入了对先祖的思念之情。

除了家庭成员间的相互关联外，日常生活还包括更广的社会交往，后者也涉及不同形式的情感关系，其中，朋友之间的交往具有更突出的意义。如所周知，朋友是重要的社会关系，后来的儒家把朋友作为"五伦"之一，也肯定了朋友是人伦关系的基本形态。 《诗经》同样在不同方面涉及了这一关系。 "我有嘉宾，中心好之""我有嘉宾，中心喜之"③这里表达的是嘉宾、朋友来访或做客时主人所具有的一种欣喜之情。 朋友之间的情感更多地表现为一种友情，这种欣喜之情同时也从一个方面表达了对朋友之情的注重。 当然，人与人之间的社会关系，也包含消极的方面，与之相联系的情感也常常呈现否定性的意味。 所谓"人言可畏"，便表现了这一点："人之多言，亦可畏也。""无信他人之言，人实不信。""人之为言，苟亦无信。"④如此等等。 "畏"体现了一种消极意义上的情感：人与人之间的紧张关系，反映在情感中便形成了一种"畏"的情感体验。 同样，"无信"展现的是一种疑虑之情，这种体验也每每基于社会交往过程中人与人之间现实或潜在的冲突。 以畏或疑虑之情来对待他人，与前面所说的朋友之情分别表达了日常交往过程中否定和肯定两个不同的方面。

二

相对于日常的生活世界，社会政治领域似乎更多地与理性的活动相联系。 然而，作为人所参与的具体过程，社会政治领域也包含情感之维，

①《诗·鹿鸣之什·杕杜》。
②《诗·节南山之什·小宛》。
③《诗·彤弓之什·彤弓》。
④《诗·郑风·将仲子》《诗·郑风·扬之水》《诗·唐风·采苓》。

《诗经》中的不少内容便涉及后一方面。 政治领域的情感体验，在《诗经》中首先表现为愤懑之情："忧心惇惇，念我无禄。 民之无辜，并其臣仆。 哀我人斯，于何从禄？"①个人生活在社会中，孤独而无依靠，无辜之民，何处去获得福祉？ 在这种无助的追问中，蕴含着对当政者的不满。 "行有死人，尚或墐之。 君子秉心，维其忍之。 心之忧矣，涕既陨之。"②路边有死之人，尚且有人会去掩埋，而执政者却如此忍心，看着民众遭难，完全无动于衷，每思及此，便心中忧伤，涕泪俱下。 字里行间，既可以看到悯人的情怀，也不难注意到政治的愤懑。 当时的当政者常常征用民力，对被征的役夫，则往往不以人视之，这种做法，也引起了强烈的不满："何草不玄，何人不矜。 哀我征夫，独为匪民。"③这里既流露了对处于非人境遇的哀怨之感，又蕴含着一种政治的愤懑之情。 这种情感不是空洞的，其中包含了对统治正当性的某种质疑：从正面来看，不满与愤懑的前提是当政者应该关心人民，使之安居乐业，而现实的情形却与之相反，人民处于苦难之中。 当政者既然没有履行职责，其正当性就成了问题。

社会政治领域中情感的另一表现形态是忧患意识，这一类的意识在《诗经》中多处可见。 忧患既蕴含政治上的理性思虑，也表现为情感层面的心境，所谓"忧心惨惨，念国之为虐"④，便展示了一种情感的体验。 "知我者，谓我心忧，不知我者，谓我何求。"⑤这是作者看到西周原来的都城镐京一片破败，到处断垣残壁，由此睹物伤情，想到当时政治上的昏暗而引发的感慨和忧虑。 "念彼不迹，载起载行。 心之忧矣，不可弭忘。"⑥诸侯、王公大臣不守法纪，以致社会危机四伏，对此，作者甚为担忧。 "心之忧矣，如或结之，今兹之正，胡然厉矣，燎之方扬，宁或灭之。 赫赫宗周，褒姒灭之。"⑦统治者沉溺声色，以致国家危亡，往日的历史教训，进一步加深了当下的政治忧患。 如果说，政治愤懑之情内在地蕴含着对当政

①《诗·节南山之什·正月》。
②《诗·节南山之什·小弁》。
③《诗·渔藻之什·何草不黄》。
④《诗·节南山之什·正月》。
⑤《诗·王风·黍离》。
⑥《诗·鸿雁之什·沔水》。
⑦《诗·节南山之什·正月》。

者的质疑，那么，政治上的忧患意识则更多地体现了对国家、社会的关切，其中渗入了群体关怀的价值倾向，这种价值取向对后来的儒家产生了重要的影响。

与政治愤懑与政治忧患有所不同的情感体验，是对社会不平等的不满之情，后者构成了社会领域中另一种情感表达。"彼有旨酒，又有嘉肴。洽比其邻，昏姻孔云。念我独兮，忧心殷殷。"①一方是高朋满座，美酒佳肴，另一方则是孤独、无助，通过这种强烈的对比、反差，作者表达了忧愤、不平之情。从现实的层面看，这种情感体验是由社会现状的不平等所引发的。

三

殷周时期，早期的宗教观念已经萌发，后者在《诗经》中也有不同形式的体现。宗教意义上的情感，在《诗经》中首先表现为敬畏，后者以天为具体对象。在殷周时代，天不仅被视为终极意义上的存在，具有本体论上的意义，而且也被理解为主宰社会、支配个体的超验力量，对天的敬畏也表现出对超验存在的关注。在《诗经》作者看来，"昊天不忒，回遹其德，俾民大棘"②，也就是说，天不会有差错，当政者一旦犯下过失，便会触怒天，从而使民众遭难。作为超验的存在，天具有安民的作用："皇矣上帝，临下有赫。监观四方，求民之莫。"③天高高在上，保佑着民众的安宁。对统治者而言，应当时时敬天："敬天之怒，无敢戏豫，敬天之渝，无敢驰驱，昊天曰明，及尔出王。昊天曰旦，及尔游衍。"④上天明察秋毫，统治者之一往一来、一举一动，都难逃其法眼。同样，对一般民众而言，也需对天怀敬畏之情："凡百君子，各敬尔身。胡不相畏，不畏于天？"⑤每一个体不仅应自尊自重并相互尊重，而且最终要对天怀有敬畏之心。

---

① 《诗·节南山之什·正月》。
② 《诗·荡之什·抑》。
③ 《诗·文王之什·皇矣》。
④ 《诗·生民之什·板》。
⑤ 《诗·节南山之什·雨无正》。

与敬畏相联系的是对天的感恩之情。 "曾孙寿考，受天之祜。"①周人对先祖自称曾孙，这里的意思即是：我辈得享高年，全赖天的保佑，其中内在地表达了对天的感激之心。 敬畏是尊重与畏惧的相互交错，其前提是肯定天有赏善罚恶的能力。 同时，在对待天的问题上，敬畏之情与感激之情往往相互关联，而无论是敬畏还是感激，都表达了一种终极层面的关切以及对精神寄托的追寻。

对于超验存在，《诗经》表达的另一种意识是质疑和怨恨。 在《诗经》中，可以看到不少对天的怀疑之情。 "瞻彼中林，侯薪侯蒸。 民今方殆，视天梦梦。"②民众处于危难之中，天却昏聩如梦。 "天命不彻，我不敢效，我友自逸。"③"不彻"即无轨辙，它所批评的是天命之无常。 "有皇上帝，伊谁云憎？"④这是质疑超验之天究竟憎恨什么人； "瞻卬昊天，曷惠其宁？"⑤意即天到底何时才能给人以安宁？ 这些疑问中既有质疑，也包含不满、失望与谴责，它的前提是对公正的向往：希望天成为社会公正的担保，作者之所以对天不满和失望，是因为天未能履行这种担保作用。 此外，在质疑和谴责背后，也表现出某种怀疑的趋向，即对天是否具有奖善惩恶的实际作用表示难以确信，后者在一定意义上渗入了理性的精神。

四

天作为超验存在，涉及的是终极层面的存在意义。 在从超验的层面关注存在意义的同时，《诗经》的内容也指向现实的人生意义，其中多方面地包含着对人生意义的情感抒发。

《诗经》中有如下名句：

> 天生蒸民,有物有则。民之秉彝,好是懿德。⑥

后来的儒家的经典经常引用这些诗句。 按照以上表述，人先天便包含

---

①《诗·谷风之什·信南山》。
②《诗·节南山之什·正月》。
③《诗·节南山之什·十月之交》。
④《诗·节南山之什·正月》。
⑤《诗·荡之什·云汉》。
⑥《诗·荡之什·蒸民》。

了善的根据，这种"秉彝"为人后天向善提供了内在的可能。 这里既包含成就善的意向，也渗入了对善的情感认同：人之向善，一方面以人可能成善为前提，另一方面又基于对善的情感认同。

"秉彝"主要提供了先天根据，现实生活中人又应当如何"在"？ 对此，《诗经》表达了如下信念："不愧于人，不畏于天。"[1]"不愧于人"可以理解为在现实生活中所言所行合乎道德准则，从而能够站得住；"不畏于天"则要求同时在终极意义上挺立起来。 二者从不同方面展现了对人生意义的看法，其中也包含人生领域中崇高情操的抒发。

当然，现实的人生并非处处完美，人的境遇也远非尽如人意。 面对苦难或遭遇困厄时，个体常常也会有生不逢时的感慨，后者在《诗经》中亦时有所见："忧心殷殷，念我土宇。 我生不辰，逢天僤怒。"[2]将个人的遭遇归之于天，固然体现了某种超验的意识，但"我生不辰"则或多或少流露了个体无法把握自身命运这种无奈的人生情感，后者同时也从否定的方面表达了对人生意义的感慨。

人生的不幸，命运的坎坷，常常也会使个体产生人生意义究竟何在的疑问。 在以下诗句中，不难看到这一点："苕之华，其叶青青，知我如此，不如无生。"[3]"苕之华，其叶青青"是对自然的描述：自然界的植物生机勃勃、生意盎然，相比之下，作者自身却处于如此苦难之境，早知这样，不如不来到这个世界。 这是在自然生命和人生痛苦的强烈比照中抒发的人生无意义感，这种人生的无意义感，同时也表现为带有否定性的情感表达。

可以看到，在人生意义的情感抒发方面，《诗经》涉及不同的方面，其中既有对善的向往和认同，也有因现实人生的困厄而引发的对人生意义何在的质疑。 由此，《诗经》进一步展现了丰富而多向度的情感世界。

五

从前面的考察中可以看到，《诗经》以诗达情，以情咏性，展示了对情

---

[1]《诗·节南山之什·何人斯》。
[2]《诗·荡之什·桑柔》
[3]《诗·渔藻之什·苕之华》。

感世界的注重。《诗经》中的情感首先体现了真切性和自然性，这两者往往联系在一起。从生活世界中对爱情、亲情、友情的咏颂，到人生意义的情感抒发，都真切、自然，没有任何矫揉造作、无病呻吟的趋向。王夫之曾指出："情者，阴阳之几也。"①阴阳变迁的特点是完全自然而然，情也是如此，所谓"发乎其不自已者，情也"。② 在《诗经》中，无论面对的是日常生活，还是政治领域，其情感的抒发都具有真切自然的特点。

对情感的如上关注对后来儒学产生了重要影响。事实上，从先秦开始，儒家便十分注重情感。从孔子对三年之丧的理解中，便可看到这一点。孔子的学生宰我曾认为，"三年之丧期已久矣"，意即三年之丧太久。对此，孔子作了如下解释：

> 夫君子之居丧，食旨不甘，闻乐不乐，居处不安，故不为也。今女安则为之。……夫三年之丧，天下之通丧也予也。③

父母去世后，子女往往饮食而不觉味美，闻乐而不觉悦耳，这是思念父母之情感的自然流露，而三年之丧便是基于这种自然的心理情感。按孔子之见，服丧作为孝的形式，本身即是仁道的表现，既然三年之丧以人的自然情感为内在根据，那么，以孝悌为本的仁道原则，也就相应地合乎人的心理情感的自然要求，而并不表现为一种人为的强制。可以看到，对儒家而言，仁作为一种普遍的价值原则，有其内在的情感基础。

在谈到《诗经》的意义时，孔子曾提出："不学诗，无以言。"④这里一方面涉及言说过程中修辞等方面的典雅性（学诗可使语言、修辞更雅），所谓文野之别，首先便涉及形式与外在的方面。另一方面，在更实质的意义上，不学诗之所以便无法言说，与前面的分析相关。如前所述，情感的真切表达构成了《诗经》的重要方面，与之相联系，诗可以给人以真诚的熏陶，形成真切的意向。从这一视域去理解，则所谓"不学诗，无以言"，便意味着：缺乏诗的熏陶，便难以培养真切的意向，由此可能会导致"言不由衷"，即言说过程无法表达真诚的意向。通过诗的涵咏，则可逐渐培养真

---

① 王夫之：《诗广传》卷一，《船山全书》第 3 册，岳麓书社，1996 年，第 323 页。
② 王夫之：《诗广传》卷一，《船山全书》第 3 册，岳麓书社，1996 年，第 325 页。
③《论语·阳货》。
④《论语·季氏》。

情实感，从一个方面保证言说的真切性。

孔子之后，孟子进一步对情感作了考察，并把恻隐之心视为仁之端。恻隐之心是一种内在的情感，仁则是普遍的价值原则。较之孔子，孟子将情感提到更高的层面。在孟子看来，恻隐之心作为人的一种同情感，构成了仁的出发点。进而言之，这种内在情感可以进一步体现于政治领域，所谓仁政，便以"不忍人之心"为基础，而"不忍人之心"也属内在的情感。由此可见，情感在儒学中的重要性。

情感背后体现的是内在的价值观念和终极关切。具体而言，其价值意义首先表现为对人的注重和关切。情感首先以人为指向。在《诗经》的各种表达中都可以看到这一点。在男女之间的情爱中，所注重的是个体的人：情爱的对象总是一个一个的人；在社会人伦（伦理关系）中，注重的是他人；在政治领域中，突出的是群体。所有这一切方面，都不同程度地是以人为关切的对象。这可以看作《诗经》中情感的价值内涵的具体体现。

情感的背后同时隐含着对人生意义的追寻：什么样的人生才具有意义？在情感的抒发中可以不断看到对以上问题的探寻。完美的人生要以良好的现实政治环境为前提，当所处的时代缺乏这种现实政治环境时，《诗经》中便往往会流露出忧患、愤懑之情。社会背景总是外在于个体，就个体本身而言，则既要在现实人生中站得住，又要在人生的终极意义上挺立起来，这也就是前面所提到的"不愧于人，不畏于天"。另外，在《诗经》的作者看来，对个人的幸福也不能持虚无主义的态度，对生不逢时的感慨、"不如无生"的沉重感悟，等等，都以否定的形式表达了对幸福的追求。对《诗经》的作者来说，既有超验层面的追求，又有现实的幸福内涵，这样的人生才具有意义。

《诗经》中情感世界的一个突出特点，是情与理之间的交错，后者构成了《诗经》的感情抒发中的重要方面。在政治、伦理、宗教领域中，各种情感的表达都包含理性的内容。伦理情感包含对父母、对他人自觉的伦理关切和责任意识，这种意识体现的是一种伦理理性或实践理性。在政治愤懑中，一方面体现了正义的原则：对当时政治正当性的责难，其前提就是对正义原则的肯定，后者同样包含着理性的内容；同时，其中又渗入了一种正义感，而正义感则具有情感的意味。情感层面的正义感和理性层面的正义原则交织在一起，体现了情和理的相互关联和沟通。在政治忧患中，理性的推论、判断与忧虑交织在一起：政治的昏暗导致社会混乱，这是一种推论，对这种现象的忧虑则又是一种情感的表达。这里也体现出情感和政治态度之间的联系。同样，以天为质疑对象既意味着对天的情感认同和情感依归的弱化，又包含了对超验力量的怀疑，其中蕴含了一种理性的精神。

情和理之间的交错，对后来的儒家同样产生了重要影响：无论是对情的重视，抑或情和理的交错这种独特表现形式，在后来儒学的演进中都可以看到其印记。孔子在谈到《诗经》时，曾指出：

> 诗，可以兴，可以观，可以群，可以怨。①

"兴"，主要指情感的激扬，由此达到精神的提升。"观"，主要侧重对社会现象的冷静考察，《诗经》中涉及对当时多方面社会生活的写照，通过学诗，同时亦可了解不同的社会现象，前面的"兴"首先与情感相联系，相对于此，以把握和理解社会为内容的"观"包含更多理性的内容。"群"，既涉及不同个体之间情感的沟通，也关乎群体之间的关联：群体之间沟通的重要中介之一，便是情感，诗则构成了情感沟通的重要中介，正是基于这一事实，儒学对诗和乐都给予了特别的重视，以两者作为情感表达的具体形式。这种情感的内涵对人与人之间的相互凝聚有重要作用，荀子曾从乐的角度指出了这一点："乐合同，礼别异。"②礼的功能之一在于通过度量分界，把人区分来，并规定其相应的责任与义务；乐的特点则在于超越政治上的等级界限而使不同的社会成员之间彼此在情感上相互沟通，从而达到社会的和亲和敬，将人沟通起来，使之彼此融合。就其包含情感内容而言，诗也具有类似乐的功能。"怨"，则是通过情感的渲导而使心理得到调节，由此达到内在精神的健全形态。

前面提到，孟子以恻隐之心为仁之端，其前提是把恻隐之心同时视为包含着伦理意识的情感：恻隐之心可以理解为一种伦理化的情感，这里也可以看到情与理之间的彼此交织。到了宋明时期，程颐主张"性其情"：

> 是故觉者约其情，使合于中。正其心，养其性，故曰：性其情。③

---

①《论语·阳货》。
②《荀子·乐论》。
③《二程集》第1册，中华书局，1981年，第577页。

这一观点最早见于王弼，在谈到如何保证"情"之正时，王弼指出："不性其情，焉能久行其正？ 此是情之正也。"①程颐对此作了进一步的发挥。 在理学的论域中，"性"所体现的是普遍天理，与之相应，"性其情"可以看作普遍天理在个体中的内化。 相对于"情"，"性"更多地包含理性的内涵。 程颐发挥王弼的观点，强调化"性"为"情"，意味着赋予情感以理性的内涵。 这种看法一方面固然包含情感的理性化趋向，另一方面也注意到了情感和理性之间的沟通。

从思想的渊源看，儒家对情感的以上理解可以追溯到早期的《诗经》等经典。 确实，在把情感的表达和理性的内容结合起来这一方面，《诗经》作为早期经典对后世产生了重要的影响，并构成了中国思想，尤其是儒家思想的理论源头之一。 从孔子到朱熹、王夫之，都对《诗经》有独到的理解，并将其作为自身思想的重要资源。 由此，也可以看到《诗经》在中国哲学史和思想史上的重要地位。

（原载《中国文化》2012 年春季号）

---

① 《王弼集校释》第 2 册，楼宇烈校释，中华书局，1980 年，第 631 页。

孔子论人

康德曾从哲学的层面提出了如下四个问题："我可以知道什么？""我应当做什么？""我可以期望什么？"以及"人是什么？"[①]这一问题系列既涉及人与世界的关系，又以人自身之"在"为指向。儒学固然没有以康德的方式提出如上问题，但人的存在同样构成了其思考的中心。与康德以"人是什么"为逻辑归宿有所不同，儒学将"何为人"作为追问人之"在"的出发点，并由此进而展开了"为何在""向何在"，以及"如何在"的思与辨。

一

在儒家那里，"何为人"的追问，以广义的天人之辩为其背景。在提到人的存在处境时，孔子曾提出：

鸟兽不可与同群,吾非斯人之徒与而谁与?[②]

"鸟兽"作为自然境域中的对象，属与"人"相对的"天"，"斯人之徒"则是超越了自然状态，具有文明特征的"人"。鸟兽不可与同群，隐喻着人不能停留或限定于自然的状态，和"斯人之徒与"，则意味着以文明的形态为存在的当然之境。在这里，一方面，孔子将"何为人"的问题与"我是谁"的问题联系起来："我"（"吾"）的定位和归属（我是谁）所指向的是"斯人之徒"（"何为人"）；另一方面，人（"斯人之徒"）又

---

① Kant, *Logic*, Dover Publications, Inc. , 1988, p. 29. （参见康德：《逻辑学讲义》，许景行译，商务印书馆，1991 年，第 15 页）

②《论语·微子》。

通过与自然的对象（鸟兽）之比较和区分，展示了其文明或文化的内涵。"人"超越自然（鸟兽）的性质，规定了"我"（"吾"）的文明向度，"我"（"吾"）与自然（鸟兽）的疏离、差异（"不可同群"）则进一步彰显了"人"的文明化特征。

人的文明化特征不仅体现于天人关系，而且也表现在人自身的不同存在形态中，在孔子对管仲的评价中，便可以看到这一点："管仲相桓公，霸诸侯，一匡天下，民到于今受其赐。微管仲，吾其被发左衽矣。岂若匹夫匹妇之为谅也，自经于沟渎而莫之知也。"①管仲曾事齐桓公之弟公子纠，后齐桓公使鲁国之人杀公子纠，管仲不仅未为公子纠赴死，而且担任了齐桓公之相。孔子的学生子路、子贡曾对此提出了批评，孔子的以上评价，是对子贡等人批评的一种回应。这里重要的不是孔子对管仲霸业的赞赏，而是对其社会历史贡献的肯定。"被发左衽"是所谓"夷狄之俗"，②它隐喻着人的前文明的存在形态。在孔子看来，管仲的历史贡献就在于通过运用社会政治的力量，担保了文明进程的延续，避免了停留或回到前文明（"被发左衽"）的存在形态。相对于文明价值的维护，是否效忠于某一政治人物并不足道。从"何为人"的维度看，"我"（"吾"）之避免"被发左衽"，与"民之受赐"表现为同一过程的两个方面，二者的实质内容则是获得或维护文明的品格。这里既可以再次看到"我是谁"与"何为人"之间的相通性，也不难注意到对人的文明规定的确认。不妨说，"何为人"的追问，在此具体化为对文明及文化的认同；儒家所展开的夷夏之辩，在更普遍的意义上体现了以上主题。

孔子所体现的上述儒家视域，与道家显然有所不同。较之儒家之注重人禽之别，道家似乎趋向于模糊人与其他对象的界限。《庄子》在描绘"至德之世"时，便将同于禽兽居视为其特点："至德之世，同于禽兽居，族与万物并。"③"至德之世"是庄子心目中理想的社会形态，同于禽兽居则意味着文明价值的消解。从天人之辩看，庄子似乎多方面地表现出对文

---

① 《论语·宪问》。

② 朱熹：《论语集注宪问》卷七，《朱子全书》第6册，上海古籍出版社、安徽教育出版社，2002年，第192页。

③ 《庄子·马蹄》。

明进程及文明成果的疑惧、责难。对他而言，自然的形态是最为完美的，而文明的演进则总是导向自然形态的破坏，所谓以"人"灭"天"。这样，与儒家要求超越自然不同，道家更多地倾向于以"天"（自然）规定人。庄子所追求的理想人格，便是所谓"天人"："不离于宗，谓之天人"。①这里的"天"作修饰词或限定词用，所谓"天人"，也就是合乎天或自然化的人。在"鸟兽不可与同群"与"同于禽兽居"、避免倒退到前文明形态（"被发左衽"）与回到前文明形态的分野之后，不难看到儒道对"何为人"的不同理解。

作为文明化的存在，"斯人之徒"同时呈现类或社会的特点，与"被发左衽"相对的文明形态，也表现为社会的产物，与认同文明的价值相应，儒家对人的社会品格予以了相当的关注。孔子的学生曾参曾作过如下自述："吾日三省吾身：为人谋而不忠乎？与朋友交而不信乎？传不习乎？"②"人""朋友"泛指自我之外的他人，"传"则是前人思想的载体，三者分别从生活世界中的交往活动及文化传承等方面体现了"我"与其他社会成员的关系。在这里，反省的主体是"我"（"吾"），然而，反省的对象则指向"我"（"吾"）之外的他人（现实交往中的人与"传"所涉及的历史中的人）。"自省吾身"在相当意义上体现了自我的认同（self-identity），但在以上的逻辑关系中，自我的认同却以社会的认同为其内容；这种思维进路所确认的，是人的社会归属或类的规定。

对人的社会归属或类的规定的关注，在孔子关于朋友的看法中得到具体的体现。孔子很注重朋友间的关系，曾从不同的方面提到或论及朋友的存在意义。对孔子而言，朋友的特点在于志同道合③，后者不仅仅限于私人间的趣味相投，而且更表现在具有共同的价值取向。"有朋自远方来，不亦乐乎？"④这里的"乐"，是与志同道合者相处、交往时产生的内在愉悦，这种交往、相处乃是基于共同的价值观念、相近的理想追求。与此相反相成的，是"毋友不如己者"⑤。此处的"如"，有"类"之意，"不如

---

① 《庄子·天下》。
② 《论语·学而》。
③ 蔡谟在解释朋和友时，曾指出："同志为友。"（参见《论语集解义疏》卷一）
④ 《论语·学而》。
⑤ 《论语·学而》。

己"，犹言"不类己"；与之相应，所谓"毋友不如己者"，并不是拒绝与社会地位或人格修养等方面比不上自己的人交友，而是指不要与缺乏共同的价值取向（与己不属于同一类）者为友。 不难看到，在这里，孔子所侧重的，仍是社会的认同：与己同类者（志同者）友之，与己不同类（非志同者）则远之。 同样的观点也体现于人物的评价上。 《论语·子路》曾记载了孔子与子贡的如下对话：

> 子贡问曰："乡人皆好之，何如?"子曰："未可也。""乡人皆恶之，何如?"子曰："未可也。不如乡人之善者好之，其不善者恶之。"

"善者好之，不善者恶之"，亦即为善者所肯定，为恶者所否定，它所体现的也是类的认同。 如果说，朋友之伦是从特定的社会关系上确认了人的社会认同，那么，"善者好之，不善者恶之"则似乎从更广的层面上表现了人之以类相属或以类相分的社会品格。

以人文化、社会化为内在规定，人既有求知的能力，又具有求知的要求。 《论语》首篇第一章，便将人之"在"与"学"联系起来："学而时习之，不亦说（悦）乎?"[1]这里的"学"，便包括广义的"知"。 孔子很注重"知"，并把"知"（智）视为超越迷惑、达到自觉的前提。 所谓"知者不惑"[2]，便表明了这一点。 同时，孔子以"仁"为其学说的核心，而仁即以"知"为题中之义："未知，焉得仁?"[3]如果不辅之以"学"，则"仁"便将呈现消极的意义："好仁不好学，其蔽也愚。"[4]仁道所肯定的，是人的内在存在价值，"学"则以理性的自觉为指向；仅仅具有人文的观念而缺乏理性的自觉，往往易于导向自发与盲目（所谓"愚"）。 仁与知的以上统一，意味着人同时应当是一种理性的存在。

孔子曾对自己的一生作了回顾，并自述如下："吾十有五而志于学，三十而立，四十而不惑，五十而知天命，六十而耳顺，七十而从心所欲不逾矩"。[5] "学"是对已有的文化、认识成果的把握和接受；"立"不仅仅是一般意义上有所成就，它的更实质的含义是行为合乎礼义规范，从而能挺立

---

① 《论语·学而》。
② 《论语·子罕》。
③ 《论语·公冶长》。
④ 《论语·阳货》。
⑤ 《论语·为政》。

于世；"不惑"表现为明辨是非，并作出正确判断；"知天命"以理解与把握历史的必然之势为指向；"耳顺"与逆耳相对，表现为以宽容的精神对待别人的意见（听到不同意见，亦不觉逆耳）；"从心所欲"即行为不违背自己的意愿，"不逾矩"则是遵循普遍的规范，二者的统一，体现的是一种理想的道德之境。在这里，"学"或"知"构成了极为重要的环节：三十之立、四十之不惑，以"志于学"为前提；六十之耳顺、七十之从心所欲不逾矩，则奠基于"知天命"。上述过程当然并不仅仅是孔子对个人一生的自我反省，它所涉及的，乃是普遍意义上人的成长与"在"世过程。通过肯定"学"与"知"对人"在"过程中的意义，孔子同时也进一步突出了人的理性规定：正是"学"与"知"所内含的理性品格，使人由本然的、自在的形态，提升为自觉的存在。

在儒家那里，理性的自觉往往与道德实践联系在一起，所谓"从心所欲不逾矩"，首先便表现为道德行为的特点，而知命则以成为道德意义上的君子为目标："不知命，无以为君子也"。① "知"是以理性的方式来把握，"天命"则是当然之则的形上化（人的使命、职责被赋予必然的性质）；只有将当然（人的使命、职责）作为必然来理解和把握（知天命），才能成为道德意义上的存在（"君子"）。对儒家而言，履行道德或伦理的职责，是人的基本使命。人之为人，便在于能自觉地承担这种职责。在对隐者的批评中，这一点得到了更明确的表述："不仕无义。长幼之节不可废也，君臣之义，如之何其废之？欲洁其身而乱大伦。"②隐者虽存在于社会之中，但却试图从社会伦理责任中解脱出来，这种仅仅追求个人的洁身自好而悬置社会伦理责任的趋向，显然未能注意到伦理关系对于人之"在"的内在意义。通过对伦理职责与伦理关系的如上强调，儒家同时肯定了人是伦理的存在。

伦理的规定与人化（文明化）、理性化等向度，更多地体现了人的"类"或社会品格。然而，作为具体的存在，人又包含个体之维，而并不仅仅表现为"类"的化身；在肯定人是理性的、社会伦理的存在的同时，儒

---

①《论语·尧曰》。
②《论语·微子》。

家对人的个体性规定也给予了多方面的关注。就道德实践的过程而言，个体同样构成了主导的方面："为仁由己，而由人乎哉？"①为仁既指按仁道的理想自我涵养或自我塑造，也指在行为过程中遵循仁道的规范或原则，而二者都主要依赖个体自身。

人所内含的个体性品格更具体的体现于个体与"众"的关系之中。《论语·卫灵公》有如下记载：

> 子曰：众恶之，必察焉；众好之，必察焉。

"众"与个体或自我相对，众恶、众好，表达的是众人的意见与态度；众恶之必察、众好之必察，意味着对众人的意见与态度加以进一步的反思与考察，而反对盲目从众；这里既体现了一种理性的立场，也蕴含着对个人独立性或自主性（个体独立地看待问题、自主地作出判断）的肯定。与之相联系的是对"乡原"的批评："子曰：乡原，德之贼也。"②"乡原"即乡愿，其特点在于迎合世俗之意、缺乏独立的判断与担当意识，所谓"同流合污以媚于世"，③在与世俗的"同流合污"中，个体本身往往也被消解。可以看到，乡愿之所以为德之贼，不仅在于其拒绝坚持原则，而且也在于其导致个性的丧失。

反对从众、拒斥乡愿，主要以否定的方式突显了个体的不可忽视性，在积极的意义上，个体的关注则体现于对人的个性差异的尊重。以教育过程而言，孔子非常注重教育对象的个性特点，并要求个体不同的特点而给予相应的引导。《论语·先进》记载：

> 子路问："闻斯行诸？"子曰："有父兄在，如之何其闻斯行之？"冉有问："闻斯行诸？"子曰："闻斯行之。"公西华曰："由也问闻斯行诸，子曰：有父兄在；求也问；闻斯行诸，子曰：闻斯行之。赤也惑，敢问。"子曰："求也退，故进之；由也兼人，故退之。"

这里涉及的是广义的知与行的关系：了解、把握了某种义理，是否应该立即付诸实践？对这一看似简单的问题，孔子没有给予笼而统之的解答，

①《论语·颜渊》。
②《论语·阳货》。
③ 朱熹：《论语集注·阳货》卷九，《朱子全书》第 6 册，上海古籍出版社、安徽教育出版社，2002 年，第 222 页。

而是针对提问对象的不同特点，作出不同的回应：对率性而行的子路，以"父兄在"加以约束；对性格较为谦退的冉有，则以"闻斯行诸"加以激励。从教育学的角度看，这里体现了因材施教的原则。就人之"在"而言，其中无疑又蕴含了对个体性规定的确认。

以天人之辩为出发点，孔子首先将人置于文明演进的历史过程，肯定了人不同于自然的人文化（文明化）、社会化品格，后者进一步展开为理性的、伦理的规定。与人化（文明化）、理性化、伦理化等相辅相成的，是人的个体性规定。以上诸方面的交融和统一，展示了儒家对"我"是谁与"何为人"的具体理解，而这种理解，同时又构成了儒家思考与回应"为何在""向何在""如何在"的逻辑前提。

二

人存在于世，意义何在？以另一方式来表述，也就是：人为何而在？这一问题与康德所谓"我应当做什么"的追问相关，但似乎又具有更为本源的性质。儒家在阐释"何为人"的同时，也从不同的维度对"为何在"作了多方面的沉思。

"为何而在"首先以"我"为追问的主体，康德将"应当做什么"与"我"联系起来，显然也已有见于此。相应于确认人的个体之维，儒家将如何完成、实现自我提到了重要的地位。孔子区分了为己与为人[1]，并以"为己"立说。在"为己"之学中，为学与成己已内在地融合为一，而其目标则是成就真实、完美的自我。以成就自我为价值指向，便无须在意是否为他人所知；事实上，正是在不为他人所了解、未能获得外在的赞誉的情况下，依然坚持自我的完善和实现，才真正体现了"为己"的性质：

> 人不知而不愠,不亦君子乎?[2]
>
> 不患人之不己知,患不知人也。[3]

---

[1]《论语·宪问》。
[2]《论语·学而》。
[3]《论语·学而》。

君子病无能焉,不病人之不己知也。①

人不知、不知己("不己知"),也就是他人对自己的德性、品格,等等,缺乏真切的认识;换言之,自我虽达到了较高的精神之境,却不为人所知,而理想人格(君子)的特点,即在于始终坚持以自我的实现为追求的目标,而并不关切自己的这种人生追求以及人生之境是否为人所知。在相近的意义上,孔子主张"躬自厚而薄责于人",② "自厚"即自我的完善、充实,"责人"在宽泛意义上指对人的苛求,其中也包含要求他人"知己","躬自厚而薄责于人"意味着将存在的全部重心放在前一方面。在"为己"与"为人"(为人所知)、"自厚"与"责人"的以上张力中,为实现自我(成己)而"在"这一价值趋向得到了具体的彰显。

当然,上述意义上的"为己"而不"为人",并不表明无视群体的价值。事实上,在对"何为人"的理解中,孔子已将人的社会规定提到重要地位,与之相联系,孔子在肯定成己的同时,也十分注重"安人"。在孔子与子路有关君子的对话中,便不难注意到这一点:

子路问君子。子曰:"修己以敬。"曰:"如斯而已乎?"曰:"修己以安人。"曰:"如斯而已乎?"曰:"修己以安百姓。修己以安百姓,尧舜其犹病诸。"③

"修己"以成就自我为目标,安人、安百姓则以个体之外的他人、群体为关切的对象。在修己与安人(安百姓)的关系中,一方面,修己构成了过程的出发点;另一方面,修己本身又以安人(安百姓)为指向:"修己以安人""修己以安百姓"中的"以",具有内在的目的性内涵。作为自我完成的前提,"修己"意味着将成就自我视为存在意义的具体体现(为自我的完成而"在")。"修己以安人"则进一步把"为何而在"的问题与群体价值联系起来:存在意义的落实,不能离开社会群体。这样,为成就自我而"在"与为成就群体而"在"便构成了相互关联的两个方面。

孔子的以上思路与他对人的规定显然具有内在的联系:当孔子肯定"吾非斯人之徒与而谁与"时,便已确认了"我"的存在与他人或群体的难以分

---

① 《论语·卫灵公》。
② 《论语·卫灵公》。
③ 《论语·宪问》。

离性，后者逻辑地展开为成己与成人的统一。所谓"君子成人之美"，①表达的也是相近的含义。在儒学的尔后演进中，二者的这种相融性一再地得到阐发。以《中庸》而言，在解释其核心概念之一"诚"时，《中庸》即指出："诚者非自成己而已也，所以成物也。成己，仁也；成物，知也，性之德也，合外内之道也。"②这里的"物"并不仅仅指对象性的存在，而是广义地包括人。作为"诚"的体现，成己所以成物，同时也表现为成己与成人的统一。儒家的另一经典《大学》更直接地将"修己以安人"展开为修、齐、治、平的具体条目："身修而后家齐，家齐而后国治，国治而后天下平。"③成就自我意义上的修身，与成就社会群体意义上的齐、治、平，在这里同样得到了双重肯定。当然，真正达到成己而成人，并不是一件容易的事。孔子对此已有清醒的意识，所谓"尧舜其犹病诸"，④便表明了这一点。但是，对儒家而言，尽管实现为己（成就自我）而"在"与为人（成就他人）而"在"的统一并非易事，然而作为理想之境，这一目标却依然应当加以坚持。

修己与安人的相关性，以自我与他人、个体与群体的共在、交往为背景。从共在与交往的层面看，个体间的沟通，又涉及对"道"的认同。前文已论及，为儒家所重视的朋友，即以志同道合为其内在规定。广而言之，人与人的相互交往，也以接受和认同"道"为前提；缺乏对"道"的认同，则彼此之间便难以建立交往关系："道不同，不相为谋。"⑤这里的"道"，可以理解为社会文化理想或政治、道德理想，"道"在社会交往过程中作用，首先便在于以共同的理想，将人们凝聚在一起。在以"道"相谋的同时，人又可以通过自身的力量，化理想之"道"为现实的形态，正是在此意义上，孔子强调"人能弘道"。⑥关于"道"的如上看法，从不同方面肯定了"道"对人的存在过程的意义。

就个体而言，其"在"世过程同样首先应以"道"为指向："君子谋

---

①《论语·颜渊》。
②《中庸·第二十五章》。
③《大学·第一章》。
④《论语·雍也》。
⑤《论语·卫灵公》。
⑥《论语·卫灵公》。

道不谋食。……君子忧道不忧贫。"①谋道在此指社会文化理想及政治道德理想的追求，忧道则是对这种理想是否实现或能否实现的关切；与之相对，谋食与忧贫更多地表现为对感性的物质需要及物质境遇的关切与计较。在孔子看来，一旦志于道，则不能将物质的境遇看得过重。如果过于注重衣食之资，则很难视为真正的求道之士："士志于道，而耻恶衣恶食者，未足与议也。"②不难看到，在理想的关切与物质的计较中，孔子将前者置于更为优先的地位。对孔子而言，在人的"在"世过程中，理想的追求具有至上的性质。为了实现社会价值理想，即使献出生命，也并不足惜：

> 志士仁人，无求生以害仁，有杀身以成仁。③

"仁"在孔子那里，被理解为文化的核心价值。作为价值理想，它同时构成了"道"的实质内涵，在此意义上，"成仁"与"弘道""谋道"，无疑处于同一序列；所谓"杀身以成仁"，意味着将社会价值理想的实现，视为存在的最高目标。从"为何而在"的层面看，由成己、成物（成人）到弘道、成仁，成就自我、成就群体、实现价值理想，构成了人"在"世的相关意义指向：成己、成人（成物）都以仁、道等价值理想的实现为目标，从而，为己（为实现自我而"在"）、为人（为安人、安百姓而"在"）与为道（为实现价值理想而"在"）展开为一个统一的过程。

三

由"为何而在"进一步追问，便涉及"向何而在"，后者与康德关于"我可以期望什么"的提问有相通之处。不过，在儒家那里，"向何而在"的沉思与"可以期望什么"的追问又有所不同。"我可以期望什么"往往与宗教意义上的关切相联系，就宗教的层面而言，这种"期望"总是指向彼岸世界或超越的存在。与之相异，儒家对彼岸的存在每每持疏而远之的态度。《论语·先进》有如下记载：

---

①《论语·卫灵公》。
②《论语·里仁》。
③《论语·卫灵公》。

季路问事鬼神。子曰:"未能事人,焉能事鬼?"曰:"敢问死?"曰:"未知生,
焉知死?"

　　"鬼神"隐喻着彼岸的世界,"死"则是现实生命的终结,与此相对,
"人""生"则表征着此岸的现实存在。较之超越的关切,儒家所注重的,
更多的是此岸世界的现实存在。在"未能事人焉能事鬼""未知生焉知
死"的反诘之后,显然可以看到对彼岸世界的疏离。这种疏离,也使"向
何而在"的追问难以指向彼岸的存在。

　　从人的存在看,"向何而在"的追问在逻辑上以有限性的克服为其内在
意向。现实的"我"总是有限的,正是这种有限性,使何为人生归宿或走
向何方成为问题。然而,在儒家那里,有限性的克服或扬弃并不表现为对
现实人生的疏离或超越时间、导向永恒。与通过超越时间以达到永恒的进
路不同,儒家更多地关注于时间中的绵延,其立德、立功、立言的不朽观念
便体现了这一点:通过在人格精神、经世立业、文化创造等方面所形成的历
史影响,人可以超越当下的存在境域,绵延于时间的长河,获得不朽的存在
意义。质言之,对儒家而言,不朽并不在于超越时间,而是内在并展开于
时间过程。

　　对向何而在的以上理解,更具体地展现为一种历史意识。在孔子的以
下表述中,便可以看到这一点:"慎终追远,民德归厚矣。"①"慎终"涉
及的是丧礼,它固然以前辈生命的终结为前提,但对丧礼的注重本身却表明
生命的终结并不意味着存在意义的终结:慎终的真正意义是让前辈的精神生
命在未来得到延续;"追远"首先表现为对先人的缅怀,它表明:先人的存
在价值既没有也不会在时间的绵延中被遗忘。在这里,指向未来(慎终)
与面向过去(追远)相互交融,它所体现的是一种前后相承的历史意识。
《论语·公冶长》曾记载了孔子与弟子有关各自志向的对话:

　　　颜渊季路侍。子曰:"盍各言尔志?"子路曰:"愿车马、衣轻裘,与朋友共,敝
之而无憾。"颜渊曰:"愿无伐善,无施劳。"子路曰:"愿闻子之志。"子曰:"老者安
之,朋友信之,少者怀之。"

　　这里值得注意的是孔子所言之志。老者指先辈,"老者安之",意谓

---

①《论语·学而》。

使先辈安心或放心；朋友泛指同辈之人，"朋友信之"，即获得同辈的信赖；少者即晚辈，"少者怀之"，则是为后人所缅怀。个体"在"世，往往构成了历史演进中承前启后的环节：他既上承前人及其文化成果，也下启后人并表现为新的文化创造的出发点。人的存在意义，便体现在历史的这种传承过程之中。

也正是在同样的意义上，孔子一再肯定历史变迁中包含连续性，并对此高度重视：

> 子张问："十世可知也?"子曰："殷因于夏礼，所损益可知也；周因于殷礼，所损益可知也；其或继周者，虽百世可知也。"①

"因"体现了历史过程的连续性。在孔子看来，历史进程并非神秘莫测，它可以为人所推知和把握，而历史过程的这种可推知性，又以历史本身的延续性或连续性（"因"）为前提。孔子本人也每每自述："我非生而知之者，好古，敏以求之者也。"与之相联系的则是"述而不作，信而好古。"②"述"更多地侧重于承继，"好古"则基于对历史文化成果价值的肯定，二者从不同方面体现了对历史的关注和尊重。当然，孔子并非真的不"作"。所谓"述而不作"，强调的是"作"（新的创造）以"述"（承继）为前提和根据；从存在之所向（"向何而在"）看，这里展示的是认同传统、融入历史的意向。

历史与传统首先源自过去。在关注历史、尊重传统的同时，儒家同时也以积极的态度面向未来。前文曾论及，孔子的志向之一，便是"少者怀之"，其中已蕴含着对未来的注重。孔子对未来充满了乐观的确信，在展望后人的发展前景时曾指出："后生可畏，焉知来者之不如今也？"③"来者"指文化的继承者，在孔子看来，"来者"与"今"之间存在着历史的联系，每一个体在今天所创造的文化成果，并不会在未来消逝，相反，它们将为后人所继承并进一步光大。这样，尽管在社会理想的层面，孔子常常表现出面向往古的趋向，但就文化的延续而言，孔子并没有否定未来的意义。在"来者"与"今"的前后相承中，个体本身的存在意义也在文化的历史演

---

① 《论语·为政》。
② 《论语·述而》。
③ 《论语·子罕》。

进中得到延续，从而，他既无须通过超越此"在"、走向彼岸以获得永恒的依归，也不必因生命的有限而"畏"死：生命的终结对个体而言不再意味着导向虚无。"子在川上曰：逝者如斯夫！"[1]这里看不到任何消沉或感伤。毋宁说，它更多地表达了积极乐观的人生取向：人在此世所创造的一切，将融入历史的长河，并进一步奔向无穷的未来。同样，个体的存在价值与意义，也不会因个体生命的终结而终结，它将随着历史长河的绵延而长存。

可以看到，以文化历史的承继、延续为形式，过去与未来汇合为一，"慎终追远""述而不作"所确认的历史传统与"少者怀之""后生可畏"所表达的未来文化关切相互融合，赋予存在的意义以历史的内涵。在这里，为己（成就自我）、为人（成就群体）、为道（成就理想）所体现的"为何而在"，进一步获得了历史的向度。在面向历史、融入历史的文化演进过程中，"为何而在"与"向何而在"也展示了其相关性。

四

存在意义的实现，离不开实际的"在"世过程。从本体论上看，实际地如何"在"无疑具有更为本源的性质：惟有当人已以某种方式实际地存在，才能进一步追问"为何而在"与"向何而在"。然而，在价值论上，对"何为人"与"为何在"及"向何在"的理解，则又从不同的方面规定了在现实世界中"如何在"：不同的存在认同、不同的价值取向或意义承诺，总是制约着存在方式的选择。[2]

如前所述，儒家首先将人理解为不同于自然对象的文明或文化存在；以"弘道""谋道"为形式，存在的意义也同时指向文化价值理想的实现。如何维护人的文明规定或文化品格？在此，礼无疑呈现了其独特的意义。"礼"既具体呈现为社会政治、伦理的体制，又展开为宽泛意义上的规范系统，后者一方面以仁道为实质的内涵，另一方面又有形式的规则，它从不同的层面将人引向文明之"在"。如果缺乏礼的约束，人的存在形态往往具

---

① 《论语·述而》。

② 李泽厚强调"如何活"先于"为何活"，似乎未能对本体论视域与价值观视域的如上区分，给予充分的关注(参见李泽厚：《实用理性与乐感文化》，生活·读书·新知三联书店，2005年，第163~193页)。

有"野"的特点。 所谓"质胜文则野"，①"野"主要表现为前文明的形态。 在相近的意义上，孔子强调："不学礼，无以立。"②质言之，离开礼的引导，便难以从前文明的形态走向文明的形态。

礼对人之"在"的意义，在成己（成就自我）过程中得到了更具体的体现。 成就自我诚然以仁道精神的涵养为实质的内容，但这种涵养同时又展开为一个"复礼"的过程：

> 颜渊问仁。子曰："克己复礼为仁。一日克己复礼，天下归仁焉。为仁由己，而由人乎哉！"颜渊曰："请问其目。"子曰："非礼勿视，非礼勿听，非礼勿言，非礼勿动。"③

复礼即合乎礼或与礼的规定相一致，从视、听到言、行，人的一切活动都属于礼的约束之域。 在这里，实质层面达到仁道之境与形式层面与礼相合，表现为相互联系的两个方面。 对人格的完善而言，礼的规范具有不可或缺的意义；一旦疏离了礼，则某些正面的品格便可能向负面转换："恭而无礼则劳，慎而无礼则葸，勇而无礼则乱，直而无礼则绞。"④反之，"近于礼"，则可以使人"远耻辱"。⑤ 所谓"远耻辱"，即意味着为礼义文明所构成的社会评价系统所认可、肯定。 可以看到，作为行为的准则，礼同时在不同的层面体现了对人的塑造作用。

为仁与复礼的如上统一，不仅表现为成就自我的过程，而且涉及成就群体。 所谓"天下归仁"，便已意味着由成己而成人，从而，复礼也相应地在双重意义上体现了对价值理想实现过程的制约作用。 事实上，对儒家而言，礼既在个体的层面影响着文明的走向及自我的完成，也在社会的层面规定着文明的秩序。 荀子曾对礼的历史起源作了如下回溯："礼起于何也?曰：人生而有欲，欲而不得，则不能无求，求而无度量分界，则不能不争，争则乱，乱则穷，先王恶其乱也，故制礼义以分之。"⑥这里特别值得注意的是将礼与"度量分界"联系起来，所谓"度量分界"，也就是给社会成员

---

① 《论语·雍也》。
② 《论语·季氏》。
③ 《论语·颜渊》。
④ 《论语·泰伯》。
⑤ 《论语·为政》。
⑥ 《荀子·礼论》。

的权利与责任规定一个界限，使之各安名分，各就其位，避免彼此的越界；从体制的层面看，礼的社会作用，首先就在于通过设立"度量分界"以保证社会的有序化。 孔子之所以一再批评他所处时代的各种违礼现象，在相当程度上便是缘于这种现象可能导致社会的失序、文明的失范。 他所坚持的"君君，臣臣，父父，子子"①的社会模式，则从正面体现了礼制规范之下的社会政治、伦理秩序。

这样，礼一方面将人的存在引向文明的形态，并从形式的方面，担保了个体的自我成就或自我完成；另一方面，又通过建构或维护文明的秩序而在类的层面担保了社会文化价值理想的实现。 礼的如上作用，同时也规定了人存在的方式（"如何在"）。 "君子博学于文，约之以礼，亦可以弗畔矣夫。"②这里的"约"，主要不是外在的要求或强制，而是个体通过自我约束而使行为合乎礼（"复礼"），其特点表现为依礼而"在"或"礼以行之"（《论语·卫灵公》）。 在此，"复礼""行礼"便构成了"如何在"的具体形式。

礼作为当然之则，本质上展现为理性的规范；"礼以行之"，首先也表现为理性的选择。 在此意义上，对礼的注重，与视人为理性的存在，无疑体现了前后一致的思维趋向。 人是理性的存在，也应当以理性的方式存在，这是儒家的基本信念。 从把握或认识世界的维度看，这一信念往往体现为"多闻阙疑"的存疑态度："多闻阙疑，慎言其余，则寡尤。"③"阙疑"即对缺乏根据的间接之知，不轻率下判断或盲目接受，其中显然内含着某种理性的精神。 在对待鬼神等超验存在的问题上，这种理性的精神则具体表现为敬而远之："敬鬼神而远之，可谓知矣。"④前文曾提及，对彼岸世界的存在，儒家往往持疏离的态度，"敬鬼神而远之"体现了与此一致的立场。 不难看到，以冷静、清醒的理性态度面对现实，与宗教的狂热或盲信保持距离，构成了儒家"在"世方式的特点之一。

当然，从某些方面看，儒家似乎并没有完全拒斥形上的存在，其天命观

---

①《论语·颜渊》。
②《论语·雍也》。
③《论语·为政》。
④《论语·雍也》。

念便表现了这一点。 不过，在儒家那里，形上的领域并不表现为一个与现实世界相对的超验世界。 孔子已提出"下学而上达"①之论，下学，主要指向形下的生活世界；上达，则涉及形上的领域，下学与上达的统一，内在地包含着沟通生活世界与形上存在的意向。 前文曾论及，儒家对"向何而在"的理解首先奠基于历史的意识，从而不同于对终极目的之思辨预设。下学与上达的联系，也有别于思辨的形上进路。 后来《中庸》所谓"极高明而道中庸"，可以看作是上述思路的进一步展开，其内在的旨趣同样在于打通日常存在与终极关切、形下的生活世界与形上的理想之境。 由沟通两个世界，儒家一方面展示了其理性精神不同于超验思辨的特点，另一方面也确认了在日常之"在"中追求和达到理想之"在"的存在方式。②

作为"在"世的方式，日常之"在"总是展开为自我与他人的共在。海德格尔曾将"共在"（beingwith）视为"此在"的存在形态，不过，他同时又强调这种共在使人湮没于常人之中，从而失去了本真的自我。 由此，海德格尔把"共在"看作是"此在"的沉沦。 萨特进一步强调"他人即是地狱"，此二者都在实质上赋予共在以负面的意义。 与海德格尔及萨特不同，儒家更多地从积极的层面理解与他人的共在。 孔子曾以"兄弟"指称与自我共在的他人："四海之内，皆兄弟也。"③兄弟是最亲近的人伦之一，以兄弟隐喻他人，意味着与他人的共在并不表现为对自我的否定，相反，它首先具有肯定的意义。 对儒家而言，共在同时又是履行政治、伦理义务的日常形式，所谓"出则事公卿，入则事父兄"④；正是在这种共在中，以实现政治、伦理价值理想为指向的谋道、弘道过程获得了本体论的背景。 这样，共在不仅从"何为人"的层面体现了人的社会品格，而且也构成了存在意义（"为何在"）实现的方式。

作为人"在"世的现实形态，共在具体展开为人我之间的交往过程，后

---

① 《论语·宪问》。

② 儒家不执着于神、人对峙，在此意义上，其进路有别于两个世界之分，但儒家仍肯定超越现实的理想之境或价值界。在此意义上，它并未完全否定两个世界之分。儒家的特点在于：虽承诺二者之分，但同时又以日用即道的观念沟通二者。李泽厚在强调儒家的"一个人生"与"两个世界"之别的同时，对儒家承诺超越的价值界这一取向，似未能作适当定位（参见李泽厚：《实用理性与乐感文化》，生活·读书·新知三联书店，2005年，第166页）。

③ 《论语·颜渊》。

④ 《论语·子罕》。

者在儒家看来应当具有开放的性质。孔子曾对弟子说："二三子以我为隐乎？吾无隐乎尔。吾无行而不与二三子者，是丘也。"①"无隐"，意味着面向他人，敞开自己的内在世界。与"无隐"相联系的，是"周而不比""群而不党"："君子周而不比，小人比而不周。"②"君子矜而不争，群而不党。"③"周""群"指的是公共性、开放性，"比""党"则表现为分帮结派，孔子以"周而不比""群而不党"为君子的品格，强调的便是在交往过程中，应以公共的、开放的方式而"在"。在同样的意义上，孔子以"和""同"区分君子与小人："君子和而不同，小人同而不和。"④从共在与交往的角度看，"和"表现出包容性与兼容性，它意味着能够与不同的个体和谐相处，"同"则将交往对象仅仅限定于利益、意见与己相同者，从而表现出某种排他性。"和""同"之分，展示了不同的"在"世方式。

在更深层的意义上，共在又涉及"信"。孔子十分注重"信"在交往过程中的意义，曾从不同的方面谈到了"信"。宽泛地看，"信"首先与"言"相联系："言必信，行必果。"⑤这里的"言"，有承诺之意，"言必信"也就是所作承诺必须兑现。在交往过程中，"信"构成了基本的要求。以朋友间的关系而言，"与朋友交，言而有信。"⑥推而广之，"信"应当成为交往的普遍原则：

> 弟子入则孝，出则弟，谨而信，泛爱众，而亲仁。⑦
> 君子义以为质，礼以行之，孙以出之，信以成之。⑧
> 民无信不立。⑨

孝悌涉及的主要是亲子、兄弟间的伦理关系，泛爱众则以普遍意义上社会成员之间的相处为前提和背景，而"谨而信"则构成了贯乎二者的共同原则；"信以成之"作为君子共同的行为特征，也呈现为一般的原则；"民无

---

① 《论语·述而》。
② 《论语·为政》。
③ 《论语·卫灵公》。
④ 《论语·子路》。
⑤ 《论语·子路》。
⑥ 《论语·学而》。
⑦ 《论语·学而》。
⑧ 《论语·卫灵公》。
⑨ 《论语·卫灵公》。

信不立"，强调的同样是"信"的普遍性。 从引申的意义上看，"信"的实质的内涵，是真诚性的要求：言而有信，信守承诺，意味着言说者在言说时，能真诚地表达自己的想法，而不是言不由衷、虚言相饰。 "信"作为交往的普遍原则，其意义也在于其中蕴含着真诚性的规定。 从某种意义上说，儒家正是试图以真诚性来担保共在与交往的开放性①，并使之成为人"在"世的肯定形式（避免由共在走向沉沦）。

当然，与他人共在并不意味着遗忘个体，"如何在"的追问也离不开个体之"在"。 以成己为价值理想之一，儒家对个体的自我认同也予以了多方面的关注。 孔子曾提出个体的"有恒"问题："善人，吾不得而见之矣；得见有恒者，斯可矣。"②"有恒"相对于变迁、游移而言，它既指德性的稳定性，也涉及宽泛意义上人格的前后一致（constant identity）。 较之"善人"，"有恒者"体现了个体更基本的人格特征，而对"有恒者"加以肯定的内在寓意则是：个体"在"世，应当保持自我人格的恒定性。

人格的这种恒定性，首先体现为在不同的境遇中，都坚持"弘道"的价值理想。 孔子曾对其弟子颜渊赞赏有加："贤哉，回也！ 一箪食，一瓢饮，在陋巷，人不堪其忧，回也不改其乐。 贤哉，回也！"③这种人生的态度，也体现于孔子自己的"在"世过程："饭疏食饮水，曲肱而枕之，乐亦在其中矣。 不义而富且贵，于我如浮云。"④粗茶淡饭、简陋的住处泛指艰苦的生活境遇，"乐"则是与志于道相联系的积极、向上的精神趋向。 这里既展示了理性的志趣对于感性欲求的超越，又体现了人格的恒定性，后者的具体特点便是虽处艰苦的生活条件，依然保持乐观向上的精神追求。 在此，人格的恒定性或自我认同（selfidentity），便具体化为以志于道为乐的"在"世方式。

以志于道的理性追求为内容，孔颜之乐更多地与普遍的价值理想或精神之境相联系。 作为具体的存在形态，人的个体之维，同时又体现于对自身特定之"在"的肯定。 在谈到如何应对不同的社会政治环境时，孔子

160

①前文所论及的"无隐"，便体现了真诚性与开放性的统一。
②《论语·述而》。
③《论语·雍也》。
④《论语·述而》。

指出：

> 危邦不入,乱邦不居。天下有道则见,无道则隐。①

危乱之邦的特点，在于社会政治处于无序、失范的形态。身处此境，个体不仅无法正常地履行自己的政治伦理义务，而且往往有生存之虞。在这种情况下，合理的选择便是"危邦不入，乱邦不居"。另一方面，只有当政治清明（有道）时，个体才有可能实现自己的政治、社会理想。如果政治昏暗（无道），则个体不仅难以施展自己的政治抱负，而且每每面临各种生存的威胁；这样，在"无道"的背景之下，便只能引身而退（隐而不现）。这种"在"世的方式既体现了"经"（坚持普遍原则）与"权"（因时变通）的统一，又蕴含着对个体生命存在的关注和肯定。如果说，孔颜之乐体现了个体之"在"的价值（理想）指向，那么，"危邦不入""无道则隐"则以生命存在的维护为个体之"在"的本体论前提。二者的统一，展示了"如何在"的相关维度。

（原载《国际儒学研究》，九州出版社，2006 年）

———————————

① 《论语·泰伯》。

孟子的政治哲学思想

　　儒家很早已注意到人以"群"或社会为其存在的方式，孔子所谓"吾非斯人之徒与而谁与"（《论语·微子》），便着重突出了人的这种群体性或社会性特征。作为人的存在方式，社会本身应当如何组织？其成员及相互关系应怎样定位？社会基本的结构的理想形态是什么？如何担保社会的合理的运作？围绕着这一类问题，儒家展开了其政治哲学，其中包含多方面的价值观意蕴。这里主要以孟子为中心，对儒家政治哲学作一考察。

一

　　孔子曾提出"君君、臣臣、父父、子子"①的原则。父子所指向的是家庭关系，君臣则涉及社会的政治构成。在孔子看来，以父子为核心的家庭关系和以君臣为主干的政治关系，构成了社会的基本结构；社会的有序运行，在于君臣、父子等不同身份的个体都各自认同自身的角色，并履行相应的职责。

　　作为社会政治结构的主导方面，君臣之间无疑蕴含着某种不对称性：如后来的三纲所强调的，君与臣之间存在着支配与被支配、决定与被决定的关系；这种不对称性的实际政治含义，即是在社会领域中确认等级差异。与君臣之义相应，儒家往往赋予人与人之间的关系以等级性质，甚而将这种等级差异引入家庭关系，在不同程度上肯定父子、夫妇之间的单向从属性。儒家所推崇的礼制，也包含着对社会成员之间不对等性的规定；不同社会等

────────────

① 《论语·颜渊》。

级的社会成员，往往有不同的行为要求，其间界限分明，不得逾越。孔子曾对他那个时代各种违背礼制的僭越行为痛心疾首，并对此严厉地加以抨击；而被认为违礼的行为的特点之一，就在于无视等级差异的各种规定。

对君臣之义及礼制所规定的等级差异，孟子从更普遍的层面予以了肯定及论证。在孟子的时代，与儒家坚持等级之分相对，崇尚神农的许行主张"贤者与民并耕而食"，在与这一派的论争中，孟子着重强调了社会分工的意义，并由此指出："有大人之事，有小人之事。且一人之身，百工之所为备。如必自为而后用之，是率天下而路也。故曰：或劳心，或劳力，劳心者治人，劳力者治于人；治于人者食人，治人者食于人，天下之通义也。"[1]许行的理想，多少表现了对初民时代人与人之间原始平等关系的缅怀与向往，但其取消社会分工的主张，则显然偏离了社会演化的现实进程。相形之下，孟子对分工必要性的肯定，似乎展示了一种历史的视域。不过，这里所说的"大人""小人"之分，同时具有社会等级的意义，孟子将经济学意义上的劳动分工与政治学意义上的社会等级完全等而同之，由劳动分工的必要性论证社会等级的合理性，并赋予大人、小人这种社会等级以普遍、永恒的意义（天下之通义），无疑又主要体现了对社会等级结构的维护。

然而，在确认君臣之义及大人、小人之别的同时，儒家又对"位"与"德"作了区分。孟子的看法在这方面也具有代表性。在谈到贤者与诸侯的关系时，孟子借子思之口说："以位，则子，君也；我，臣也，何敢与君友也？以德，则子事我者也，奚可以与我友？"[2]"位"相对于社会结构而言，表示个人在等级系统中所处地位；"德"则涉及人的品格、修养，表示个人在道德领域中所达到的境界，在孟子看来，位与德并不简单的对应，位高者未必德高，位卑也不一定德不如人；君主固然在社会地位上高于贤者，但贤者的道德力量却可以超过君主：在后一方面，君主具有从属性（仅仅是"事我者"）。位与德的这种不平衡，意味着政治等级的差异并不是决定社会运行的唯一因素；贤者在道德领域所具有的社会力量，可以对君主在政

①《孟子·滕文公上》。
②《孟子·万章下》。

治等级结构中的主导性有所限制。

这种限制在道与势之辩中得到了具体的体现。关于道与势的关系,孟子作了如下的论述:

> 古之贤王好善而忘势,古之贤士何独不然? 乐其道而忘人之势。故王公不致敬尽礼,则不得亟见之。见且犹不得亟,而况得而臣之乎?①

"道"和"善"以社会理想(包括道德理想)和道德追求为内容,势则表征着社会的地位。这里包含二重含义:就君主而言,其贤明性往往表现在不以自身在社会政治结构中的地位(势)自重,而是将道德的追求放在更优先的方面(所谓"好善而忘势");就贤士而言,其人格的力量则在于不迎合或屈从于外在的势位,以道的认同消解势位对人的压抑("乐道而忘势")。在君臣关系的如上形态中,似乎已多少流露出某种交往对等性的要求:贤士与王公之间君臣关系的建立,要以王公"致敬尽礼"为前提,如果王公不"致敬尽礼",则士可拒绝为臣;君臣之义中君主的绝对主导性,在此无疑受到了一定的限制。上述的交往要求,在尔后受儒家哲学影响的政治实践中,往往体现为礼贤下士的传统。

德位之分、乐道忘势等观念,同时也蕴含着对个体内在人格力量的肯定。孔子已强调个体的意志非外力所能决定,所谓"三军可夺帅也,匹夫不可夺志也",②便表明了这一点。孟子进而将"大丈夫"视为仁人志士应有的人格形态,并对其作了如下界定:"得志与民由之,不得志独行其道。富贵不能淫,贫贱不能移,威武不能屈。此之谓大丈夫。"③富贵、贫贱、威武都属外在的存在境遇及外在的社会力量,而大丈夫的特点则在于完全不为这些外在的力量所左右。对外部境遇和社会力量的抗御与"独行其道"相结合,无疑使"大丈夫"获得了独立人格的意义。如果说,君臣之义及等级差异包含着某种个体从属、依附的观念,那么,对人格独立性的彰显,则多少意味着在道德境界的层面逸出人与人之间的依附关系。

肯定个体可以不受社会政治结构中特定地位的限制而挺立自身的人格,与孟子对人性的理解存在着逻辑的联系。在孟子看来,凡人皆有恻隐之

---

① 《孟子·尽心上》。
② 《论语·子罕》。
③ 《孟子·滕文公下》。

心、羞恶之心、恭敬（辞让）之心以及是非之心，它们构成了道德意识的萌芽（端），仁义礼智即植根于此。孟子由此肯定人性皆本善："人性之善也，犹水之就下也。人无有不善，水无有不下。"①对人性的这种预设在理论上是否圆融，当然是有待讨论的问题，但在孟子自身的系统中，这种人性理论却构成了其理解与定位人的出发点。从逻辑上看，人性皆善，意味着在人性这一层面，人与人之间并无本质的差异。在如上意义上，孟子进一步提出了"圣""我"同类的论点："故凡同类者，举相似也，何独于人而疑之？圣人与我同类者。"②"尧舜与人同耳。"③这里的着重之点在于从"同"的角度理解人与人之间（包括圣与人之间）的关系，其中无疑渗入了人性平等的观念。不妨说，正是这种"同"或平等的意识，构成了以德抗位（势）、人格挺立的前提。在儒学尔后的演进中，以上观念也同样得到了延续，以宋代新儒学而言，其重镇朱熹便肯定："圣人亦人耳，岂有异于人哉？"④对"圣"与"人"关系的这种理解，与孟子大致前后相承。

可以看到，孟子对人的定位包括二重维度：一方面，对君臣之义及礼制所规定的等级差异，孟子不仅予以肯定而且从社会分工等角度作了论证；另一方面，从性善论出发，孟子又通过区分位与德、道与势等而表达了某种个性独立及人性平等的观念。在对"贵贵"与"尊贤"的双重确认中，以上二重含义得到了更为集中的表述："用下敬上，谓之贵贵；用上敬下，谓之尊贤。贵贵、尊贤，其义一也。"⑤"贵贵"是就政治结构和关系而言，它要求等级结构中的在下者承认在上者的特权地位；"尊贤"则涉及道德领域，它要求在上者对无位而有德者予以同等的尊重。对人的以上二重定位，同时也使孟子的政治哲学在现代具有了多重意义。

孟子将等级差异视为天经地义的现象，与近代民主政治理念无疑存在着理论的距离。如所周知，民主政治的基本原则之一，是合乎法定要求的每一社会成员都具有参与社会决策的权利，它的前提，则是承认每一社会成员

①《孟子·告子上》。
②《孟子·告子上》。
③《孟子·离娄下》。
④ 朱熹：《孟子章句集注离娄下》，《朱子全书》第6册，上海古籍出版社、安徽教育出版社，2002年，第366页。
⑤《孟子·万章下》。

在社会政治结构中具有平等的地位。在这一意义上，民主无法离开平等：它既内含着平等参与社会决策的要求，又以社会成员在政治身份上的平等为其必要的条件。由此反观孟子所代表的儒家思想，则不难看到，对君臣之义的维护以及将劳心与劳力之分视为天下之通义，使之难以发展出近代的民主观念。

然而，难以自然地发展出民主理念，并不意味着儒学与近代民主完全格格不入。以孟子而言，如前所述，在确认等级差异的同时，孟子又从人性皆善的预设出发，肯定人与人之间，包括圣人与普通人之间存在对等的关系，并提出"乐道忘势"的观点。如果说，圣人与人同类，首先从人的存在（首先是道德存在）的层面确认了人与人之间"同"的一面，那么，乐道忘势则蕴含着弱化或淡化等级意识的趋向："忘势"的直接字面意义即忘却或悬置社会地位上的等级差异。尽管这里对"同"的肯定及"势"的悬置主要侧重于道德上的平等，而不同于政治领域中的权利关系，但作为对人的一个方面的规定，二者并非毫不相关。这不仅在于道德上的平等意识在对人的本质的理解上与政治上的平等观念存在着一定的相通性，而且在于前者包含着引向政治实践的某种可能。事实上，当孟子由"圣""我"同类、乐道忘势而提出尊贤的要求时，已表现出这种思维趋向：尊贤不仅在于对无位而有德者表示敬意，而且包含着尊重贤者意见的要求，后者已涉及实践参与的问题。此外，儒家对自我尊严、个体人格的追求，也有助于抑制对外在"位""势"的依附、从属心理，后者同时为独立地表达个体的观点、见解提供了前提。对人及人与人之间关系的上述理解，无疑又包含着接受、认同近代民主理念的可能。当代新儒家有所谓"内圣开外王"之说，外王之中即包括民主。内圣是否可以开出外王，固然颇可质疑，但将民主列入外王，却又表现出对民主理念本身的认同。当代新儒家上承传统儒学，它对民主理念的上述立场，也从一个方面表明：儒学与近代民主政治之间，存在着某种相容性。

二

对"民"的关注，是儒家政治哲学中的另一重要之点。相对于以人性理论为出发点的形上进路，关于"民"的讨论更多地涉及现实的社会政治立场。在这方面，孟子所代表的儒学同样表现出多重品格。

"民"在儒学的论域中常常与"君"相联系，"民"的意义，也首先通过对君主治理天下或治国过程的制约而得到呈现。按孟子的理解，君主在治理国家的过程中，应注意考察民意。以官吏的任免而言，其进其退，都不能仅仅听取少数人的一面之词，而应尊重国人的意见："国君进贤，如不得已，将使卑逾尊、疏逾戚，可不慎与？左右皆曰贤，未可也；诸大夫皆曰贤，未可也；国人皆曰贤，然后察之，见贤焉，然后用之。左右皆曰不可，勿听；诸大夫皆曰不可，勿听；国人皆曰不可，然后察之，见不可焉，然后去之……如此，然后可以为民父母。"①国人即国中之"民"。这里无疑有兼听则明、偏听则暗之意，但其更重要含义则在于要求君主倾听国人的声音、体现民众的愿望。

进而言之，君主自身的统治，也应当得到"民"的认可。孟子以舜继尧位为例，对此作了阐释："昔者尧荐舜于天而天受之，暴之于民而民受之……使之主事而事治，百姓安之，是民受之也。"②禹继舜位也体现了同样的过程："昔者舜荐禹于天，十有七年，舜崩。三年之丧毕，禹避舜之子于阳城。天下之民从之，若尧崩之后，不从尧之子而从舜也。"③民受之、民从之，即民众的接受和支持。这里尽管夹杂着"荐于天"之类的神秘表述，从而表明孟子并未放弃对超验之"天"的承诺，但从君与民的关系看，其中所涉及的更实质的问题，在于君主的统治如何获得合法性：惟有为"民"所接受和支持，君主的统治才具有合法的形式。换言之，民众的认可和接受，构成了判断、衡量君主统治合法性的尺度。对"民"与"君"关系的以上看法，显然已超出了"君"应重视、关心"民"这一类简单的规定。

以"民从之""民受之"为君主统治合法性的根据，同时也使君主地位的至上性受到了某种限制。与之相联系，孟子对君主与天下作了区分，在回答其学生关于尧是否将天下授予舜时，孟子明确地表达了这一观点：

---

①《孟子·梁惠王下》。
②《孟子·万章上》。
③《孟子·万章上》。

万章曰:"尧以天下与舜,有诸?"孟子曰:"否。天子不能以天下与人。"①

天子不能以天下与人,是以天下非天子的个人所有物为前提的。这种区分的内在含义,在于肯定天下非天子个人的天下,而是天下之人或天下之民的天下。事实上,正是在与学生(万章)的同一对话中,孟子将"民受之""民从之"作为君主统治合法性的根据和标志。对君主与天下关系的这种理解,显然有别于"朕即国家"的独断表述。

也正是从同一原则出发,孟子将"君"与"一夫"区分开来。《孟子·梁惠王下》记载:"齐宣王问曰:'汤放桀,武王伐纣,有诸?'孟子对曰:'于传有之。'曰:'臣弑其君可乎?'曰:'贼仁者谓之贼,贼义者谓之残,残贼之人谓之一夫。闻诛一夫纣矣,未闻弑君也。'"在孟子看来,真正的君主,总是以仁义的原则治理天下,从而为天下之民所接受;与之相对,"一夫"则悖离了仁义,从而与天下对立并为天下所唾弃,作为非仁非义而与天下对立者,他已很难视为真正意义上的君主了。孟子的上述看法对后来儒家政治哲学的发展,产生了深远的影响。从儒学的演进看,辨析天下之公与个人之私,往往构成了其政治哲学的重要方面,从朱熹肯定"天下者,天下之天下也,非一人之私有故也"②,到明清之际的儒家反对将天下等同于一姓,都表现了这一点。宋明儒者的这种政治观念在公私之辩的形式下,蕴含着对君权的某种限定,而其思想之源,则可以追溯到孟子。

在天下与君主的区分中,君主似乎已不再凌驾于天下之上,相反,其本身的权威需要由天下之民加以确认:民受之,则为君;一旦因贼仁贼义而为民所拒,则为一夫。在上述关系中,君对于天下之人或"民"而言,相应地呈现某种依存性。在著名的民贵君轻说中,孟子对此作了进一步的阐述:"民为贵,社稷次之,君为轻。是故得乎丘民而为天子。"③丘民在宽泛意义上表示天下的普通民众,所谓"得乎丘民而为天子",是指惟有得到天下之民的拥护,才能成为真正意义上的君主(天子),在这里,为民所认

---

①《孟子·万章上》。

② 朱熹:《孟子章句集注·万章上》,《朱子全书》第6册,上海古籍出版社、安徽教育出版社,2002年,第374页。

③《孟子·尽心下》。

可，构成了君临天下的前提；而作为达到君主之位所以可能的条件，民也相应地表现出贵于君的意义。从朱熹开始，人们往往较多地从"以民为本"的角度理解孟子的"民贵君轻"说，但"以民为本"仅仅涉及民为社会或国家存在的基础；从以上的分析中可以看到，孟子上述论点更深沉的含义，在于从君主的合法性这一层面，界定君与民的关系。

以民为贵，同时也表明"民"有自身的价值。与这一认定相联系，孟子提出了"与民同乐""保民"等要求，而其仁政、王道的主张，也涉及对民众利益的关切，其具体目标包括"使民养生丧死而无憾"："养生丧死无憾，王道之始也。"①对"民"之价值的这种确认，在"民"之生命与天下这二者的比较中得到了更深刻的体现："行一不义、杀一不辜而得天下，皆不为也。"②这里的"无辜"，是指一般之"民"，杀一无辜，亦即否定一民之生命；得天下，则是获取君主或天子之位。按孟子的看法，获取君主之位不能以牺牲民之生命为代价：天下虽大，但并不足以易一民之生命。换言之，民之生命较君主之位更为可贵，因此不应当将其作为获取君位（得天下）的手段。这里所蕴含的内在观念是：在"民"之生命与君主之位二者之间，前者更具有目的之意义。不难看到，孟子关于民与君主关系的种种论述，在逻辑上一定程度地引向从目的之维来理解和定位"民"，正是后者，使之区别于一般意义上的以民为本。

然而，如前所述，孟子最终的政治理想是实现王道或"王天下"，君与民关系的讨论、民在社会中的定位，同样并未离开王道的追求。从实现王道或王天下的理想看，民便具有了另一重意义。如前所述，孟子曾提出"与民同乐"的主张，在解释君主何以应与民同乐时，孟子作了如下论述："乐民之乐者，民亦乐其乐；忧民之忧者，民亦忧其忧。乐以天下，忧以天下，然而不王者，未之有也。"③此处之"王"作动词用，指实现王道的理想或将王道推行于天下。一方面，这里依然把民视为应当加以注重、肯定的对象，要求君主和民忧乐与共，但另一方面，整个过程又指向了"王"（推行王道于天下）：乐民之乐与忧民之忧是为了使民亦能以君主的忧乐为

---

①《孟子·梁惠王上》。
②《孟子·公孙丑上》。
③《孟子·梁惠王下》。

忧乐，而其最终的目标，则是实现王道的理想。相对于王道的政治目标，民在此多少呈现从属的性质。

对民及其作用的以上理解，在关于诸侯治国条件的考察中，得到了进一步的体现。君主治理国家，应当具备何种条件？孟子提出了如下看法："诸侯之宝三：土地，人民，政事。"①土地既属于自然的资源，又是政治意义上的版图，政事涉及权力及国家管理系统的运作，人民则是社会的主要群体。无土地，国即失去了依托；无政事，国将处于无序状态，二者在不同的层面构成了诸侯治国的手段。土地与政事的这种手段意义，在此也同时也规定了"人民"的性质：当人民与土地、政事相互并列，共处于同一序列时，它无疑也被赋予某种治国手段的意义。

以上分析表明，在区分君主与天下、肯定民贵君轻、反对杀一无辜以得天下、并由此一定程度地从目的之维定位"民"的同时，孟子又从王道的政治理想出发，或多或少将民理解为实现某种政治理念的手段。民贵君轻与民为手段之间的这种纠缠，与前文论及的道德平等、德位相分的主张和与君臣之义的交错呈现某种理论上的对应关系，其意义也具有多方面性。

如前所述，在讨论孟子所代表的儒家思想时，人们往往习惯于从民本的角度理解孟子民贵君轻的论点，并进而将其与近代的民主观念区分开来。这种看法当然并非毫无根据。但在作上述区分时，人们常常忽视了二者之间的相关性。前文已提及，民贵君轻并非孤立的命题，它与君主和天下之分、以民的认同和接受为君主统治合法性的依据、反对以牺牲民之生命而得天下等思想相互关联，形成了对"民"较为系统的理解，而这一系统的核心内涵，则是对"民"自身价值的肯定（所谓"贵"，其字源意义便包含着价值的确认）。正是在这一价值确认的层面上，使孟子对"民"的理解与近代民主政治的论域具有了某种相通性。如前文所述，民主政治基本原则之一，是承认社会成员具有平等地参与社会有关决策的权利，这种平等的参与并非仅仅涉及政治运作的程序（运作的程序往往较多地关联着社会成员的参与能力等），它的更深刻的根据在于与视天下为一姓相对的公共意识以及对社会成员存在价值的确认，后者既表现为解构至上的君权，也在于从人是目的这一角度肯定社会成员的内在价值。 无论是就历史，抑或逻辑的层面看，民主政治的建立，都离不开这一价值前提。 孟子诚然不可能质疑君权，也难以达到近代民主政治意义上的价值确认，但他对君与天下的区分及民之为贵等较为系统的看法，无疑为认同或接受民主政治的价值前提提供了一定的可能。 当然，就其将民视为实现王道理想或治国过程的手段而言，孟子的思想似乎又与近代民主政治存在着某种紧张。 这种相容而又相拒的关系，从一个方面表现了儒家思想在当代的多重意义。

三

作为价值关注的体现，从民贵君轻等方面界定君与民、君与天下等关系，无疑更多地具有实质意义。 社会政治生活的有效组织和运行，当然还有形式的方面，后者包括制度的运作、规范的约束，等等。 从主流的方面看，儒学较为注重形式层面的规范与实质层面的价值之间的沟通，在孟子的政治哲学中，便可较为具体地看到这一特点。

孟子很重视规范的作用，在谈到如何为学时，他已指出了遵循"规矩"的必要性："大匠诲人，必以规矩；学者亦必以规矩。"①规矩是行为的一般准则，就技艺的传授和掌握而言，仅仅凭借个体化的经验，往往很难使人真正了解和把握某种技艺，惟有以一般的规程为纲，才能让人领会相关技艺的行为要领，并逐渐成为某种技艺领域的成员。 同样，为学也并不是一个随意的过程，而是应当遵循某种规范。 孟子特别指出"规矩"不应因人而异、随意改变："大匠不为拙工改废绳墨，羿不为拙射变其彀率。"②规矩作为一般的行为准则，并不仅仅为某些个体而存在，因此不能因为某些个体不能适应这些规矩而轻易地变更它们。 孟子的这些看法，无疑已注意到规范的普遍性、公共性。

规范当然不限于技艺和为学的领域，治国过程同样离不开规范。 从无规矩则无以成方圆的前提出发，孟子强调了为政过程中遵循先王之道的重要

①《孟子·告子上》。
②《孟子·尽心上》。

性："离娄之明，公输子之巧，不以规矩，不能成方圆；师旷之聪，不以六律，不能正五音；尧舜之道，不以仁政，不能平治天下。……为政不因先王之道，可谓智乎？"①规矩、六律作为准则，规定了应当如何做，同样，仁政作为先王之道的体现，也蕴含着治国的程序。这里值得注意的是孟子将"道"与规矩联系起来，从而赋予它以普遍规范的意义。以"道"与规范的沟通为前提，由"道"的具体化而形成的仁政，也不再仅仅表现为抽象的理想，而是包含了一套政治实践的操作系统和规程。

规范的更具体的形态，往往以"礼"为其存在方式。在儒家的论域中，礼既具有制度的意义（展开为礼制），也表现为行为的准则，相对于道，与体制相联系的礼，往往与日常行为与政治实践有着更切近的联系。孟子从不同的角度对此作了考察。就个人而言，其言行举止都应合乎礼义规范，所谓"非礼无行也"。②如果悖离礼义，则往往将导致自我否定："言非礼义，谓之自暴也。"③自暴即损毁、戕贼自我。就治国过程而言，缺乏礼义规范，则将引向社会的无序化："不信仁贤，则国空虚。无礼义，则上下乱。"④在这里，作为社会规范系统的礼，已被视为社会秩序的一种担保。

按一定的礼义规范治国的过程，需要专门的知识，并相应地总是涉及或包含着技术化的方面。孟子将这一过程与工匠治室、玉器加工者治玉加以类比，反对君主对主管具体治国事务者横加干预："为巨室，则必使工师求大木，工师得大木，则王喜，以为能胜其任也。匠人斫而小之，则王怒，以为不胜其任矣。夫人幼而学之，壮而欲行之。王曰'姑舍女所学而从我'，则何如？今有璞玉于此，虽万镒，必使玉人雕琢之，至于治国家，则曰'姑舍女所学而从我'，则何以异于教玉人雕琢玉哉？"⑤从事特定领域的工作，需要有该领域特定的知识、经验，这里的值得注意之点是，孟子将治国也视为特定的技术性的领域。技术性的领域，都需要运用所谓工具理性，后者涉及的，首先是形式层面的合理性；作为需要专门知识的政治实践领域，治国过程也相应地涉及工具理性或技术理性的运用。尽管孟子并没

---

① 《孟子·离娄上》。
② 《孟子·离娄下》。
③ 《孟子·离娄上》。
④ 《孟子·尽心下》。
⑤ 《孟子·梁惠王下》。

有达到对工具理性与价值理性这一类规定的自觉区分，但其以上的论述，无疑肯定了工具层面或技术层面的理性在治国过程中的意义。

然而，在孟子那里，规范的制约，并非仅仅表现为形式化的理性操作。以治国过程而言，其中所运用的规范，往往与道德人格相联系："规矩，方员之至也；圣人，人伦之至也。欲为君，尽君道；欲为臣，尽臣道，二者皆法尧舜而已矣。"①规矩本来是工匠测定方圆的准则，引申为一般的行为规范，圣人是指完美的理想人格，"法"则有依循、仿效之意。孟子将圣人与规矩加以对应，似乎同时也肯定了，在"为君""为臣"这一类政治实践中，行为规范可以取得道德人格的形式；或者说，道德人格能够被赋予某种规范的意义：当圣人成为效法对象时，他同时也对如何"为君"、如何"为臣"的政治实践具有了范导、制约的功能。

把完美的人格引入治国的政治实践，意味着确认道德在政治实践中的作用。从儒学的演进看，在孟子以前，孔子和他的门人已对此予以了相当自觉的关注，广而言之，不仅制度的运作需要道德的制约，而且与技术性操作相联系的规矩或规范，也存在如何约束和调节的问题。在谈到技艺或技术性活动及其主体时，孟子指出："矢人岂不仁于函人哉？矢人唯恐不伤人，函人唯恐伤人。巫匠亦然。故术不可不慎也。"②制造弓箭者总是希望自己所制的弓箭能置人于死地，而盔甲的制造者则每每担心自己所制的盔甲不能使人免受弓箭的伤害，这并不是因为弓箭的制造者比盔甲的制造者更残忍，而是其从事的特定之"术"使然。在这里，孟子似乎已注意到，"术"作为工具性的存在，有其自身的运作模式和发展方向，一旦完全陷于"术"之中，则往往会身不由己地受"术"所支配，就如同"矢人"的情形：最初他也许并非不仁不义之辈，但他所从事的"术"，却会将他引向"唯恐不伤人"的不仁归宿。"术"本来是为人所用的，但一旦缺乏道德的制约，则往往会导致对人本身的否定。正是在这一意义上，孟子强调"术不可不慎"。

从肯定"术"或技术性规范的局限及人格的作用等前提出发，孟子对自

---

①《孟子·离娄上》。
②《孟子·公孙丑上》。

我的修养予以了相当的关注。就个体与天下、国、家的关系而言，孟子首先强调了个体的本位意义："人有恒言，皆曰天下国家。天下之本在国，国之本在家，家之本在身。"①身或个体的这种本位性，决定了修身对于平天下的重要性："君子之守，修其身而天下平。"②平天下属于广义的政治实践，修身则是个体的道德完善；以修身为平天下的前提，意味着政治实践无法离开道德的制约。

修身主要着眼于个体，道德对于政治实践的意义，当然不限于个体的人格，它同时也涉及道德规范。相对于个体的人格，道德的规范更具有普遍的涵盖性，而在儒家的规范系统中，"仁"又被视为核心的原则。对孟子来说，作为基本的规范或原则，"仁"不仅作用于日常的道德实践，而且决定着国家、天下的命运："三代之得天下也以仁，其失天下也以不仁。国之所以废兴存亡者亦然。天子不仁，不保四海；诸侯不仁，不保社稷；卿大夫不仁，不保宗庙；士庶人不仁，不保四体。"③从平民到天子，循仁则昌，违仁则亡。对"仁"与天下得失、国家兴亡关系的这种强调，当然不免有过分渲染其作用的倾向，但它同时无疑也注意到了道德在社会政治生活中的不可或缺性。

以道德在政治实践中的作用为参照的背景，孟子对善政与善教的不同特点作了考察："善政，不如善教之得民也。善政民畏之，善教民爱之；善政得民财，善教得民心。"④"政"侧重于法制，"教"则侧重于教化。法制的实施，对人具有震慑的作用，使人惧怕而行为谨慎；教化则通过对人的引导，使人心悦诚服，真诚地认同、接受社会、国家的约束；前者具有强制的性质，后者则是自愿的，所谓"畏之""爱之"便体现了二种不同的境界。在孟子以前，孔子已区分了"道之以政"与"道之以德"："道之以政，齐之以刑，民免而无耻；道之以德，齐之以礼，有耻且格。"⑤这里也涉及两种治国方式：其一，用法制约束民众、以刑律统一民众意志和行为；其二，以道德规范引导民众、以礼义统一其观念；孔子所倡导的是后一方

---

① 《孟子·离娄上》。
② 《孟子·尽心下》。
③ 《孟子·离娄上》。
④ 《孟子·尽心上》。
⑤ 《论语·为政》。

式。 在孔子看来，对民众不应加以外在强制，而应注重其内心的认同和接受，通过教化，可以使民众在行为与规范冲突时，内心产生羞耻感，从而真正有所触动。 孟子的以上看法，显然与孔子的原始儒学一脉相承。

以善教制衡善政，主要侧重于社会之维，就个体而言，则有天爵与人爵之分："有天爵者，有人爵者。 仁义忠信，乐善不倦，此天爵也；公卿大夫，此人爵也。 古之人修其天爵，而人爵从之。 今之人修其天爵，以要人爵；既得人爵，而弃其天爵，则惑之甚者也，终亦必亡而已。"①天爵以道德境界为内容，人爵则涉及现实政治法律制度中的社会身份、社会等级。 在孟子看来，社会成员不仅是法制关系中的人，而且也是道德关系中的人；人爵所代表的社会等级或法制关系中的存在形态，应当以天爵所体现的道德存在方式加以引导和制约。 这里已注意到，仅仅以法制意义上的身份、等级为存在方式，无视或否弃社会存在中的道德面向，则将导致消极的社会后果。

总起来，孟子认为，仅仅关注"善"，与仅仅关注"法"，都难以担保社会的有序运行："徒善不足以为政，徒法不能以自行。"②"善"是道德的规定，"法"则泛指普遍的规范、制度；前者侧重于社会对个体的要求，所谓"责人"，后者则表现为个体对自我的要求，所谓"责己"。 当然，对孟子而言，尽管二者都为治国过程所不可或缺，但"责己"或"善"似乎居于更为主导的方面："行有不得者，皆反求诸己，其身正而天下归之。"③不难看到，在道德优先的前提下确认"善"与"法"的统一，构成了孟子政治哲学的特点，而从儒学的发展看，这一立场同时也构成了儒学的主流思想。

相对于孟子所代表的儒学思想，近代的民主政治似乎更多地侧重于工具层面的理性。 尽管从早期的启蒙思潮，到当代的自由主义，都在不同意义上包含着自由、个性、人权等多样的价值追求，但从社会生活的组织、政治体制的运行等方面看，民主政治显然以形式的、程序的方面，为其主要关注之点。较之传统的等级制，民主的政治体制具有科层制的特点，而科层制本身在相当程度上可以看作是工具理性或技术理性在政治领域中的具体化，它在某种意义上将制度或体制理解为政治或法律的机器；作为机器，其运行常常按照固定的

---

①《孟子·告子上》。
②《孟子·离娄上》。
③《孟子·离娄上》。

程式，具有超越于人或非人格的性质。民主政治往往试图通过这种形式化、程序化或程式化的运行方式，来担保社会政治生活的公正和效率。

以形式化、技术化、程序化的规定为主要指向，德性、人格等方面，往往在民主政治的体制中难以获得适当的定位。如有些论者所指出的，直到当代的罗尔斯、哈贝马斯等，仍将人格修养等问题置于公共领域之外①，很少从社会政治生活的合理组织等角度讨论这一类问题。就本体论或存在论的层面而言，上述思维趋向显然未能注意到人的存在的多方面性。如孟子已意识到的，人既是政治法制关系中的存在，也有其道德的面向，作为人的存在的相关方面，这些规定并非彼此悬隔，而是相互交错、融合，并展开于人的同一存在过程。本体论上的这种存在方式，决定了人的政治生活和道德生活不能截然分离。从制度本身的运作来看，它固然涉及非人格的形式化结构，但同时在其运作过程中也包含着人的参与，作为参与的主体，人自身的品格、德性等总是处处影响着参与的过程，在此意义上，体制组织的合理运作既有其形式化的、程序性的前提，也需要道德的担保和制衡；②离开了道德等因素的制约，社会生活的理性化只能在技术或工具层面得到实现，从而难以避免片面性。

从以上前提看，孟子关于社会生活如何组织，以及道德与政治的关系等看法，无疑为当代政治哲学的思考提供了值得注意的理论资源。尽管如前所述，他对道德主导性的反复论证，每每蕴含着过分突出道德作用的立场，在某些方面甚而表现出某种泛道德主义的倾向，然而，就总体而言，其整个论述显然不乏正面的建树。如果说，孟子对规范、礼制以及法等作用的肯定、对"徒善不足以为政"的确认，使之包含了与近代民主政治沟通的可能性，那么，他注重人格在政治实践中的规范意义、强调"徒法不能以自行"、要求以善教制衡善政，等等，则对近代民主政治过分强化形式化、程序化及技术理性的偏向，可以在思维进路上形成某种纠偏的作用。

（原载《浙江学刊》2002 年第 5 期）

---

① 参见杜维明：《儒家与自由主义》，载《儒家与自由主义》，三联书店，2001 年，第 67~68 页，第 119 页。
② 参见拙作：《伦理与存在：道德哲学研究》第一章第四节，上海人民出版社，2002 年。

合群之道:《荀子·王制》中的政治哲学取向

在荀子的政治哲学中，"群"构成了某种社会本体，并呈现形而上层面的优先性。 合群以社会的组织和建构为现实内容，其内在指向是社会的有序存在和运行。 如何担保以上视域中的合群，是荀子在这政治哲学层面所关注的问题之一。 通过贤能与礼法、法与议、天与人等关系的辨析，荀子对广义的"群道"作了多方面的考察，由此展示了对社会有序建构和运行如何可能这一问题的独特思考。

一

荀子首先将群提到了重要地位："故人生不能无群。"[①]对荀子而言，群既体现了人之为人、人区别于其他动物的根本之点，也是人类能够运用自然力量得以生存的必要条件：人"力不若牛，走不若马，而牛马为用，何也？ 曰：人能群，彼不能群也。"[②]作为人不同于动物的基本存在方式，合群同时构成治国为政过程展开的前提。

群是人类生存的必要条件，但它本身又涉及如何可能的问题。 在荀子看来，群所以可能的基本前提是"分"："群而无分则争，争则乱，乱则离，离则弱，弱则不能胜物，故宫室不可得而居也，不可少顷舍礼义之谓也。 能以事亲谓之孝，能以事兄谓之弟，能以事上谓之顺，能以使下谓之君。"[③]在此，"分"首先意味着确立社会人伦、社会等级方面的差异。 根

---

①《荀子·王制》。
②《荀子·王制》。
③《荀子·王制》。

据荀子的以上推论，唯有将社会成员区分为不同的社会等级，并使之在社会人伦中处于不同的地位，才能形成有序的共存形态。礼义的作用，也在于建构并担保这样一种秩序。

荀子从不同方面对"分"及"礼义"与有序合群之间的关系作了考察："分均则不偏，势齐则不壹，众齐则不使。有天有地而上下有差，明王始立而处国有制。夫两贵之不能相事，两贱之不能相使，是天数也。势位齐而欲恶同，物不能澹则必争，争则必乱，乱则穷矣。先王恶其乱也，故制礼义以分之，使有贫富贵贱之等，足以相兼临者，是养天下之本也。"①所谓"分均"，亦即消解"分"，其结果则是"不偏"。从社会领域来看，"不偏"意味着缺乏上下、贵贱等等区分，主次、从属等社会关系亦不复存在，一切趋于均衡。"势齐"与"分均"的含义相通，主要是指泯灭社会成员之间的差别，其结果是社会成员之间无法确立起等级关系。社会一旦缺乏这种上下、贵贱的等级差序，则将导向无序化，此即所谓"不壹"："壹"本来有统一、一致之意，它所表征的是和谐有序的状态，"不壹"则意味着这种有序的状态付诸阙如。这里包含着政治领域中的辩证法："分"本来意谓差异，但这种差异恰恰又构成了达到更高层面统一的前提。进一步，荀子从更普遍的、形而上的层面对以上论点加以论证："有天有地而上下有差"，这是从形而上的角度说的，相对于社会领域的种种分别，天地之分具有更为本源的意义。天在上、地在下，天地之分以十分形象、直观的形式展示了存在的原初差异，而万物则在这种区分中各安其位，它从形而上的层面表明，唯有确立"分"，上下之序才能随之形成。这一形上原理引申到社会领域，便具体表现为"明王始立而处国有制"，亦即由"分"而建立政治秩序。"夫两贵之不能相事，两贱之不能相使"，本是社会领域中的现象，但在荀子看来，这同时也是"天数"，亦即具有形而上的性质，从而，社会领域的秩序原理与形上的存在原理彼此交错。

值得注意的是，荀子在此特别提到"势位齐而欲恶同，物不能澹则必争"，其中涉及如下事实：如果人们的社会地位、等级完全一样，那么他们的要求、欲望也会趋同，因为存在的处境决定着人的观念追求。然而，在

---

①《荀子·王制》。

一定的历史条件下，社会能够提供的生活资源总是有限的，在资源有限的情况下，社会成员同样的要求，不可能都得到满足，由此导致的结果必然是彼此相争，后者将进一步引发社会的争乱，"争则必乱，乱则穷矣"，"乱"意味着社会的无序化，而缺乏秩序则最终将使社会走向消亡（所谓"穷"）。

以上所述表明，作为人存在方式的"群"不同于单纯的"共在"，而是以有序化的生存为其形式，这种有序化的存在形式以"分"为条件，后者同时构成了社会稳定的前提。唯有在有序之群中，社会的伦理与政治关系才能够建立。前面提到的"能以事亲谓之孝，能以事兄谓之弟，能以事上谓之顺，能以使下谓之君"，便涉及这种关系。无论是伦理领域，还是政治领域，都涉及人与人之间的关联。事亲和事兄便基于人最基本的家庭伦理关系，它同时又体现了与礼义之分相关的伦理之序；事上和使下涉及的是政治领域："事上"基于在下者对在上者、臣对君的从属关系，"使下"则以在上者对在下者、君对臣的主导关系为前提，处理以上关系的基本原则，均为礼和义。在这里，合群具体表现为依礼义而建立合宜的伦理、政治关系。

"群"对于人的存在之本源性，同时也规定了"君"的意义："君者，善群也。"①依此，则君主这一政治角色的功能，就在于善于组织、管理、制约群体，其最重要的作用即体现在他与群体的关系中。以"群"来定位"君"，这是荀子政治哲学中值得关注的看法。按照荀子的这一理解，君主存在的根据或君权的正当性，并不来自君权神授等超验形式，而是来自于对现实社会关系的调节：君主之所以必要，就在于通过协调群体，建立起比较和谐的社会秩序。

二

"群"的存在意义以及群与君的关系，从不同方面突显了人自身在为政过程中的主导地位："群"与"君"首先都表现为人的存在形态。与之相

---

① 《荀子·王制》。

联系，荀子将为政的主体置于重要地位。

在谈到如何为政时，荀子自设问答，写道："请问为政？ 曰：贤能不待次而举，罢不能不待须而废，元恶不待教而诛，中庸民不待政而化。"①这里首先提到"举贤能"，肯定贤能在为政过程中的作用，这一看法与《礼记·礼运》和孟子的相关论点有相通之处，在一定意义上可以说，"举贤能"是儒家共同的政治哲学理念，后者构成了贤能政治的内在特点。 贤、能主要表现为政治主体的内在规定，注重贤能，同时意味着突出主体在政治实践中的作用。 具体而言，这里涉及人的二重品格，其一侧重于道德层面的德性（贤），另一偏重于实践能力（能）。 "贤能不待次而举"，意味着不以论资排辈的方式来任用人，而是不拘一格、只要具备贤与能的品格便加以选拔。 "罢不能"和"贤能"相对，其特点在于既无德又无才。 当然，两者虽处于两个极端，但也有相通之处，即都和人相关，并分别从正面（贤能）与反面（罢不能）体现了人的品格。 "不待次而举"和"不待须而废"相呼应，其要义在于以最有效的方式让贤能得到任用、将无德无才之人排斥于外。 在荀子看来，为政治国是否有成效、政治是否清明，首先取决于政治实践主体的品格。

为政过程同时关乎治理对象，从消极的方面看，这里首先涉及社会领域中的负面力量，荀子在以上引文中所说的"元恶"，便属此类对象。 所谓"不待教而诛"，也就是对严重危害社会而又无可救药者不再徒然地运用教化的方式，而是以非常手段加以处置。 与"元恶"不同的是"中庸民"，亦即普通大众。 对这些社会成员，则以"不待政而化"的方式对待。 "政"与"教"不同："政"涉及刑罚、暴力等手段，"教"则更多地侧重礼义的教化。 从社会治理来说，惩处和教化是相互关联的两个方面，对社会中的某些人主要运用前者，对一般民众则以后者为主要手段。

以不同方式治理不同之民，体现的是政治领域中"分"而治之的原则。 如前所述，在更广的意义上，"分"体现于社会成员之间的名位之分。 按荀子之见，有"分"才有"序"，不同的个体唯有依照礼的规定被安排在不同的等级之中，形成上下的"度量界限"，才能走向群体之"序"，避免由

①《荀子·王制》。

越界、越位所引发的无序和争乱。 然而，"分"若走向极端，也会导致社会的凝固化，荀子由此考察了问题的另一面："虽王公士大夫之子孙也，不能属於礼义，则归之庶人。 虽庶人之子孙也，积文学，正身行，能属於礼义，则归之卿相士大夫。"①个体在社会中的作用，并非一成不变，而个体行为及其作用的变化，则使社会流动成为必要。 从历史角度看，王公贵族、士大夫的子弟如果不合乎礼义，就可以让他们成为庶人，反过来，庶人的后代通过文化教育、知识积累能够在行为中合乎礼义规范，也可以提升到卿相、士大夫的阶层。 社会成员的这种上下流动，并非取决于君主个人的好恶，而是基于其行为是否合乎礼义。 社会上下层之间的互动，是社会等级制度形成之后所面临的问题，唯有具有流动性，社会才会有活力，荀子的以上思想，体现了对此的关注和思考。 值得注意的是，在这里，社会成员的区分与社会成员的流动，并非相互排斥，而两者统一的根据，即在于礼的普遍制约："分"与"变"，皆本于礼。

礼的普遍制约，同时规定了贤能政治的具体内涵。 在荀子之前，孟子已提出贤能的观念："尊贤使能，俊杰在位，则天下之士皆悦而愿立于其朝矣。"②不过，孟子同时将贤能政治与仁政结合起来，并由此强调"仁人无敌于天下"。③ 与之有所不同，荀子更趋向于将贤能的政治理念与礼法的运用加以沟通。 一方面，为政的主体以贤能为内在品格，贤能在为政过程中的作用，则通过具体的为政者（政治实践主体）体现出来，由此，荀子突出了贤能的作用："故君人者欲安则莫若平政爱民矣，欲荣则莫若隆礼敬士矣，欲立功名则莫若尚贤使能矣，是君人者之大节也。"④在此，尚贤使能既被视为君主取得实际政治功效（立功名）的保证，又相应地被理解为君主治理施政的基本原则之一。 另一方面，荀子又肯定，在治理过程中，礼义的教化和法政的惩处需要交替并重，所谓"不待教而诛""不待政而化"，便展示了这一点，后者同时体现了礼法在为政过程中的作用。 在这里，对贤能的肯定与对礼法的注重联系在一起。 从政治哲学的角度看，以上思路

---

① 《荀子·王制》。
② 《孟子·公孙丑上》。
③ 《孟子·尽心下》。
④ 《荀子·王制》。

有其不可忽视的意义。 前文已提及，贤能主要表现为人的品格，"尚贤使能"意味着政治实践的主体是人而不是形式化的程序。 然而，贤能政治的实现，也无法与体制和规范完全分离开来。 相对于贤能等品格，礼法更多地表现为外在的体制和规范系统，注重礼法，同时意味着注重外在的体制和规范系统在为政过程中的作用。 政治生活中仅仅注重贤能等内在品格而缺乏礼法等体制和规范的约束，合宜的社会之序便难以建立，荀子在突出贤和能的同时，又把礼法提到相当重要的位置，无疑注意到了以上方面。

从先秦政治哲学的演进看，贤能的政治理念与礼法的运用相互沟通，使荀子的思想既不同于法家，也有别于儒家中的另一些人物如孟子。 法家主要突出外在法制的作用，所谓"以吏为师，以法为教"，便表明了这一点。 孟子在肯定尊贤使能的同时，又主张仁政，强调以德化人。 相形之下，荀子对政治主体的内在品格和政治体制的外在制约，予以了双重关注，从而在扬弃以上偏向的同时，又展现了独特的政治哲学进路。

三

礼法具有普遍的规范意义，这种规范意义如何具体展现于为政过程？ 这是关注礼法作用时无法回避的问题。 由兼重礼法，荀子进一步考察了法的规范作用的实现方式。

法在为政过程中固然不可或缺，但依法而行同时又涉及"议"："故法法而不议，则法之所不至者必废。 职而不通，则职之所不及者必队。 故法而议，职而通，无隐谋，无遗善，而百事无过，非君子莫能。"[1]这里的"议"，主要不是指向如何形成法的问题，而是与"法"既成之后如何有效贯彻的问题相关。 这一意义上"议"本来有"讲论"之意[2]，引申为对相关情境的具体分析。 "法"作为规范，包含普遍性，可以运用于相关范围中的不同情境和对象。 但是，社会领域的人、事、物却不仅非常多样，并且千变万化，社会生活永远比任何的"法"都要复杂、多样。 普遍的法如何

---

① 《荀子·王制》。
② 杨倞："议，谓讲论也。"见王先谦：《荀子集解》，中华书局，1988 年，第 151 页。

去应对多样的、变动的、具体的现实对象？ 这就需要"议"（具体的情境分析）。 不难看到，这一意义上的"议"，主要关乎普遍的规范（法）如何运用于具体的、多样的情景，以有效地解决相关情境中面临的实际问题。与之相对，所谓"法法而不议"，则是机械地照搬某种法，无视具体的情境。 从现实的情形看，"法"无法将方方面面所有的细节都加以穷尽，如果仅仅"法法"，则"法"所没有具体涉及的人、事、物便难以应对，所谓"法之所不至者必废"，便是就此而言。

在政治领域之中，不同的部门都各有具体的职能，在荀子看来，每种职守、部门、权力之间需要彼此沟通，而不能彼此界限分明，相互隔绝，"职而通"强调的就是这一点。 "无隐谋"即政治思虑没有遗漏，"百事无过"，则是妥善地处理各种大小事宜。 荀子将"法而议"与"职而通""无隐谋""百事无过"联系起来，既注意到了政治实践的复杂性、具体性，也使政治领域的"议"进一步具体化。 值得注意的是，荀子在这里特别提到，要做到以上方面，"非君子不能"，从而又一次把政治实践主体的作用提到了突出的地位。 "议"的内在意义在于通过具体的情景分析，使普遍之法与特定的情景沟通起来，这种分析和沟通，无法仅仅依照形式化的推绎而实现，在此，政治实践的主体呈现关键性的作用。 通常所说的"实践智慧"，其内在特点就体现于把普遍的规范、原则与多样的、具体的情景加以沟通。 这一意义上的"实践智慧"与实践主体密切相关，《易传》所谓"神而明之，存乎其人"，也涉及"实践智慧"与实践主体之间的关系："神而明之"即运用实践智慧分析具体情境，由此沟通普遍规范和特定情境，"存乎其人"，则表明以上过程需要通过具体的主体来落实。 荀子在此所指出的"非君子莫能"，同样强调了这一点。

由肯定"法而议"与为政主体之间的关系，荀子对主体在政治生活中的作用作了进一步的考察："故公平者，职之衡也；中和者，听之绳也。 其有法者以法行，无法者以类举，听之尽也。 偏党而无经，听之辟也。 故有良法而乱者，有之矣；有君子而乱者，自古及今，未尝闻也。"①政治实践中面临的各种事宜，如果一般规范（法）已涉及，则按这种规范的要求去

---

① 《荀子·王制》。

办，此即"有法者以法行"，亦即依法办事。 如果一般规范没有直接涉及，那就需要以"类推"的方式来处理，"无法者以类举"即涉及这一点。 兼及以上两个方面，便是"听之尽"，未能体现这一点，则将导向"听之辟"。 前者体现了为政过程的全面性，后者则表现为治理过程的偏向。 这里特别谈到了"类推"的作用，先秦哲学家对"类"都非常注重，从墨子到荀子，都反复提到"类"的问题。 在中国哲学中，"类"不仅仅是逻辑之域或名学之域的问题，而且也是政治哲学的问题，正如名实之辩（包括正名）一开始便同时关联政治领域一样，逻辑的类推也无法与政治实践完全相分离。 前面提到的"法而议"中的"议"，实际上便已包括了类推：如上所述，作为一般规范的"法"难以兼顾具体情境中所有的方面，如果拘守于某种"法"而不知类推，那便会导致"法之所不至者必废"。 广而言之，如果某种现象未能为一般的"法"所及，但却包含与法所及者类似的方面，那么，就可以参照相关的方面加以类推。

从更广的视域看，"以类举"的哲学前提是"以类行杂，以一行万。始则终，终则始，若环之无端也，舍是而天下以衰矣。"①抽象地看，"类"和"杂"、"一"和"万"都涉及类和个体、统一和多样的关系。 所谓"以类行杂"，既在逻辑上意味着以类的概念、类的范畴去统摄多样的，也蕴含着通过类推的方式应对多样的事物之意。 "类"和"杂"、"一"和"万"更多的展现为逻辑关系，后面"始"和"终"则进一步引入了时间的概念。 与之相联系，荀子不仅仅从逻辑的视域来理解类和个体、统一和多样的关系，而且引入了时间的视域。 从时间上来说，不管怎么变化，万变不离其宗，变迁中的类总是具有相关性。 社会现象除了在空间意义上展现出多样的形态之外，同时也经历了时间上的变化过程。 从政治治理的角度来说，统一的原则或相关之类不仅仅适用于空间意义上的不同现象，而且对时间演化过程中不同阶段的社会变迁同样具有规范、制约的意义。 以上看法不仅在逻辑的层面阐释了类的观念，而且进一步将"以类举"的治理原则具体化了。

如何保证"以法行"与"以类举"的合理性？ 这一问题涉及以上引文

---

① 《荀子·王制》。

一开始所提及的"公平"观念。按荀子的理解,"公平"为"职之衡","衡"有标准、准则之意,"职"则可以理解为权力的运用。与"公平"相联系的"中和",近于孟子所说的"中道",二者构成了权力运用的基本准则。"公平"、"中和",不同于外在之法,而更多地表现为内在的政治观念或政治理念,在荀子看来,这种政治观念或政治理念又是政治实践所不可或缺的,它们提供了考察问题的视野、角度。具有引导意义的政治观念与外在之法形成了相互补充、彼此互动的关系,二者在为政过程中相得益彰。无论是"以法行",抑或"以类举",都同时受到内在政治观念的制约,"公平"、"中和"作为范导性的观念,要求为政者在任何时候,都以此为视域去处理问题。

从现实的形态看,依法而行与以类相推,最终都通过具体的实践主体而完成;"公平"、"中和"观念的引导,也离不开为政者的思与行。在这里,人作为政治实践的主体呈现了更为主导的意义。对荀子而言,法的作用总是有限的,"有良法而乱者,有之矣",便表明了这一点:即使政治法律的规范(法)十分完备,社会、国家还是可能失序(乱)。因此,仅仅依靠法,无法担保社会、国家的有序治理。与之相对,"有君子而乱者,自古及今,未尝闻也。"类似的提法亦见于如下论述:"有乱君,无乱国;有治人,无治法。羿之法非亡也,而羿不世中;禹之法犹存,而夏不世王。故法不能独立,类不能自行,得其人则存,失其人则亡。法者,治之端也;君子者,法之原也。"①这里的"君子",均可视为理想的为政者(政治实践的主体),他既具备贤和能的双重品格,又包含实践智慧,能够沟通普遍规范和特定情境,有效地应对和处理治国过程中呈现的不同现象,从而保证社会治而不乱。在人与法二者之中,荀子似乎赋予作为为政主体的人以更优先的地位,对实践主体主导意义的以上肯定,无疑表现出某种"人治"的趋向。然而,在荀子那里,"人治"并不排斥"法治",二者的相关性,体现于法与人的结合,对荀子而言,正是这样的结合,从更本源的层面保证了治国过程的有效运作。

普遍规范(法)与情境把握(议)、人与法的统一,体现了前文提及的

---

① 《荀子·君道》。

尚贤使能与本于礼法相统一的观念。 按荀子的理解,一方面,"法"表现为政治实践中程序化、形式化的方面,政治实践的主体,则是赋予这些"法"以生命力的人,忽略了人,则"法"便难以自行作用。 另一方面,仅靠"人"及其内在观念,没有形之于外的普遍规范("法"),治理过程同样无法有效展开。 可以看到,肯定政治实践主体的作用与注重普遍政治规范的制约,构成了荀子政治哲学相互关联的两个方面。

四

作为总的政治理念,贤能与礼法的统一表现为人道之域的观念。 不过,在荀子那里,人道与天道并非彼此分离,人道既以天道为形上根据,又进一步展开并体现于天道之域。

在谈到天地、礼义、君子等关系时,荀子指出:"天地者,生之始也;礼义者,治之始也;君子者,礼义之始也;为之,贯之,积重之,致好之者,君子之始也。"①这里首先将"天地"、礼义等与"始"联系起来,"始"的本来含义关乎开端,开端在整个事物的存在过程中具有奠基性作用,从而,在引申的意义上,作为开端的"始"又表现为事物发生和发展的本源或根本。 "天地者,生之始",着眼于万物的形成、化生:天地泛指自然,万物的化身,则源于自然。 "礼义"涉及社会生活,它规定着社会领域中的治理过程。 "君子"的概念包含多重含义,从一个方面看,它具有伦理的意义,指具有道德品格的人;在另一些语境中,它则指政治领域中的统治者(君主),这里的"君子",主要指后者。 不过,在荀子那里,伦理与政治并非截然分离,侧重于为政的君子也相应地表现为有德性的统治者,这一意义上的君子,同时构成了礼义所以可能的社会力量。 就君子本身而言,荀子着重肯定了其如下特点:首先是"为之",亦即表现为具体的实践者;其次是"贯之",亦即一以贯之、始终如一地坚持礼义,而非偶尔为之;再次是"积重之",强调其所"为"所"贯"的承继性、连续性,正是这种承继性、连续性,使注重礼义逐渐成为政治传统,就此而言,"积"与

①《荀子·王制》。

传统的形成相关联；最后，"致好之"，也就是使这种传统或政治趋向朝更好的方面发展，使之趋于完美之境。正是君子的以上品格，使其成为"礼义之始"。

　　天地、礼义、君子的如上关系，同时体现了天道与人道的相关性，由此，荀子进一步指出："故天地生君子，君子理天地；君子者，天地之参也，万物之总也，民之父母也。无君子，则天地不理，礼义无统，上无君师，下无父子，夫是之谓至乱。君臣、父子、兄弟、夫妇，始则终，终则始，与天地同理，与万世同久，夫是之谓大本。"①这里既涉及天人，也关乎人伦，为政过程也相应地被置于更广的视域。君子在此既是政治实践的主体，又可以视为人的象征或符号，作为人，君子的存在离不开自然（天地），此即所谓"天地生君子"；但君子又可以作用于自然（天地），此即所谓"君子理天地"；作为政治实践的主体，君子的职责相应地不仅在于担保礼义的实际贯彻，而且指向自然的变革。由此，君子同时成为天地之参，而在君子与天地相参的背后，则是天、地、人的并列和互动。与具有德性相联系，作为政治主体的君子承担了某种教化的使命，从而，"君"（君主）和"师"（具有教化功能的君子）无法相分。在社会领域中，君子一方面作为政治上的"君"（君主）统摄者民众，另一方面又作为文化意义上的"师"教化着民众，二者同时从不同方面制约着父子等人伦关系，如果没有君子，将导致"天地不理，礼义无统"，天人关系与人伦关系都会处于无序、失范状态。荀子的以上看法，可以视为对政治实践主体作用的进一步阐发，它与注重贤能政治理念前后呼应，同时，这里也蕴含如下观念，既社会秩序的建立既与政治层面的治理相关，也离不开文明和伦理的教化。在此，政治、文化（文明）、伦理在社会领域呈现彼此相关的形态。

　　在人道的层面，为政过程具体涉及治者与被治者的关系。荀子从不同方面对此作了考察："马骇舆则君子不安舆，庶人骇政则君子不安位。马骇舆则莫若静之，庶人骇政则莫若惠之。选贤良，举笃敬，兴孝悌，收孤寡，补贫穷，如是，则庶人安政矣。庶人安政，然后君子安位。传曰：

----

①《荀子·王制》。

'君者，舟也；庶人者，水也。水则载舟，水则覆舟。'此之谓也。"①这里使用了若干比喻，如马与车、水与舟，来具体说明君民关系。马受惊则车不稳，乘车者也难以安稳坐车，同样，如果一般的民众受到惊扰，则驭民之君也难安于位。这里的"安"主要侧重于现实的存在状态而，即君主统治地位稳固。民众是否安于政，直接决定着君主的统治地位能不能稳固，于是，问题便归结为：如何使民安于政？荀子在此提出了"莫若惠之"的主张。具体而言，惠民体现在两个层面：其一，"选贤良、举笃敬、兴孝悌"，这更多地侧重价值取向、道德观念上的引导，通过倡导良好的道德风尚，确立道德的典范，引导民众认同正面的道德观念。其二，"收孤寡，补贫穷"，这主要侧重物质生活的层面：孤寡、贫穷者属社会的弱势群体，为政者应当使他们在社会生活方面得到改善并有所保障，如此才能为社会稳定提供担保。如果相反，仅仅充实己之府库而让百姓处于贫困之境，则将导致王国："筐箧已富，府库已实，而百姓贫，夫是之谓上溢而下漏。入不可以守，出不可以战，则倾覆灭亡可立而待也。"②可以看到，观念层面的引导和物质层面的保障，构成惠民不可或缺的两个方面，而惠民又是社会安定的前提。

荀子的以上思想与孔子的相关理念，有前后相通之处。在谈到圣人之时，孔子特别提到其特点在于"博施于民而能济众"，③即不仅以仁和礼引导民众，而且给予民众以实际的帮助或实际的惠利，荀子以上所说的惠民也包括相关的两个层面，在他看来，唯有在两者并重的前提之下，社会才能够安定。后面以舟喻君、以水喻民，进一步强调了民是治国的基础。社会的治理和有序合群，都离不开治者与被治者的关系的处理，而把价值观念上的引导和现实生活层面的保障结合起来，则体现了荀子为政的具体理念。

可以看到，就天道而言，自然（天地）构成了人生存的前提：离开自然，人便无法存在。但自然又不会自发地满足人的需要，从而，人对自然的作用也不可或缺。从人道看，治理以及教化是人类有序合群所以可能的条件：缺乏基于礼义的治理，社会便会走向无序化。在天人的互动和人伦

---

① 《荀子·王制》。
② 《荀子·王制》。
③ 《论语·雍也》。

的建构中，主体的作用都具有主导性，"君子"可视为这种主体的一种象征或符号，他既代表了天人互动中的人，也是政治实践的主体；既是礼义的制定者，也具有实践的品格；既是社会的治理者，也是自然的作用者；既是"君"，也是"师"。对君子作用如上确认的背后，是对主体在担保社会的有序建构和运行过程中作用的肯定。

从以上观点出发，荀子对圣王的作用作了考察："圣王之用也，上察于天，下错于地，塞备天地之间，加施万物之上；微而明，短而长，狭而广，神明博大以至约。"①以天人关系为视域，天地、万物都在圣王的作用范围之内。天地之间是从空间上说，万物之上则是就具体的对象而言。这里说的圣王，首先是政治之域的为政者，但在荀子看来，其作用不仅仅在于社会治理，而且体现于天人之际。圣王的这种作用以"微而明"为其特点：在"加施万物之上"（作用于自然）之时，圣王的治理效应一开始可能不明显，但最后却能够给自然打上自己的印迹，并使自然发生显著变化。"短而长，狭而广"，可以理解为似乎有限，但实质上却十分广大，这与前面提到的天地之间的广阔领域彼此呼应。质言之，圣王作用于自然的特点总体上就表现为微和明、有限和广大之间的统一，在荀子看来，这种作用同时表现为圣王治理过程的延伸。

社会的有序建构和运行，体现的是广义的"群道"，从天人互动的层面看，"群道"不仅具有人道的内涵，而且具有天道的意义："群道当则万物皆得其宜，六畜皆得其长，群生皆得其命。故养长时则六畜育，杀生时则草木殖，政令时则百姓一，贤良服。"②这里的"万物皆得其宜"既涉及人道视域中的存在，也关乎天道之域。如果治理合宜，则从植物（草木）到动物（六畜），都将获得繁衍、生长的良好条件，万物也将各得其所。当"群"仅仅被理解为人所以能够生存的条件时，其着眼之点主要是人自身的需要和目的，单纯地从这样的观念出发，往往可能导致对自然的过度支配、占有，后者反过来又会使人的生存条件受到影响。因此，真正意义上的群道不仅旨在将社会有序地组织起来，而且意味着从更广、更长远的角度去理

①《荀子·王制》。
②《荀子·王制》。

解和处理人和自然的关系，后一方面也可以视为群道原则的引申。 植物的生长、动物的繁衍都有自身的内在法则，处理社会领域中的事宜，需要合乎礼法，对待自然（天地万物），则需要充分尊重自然本身的这种法则。 由此，一方面，从天道的角度来看，循道而治，可以自然本身按其内在法则而发展；就人道领域而言，依乎礼法，则不仅可以使社会之中一般民众人心归一（"百姓一"），而且将得到有德之士的拥护（贤良服）。 百姓和贤良分别代表了不同的社会阶层，"百姓一、贤良服"，也相应地体现了本于群道的多样治理效应。 如果说。 贤能与礼法的统一在总体上表现为合群之道，那么，天人合宜、人际和谐则从不同方面展现了群道所指向的内在目标。

以有序合群为指向，荀子由肯定贤能而突出政治主体的作用，又由确认礼法而彰显了外在体制和普遍规范的意义。 从政治哲学的内在逻辑看，仅仅关注贤能，可能引向人治，单纯注重礼法，则容易导致形式化或程式化的政治模式，贤能与礼法的沟通，蕴含着对以上二重偏向的扬弃。 通过强调法与议的交融，荀子注意到了普遍规范的引导与具体情境分析之间的互动在为政过程中的作用，由此既避免了礼法的抽象化，也使为政过程不同于主观随意的活动。 基于对群道的广义理解，荀子不仅把为政过程与治人联系起来，而且将其进一步引向治物（"理天地"），治国为政的过程本身也由此被置于天人统一的视域中；后者同时意味着从政治哲学的层面考察天人关系。 荀子的以上看法，赋予儒家政治哲学以多方面的内涵。

（原载《孔子研究》2018 年第 2 期）

190

自然之性与社会之人:《荀子·荣辱》解读

　　《荀子·荣辱》以"荣辱"为篇名。 就其内涵而言，"荣"和"辱"在价值之维分别包含肯定与否定的意义，而无论是肯定意义上的"荣"，抑或否定意义上的"辱"，都关乎人的存在形态。 与之相联系，在"荣辱"的背后，荀子所关注的更为实质的问题，是人的存在形态。 通过人之情与人之虑的分析，荀子考察了人欲与理性在人的成就中的不同意义；由肯定师法、礼义的规范与人自身习行的互动，荀子探讨了成圣所以可能的条件；基于人格形态与社会分层关系的分疏，荀子进一步考察了人成长的社会背景。

一、人之情与人之虑：人欲与理性

　　荀子首先从自然之性的层面关注人的存在："人之情：食，欲有刍豢；衣，欲有文绣；行，欲有舆马；又欲夫余财蓄积之富也；然而穷年累世不知不足，是人之情也。"①希望吃得好一点，穿得华丽一些，出行有车，财富有余，这是人之常情。 以上均属感性、物质层面的追求，在这一层面，人的本性有相近之处。 这里的"人之情"，同时表现为人的自然之性。 人之情趋同，意味着人的自然之性具有普遍性。

　　然而，人之情与人的实际选择往往并不一致，荀子对此作了比较具体的考察："今人之生也，方知畜鸡狗猪彘，又畜牛羊，然而食不敢有酒肉；余刀布，有囷窌，然而衣不敢有丝帛；约者有筐箧之藏，然而行不敢有舆马。 是何也？ 非不欲也，几不长虑顾后而恐无以继之故也？ 于是又节用御欲、

---

　　①《荀子·荣辱》。本文下引荀子论述凡未注明出处的,均出自该篇,下文不再另行作注。

收敛蓄藏以继之也,是于己长虑顾后,几不甚善矣哉?"尽管按"人之情",人总是追求感性欲望的满足,然而,在实际的生活过程中,一般都人不敢仅仅顺乎本然的欲望。 在荀子看来,之所以如此,是因为人具有抑制自身欲望的能力。 这里包含两个方面,其一,自然意义上的情和欲本身可以抑制,其二,人具有抑制这种情和欲的能力。 上文提及的情形,即尽管人可能拥有很多可供消费的资源,这些资源也足以满足口腹、服饰、出行等很多方面的消费需要,但是人却往往不敢放手使用,而是有所节制。 这种节制首先与"虑"相联系,所谓"长虑顾后",即前思后量,顾前虑后,便表明了这一点。 这一意义上的"虑",主要表现为理性的思虑:从长计议、考虑未来的可能的后果等等,这都是理性思考的具体表现。 按荀子的理解,自然意义上的欲望和前思后量意义上的理性思虑在人身上兼而有之。正是理性的思虑,使人超越了单纯的感性欲求,趋向于更为合理的取舍。

与以上情形相对,如果未能"长虑顾后"、缺乏长远的理性谋划,则将引向消极的后果:"今夫偷生浅知之属,曾此而不知也;粮食大侈,不顾其后,俄则屈安穷矣。 是其所以不免于冻饿、操瓢囊为沟壑中瘠者也。"从日常生活来说,一旦完全不虑未来,只满足当下的欲望,则必然导致生活资源难以为继。 可以看到,从正面讲,如果基于理性思虑对欲望加以适当控制,那么生活可以达到某种平衡、稳定的状况。 反之,如果理性未能对欲望加以控制,便会导致对个人生活有害的后果。

理性的思虑不仅仅体现于日常生活中的从长计议,而且在更广的层面表现为"先王之道、礼仪之统":"况夫先王之道,仁义之统,《诗》《书》《礼》《乐》之分乎! 彼固天下之大虑也,将为天下生民之属长虑顾后而保万世也;其汋长矣,其温厚矣,其功盛姚远矣,非孰修为之君子,莫之能知也。 故曰:短绠不可以汲深井之泉,知不几者不可与及圣人之言。 夫《诗》《书》《礼》《乐》之分,固非庸人之所知也。 故曰:一之而可再也,有之而可久也,广之而可通也,虑之而可安也,反铅察之而俞可好也。以治情则利,以为名则荣,以群则和,以独则足乐,意者其是邪!"相对于日常生活方面的"长虑顾后""先王之道、礼仪之统"构成了"天下之大虑"。 以"先王之道、礼仪之统"为形式,"天下之大虑"已不仅仅是特定境域中的思虑,而是表现为普遍的理性规范,后者对整个社会具有更普遍的调节、引导作用。作为普遍的理性规范，"先王之道、礼仪之统"涉及国家的稳定和天下的长治久安。不难注意到，一方面，荀子对人原初的自然欲望和人的理性思虑作了对照；另一方面，又将日常生活中的理性思考和更广意义上涉及天下国家的"大虑"加以区分，在后一层面，理性对本然之欲的调节进一步引向以普遍的理性规范制约更广之域的人和事。

无论是日常生活中的"长虑顾后"，还是社会领域中的"天下之大虑"，都表现为人的理性能力。"食欲有刍豢、衣欲有文绣"这一类的"人之情"，具有自发、本然的特点，"长虑顾后""先王之道"则分别表现为自觉的理性活动及自觉的理性规范。人固然有自发的情与欲，但人之为人的更根本的特点，体现于自觉的理性活动以及对理性规范的把握和依循，人自身的分别，也体现于对理性规范的不同理解。从可能性上说，以上能力凡人都可具有，但从现实性来说，它又并不是自然而然地达到，其形成离不开人本身的修为和涵养，所谓"非孰修为之君子，莫之能知也"，既表明真正将理性的思虑放在主导的地位并不是一种很容易的事情，也将自觉"修为"视为形成理性能力的前提。

以上引文中同时提到诗书礼乐之分，从理性能力的提升和培养的角度看，把握诗书礼乐等以往的经典无疑构成了重要的方面，诗书礼乐各有自身的义理内容，要深切地理解其中的义理，理解者本身便应有意识层面的准备，庸人往往缺乏这种观念积累，故此类义理"非庸人之所知"。荀子非常注重习行的过程的，"反铅察之"便是一种反复的考察理解过程，在他看来，正是基于这一过程，久而久之，诗书礼乐中的观念、义理便会内化到个体意识中，并逐渐由个体在意愿层面加以接受，"反铅察之而俞可好也"中的"可好"，即可理解为自愿接受。儒家一再肯定"好仁当如好好色"，这里的"好"便是意愿层面的自愿接受。从理性之维看，观念、义理经过接受而融入个体的内在精神世界，化为其内在的意识，个体的理性能力则由此得到提升。从已有的知识结构、德性修养出发，不断地升华自身的精神世界，可以进一步产生如下的积极效应：引导人的自然情欲，化性起伪，"以治情则利"侧重于此；使人获得荣誉、名声，亦即得到正面的价值肯定，"以为名则荣"蕴含了这一点；在与人交往的过程中，达到和谐相处之境，"以群则和"即突出了这一方面；在个体自处之时，达到独善其身并感受到精神的愉悦，"以独则足乐"便表明了这一点。在以上过程中，理性（长虑顾后、天下之虑）对自然之情的制约。也得到了多方面的展现。

二、人皆可成圣：礼法与习行

以上所述首先表明，人总是具有本然之性和本然之情。按荀子的理解，在这方面，人与人之间并没有根本的不同："凡人有所一同：饥而欲食，寒而欲暖，劳而欲息，好利而恶害，是人之所生而有也，是无待而然者也，是禹、桀之所同也；目辨白黑美恶，耳辨音声清浊，口辨酸咸甘苦，鼻辨芬芳腥臊，骨体肤理辨寒暑疾养，是又人之所常生而有也，是无待而然者也，是禹、桀之所同也。"这里在二重意义上涉及人的感性规定："饥而欲食，寒而欲暖"等等，属感性的欲望；"目辨白黑美恶，耳辨音声清浊"等，属感性的能力（感知能力）。感性层面的这种规定，构成了人的最原初的规定，并为圣与凡、圣王（禹）与暴君（桀）所共有。

人在感性层面的以上规定，具有本然性质，然而，在后天的发展中，人究竟成为何种人，则并不取决于人的本然规定，而是关乎"注错习俗之所积"："可以为尧、禹，可以为桀、跖，可以为工匠，可以为农贾，在势注错习俗之所积耳。""可以为桀、跖，可以为工匠，可以为农贾"，等等，属后天发展的不同趋向，这种趋向本来隐含于人的存在之中，但其现实的展现则需要具备具体的条件，所谓"注错习俗"，便涉及这一方面。"注错"即习行，它与人的行动方式和行动的过程相联系，"习俗"则涉及广义上的环境。个体成为什么样的人，既受到所处环境的制约，也与自身的习行无法分离；不同的习俗与习行交互作用，规定着人的发展方向（成就什么样的人）。在荀子看来，二者的这种互动，同时表现为一个过程："注错习俗之所积"中的"积"，便突出了过程性。注重个体习行的过程性，是荀子一以贯之的观点，在《劝学》篇中，"积"便构成了关键词之一。正是在环境影响和人自身努力的交互作用过程中，人逐渐形成了尧、禹或桀、跖等不同的人格形态。

不同的人格形态，对人的生存形态具有不同的意义。一般而言，正面的人格会得到肯定的价值评价，负面的人格则相反。然而，为什么人们往往未能致力于前者？ 荀子对此作了进一步的分析："为尧、禹则常安荣，为桀、跖则常危辱；为尧、禹则常愉佚，为工匠、农贾则常烦劳。 然而人力为此而寡为彼，何也？ 曰：陋也。 尧、禹者，非生而具者也，夫起于变故，成乎修修之为①，待尽而后备者也。"这里着重从"陋"的角度分析形成以上现象的根源。 何为"陋"？ 在《修身》篇中，荀子对此有一扼要的解释："少见曰陋"。② "少见"即孤陋寡闻，其特点在于视野受到限制，所知非常有限，从认识论上说，也就是在把握自己和把握世界这两个方面都缺乏应有的广度和深度，正是这种"陋"导致了人在生存过程中做出不当的选择。 类似的看法，也见于《荣辱》中的以下论述："今以夫先王之道、仁义之统，以相群居，以相持养，以相藩饰，以相安固邪？ 以夫桀、跖之道？是其为相县也，几直夫刍豢稻粱之县糟糠尔哉？ 然而人力为此而寡为彼，何也？ 曰：陋也。 陋也者，天下之公患也，人之大殃大害也。"这里进一步将"陋"视为"天下之公患"。 由"陋"而考察价值取向上的偏颇，侧重于认识论的角度，从其整个思想系统看，从认识论上追溯人何以在知行过程中出现偏差，构成了荀子一以贯之的观念。 在《解蔽》篇中，荀子便从认识论的层面，分析各种片面性（蔽）产生的根源。 "陋"和"蔽"有相通之处，都属人在认识过程中的限定。 与"陋"相对的是个体自身的努力，所谓"起于变故，成乎修为"，便既包括前文提及的理性思虑（长虑后顾），也表现为个体自身的习行，前者意味着通过对世界和人自身认识的深化以克服"陋"；后者则意味着通过习行过程的展开以积善而成圣，二者的共同指向则是人格的完美。

人的存在固然有品格上的高下之别，但这种差别，并不是先天决定的，所谓"尧、禹者，非生而具者也"便表明了这一点。 这样，人的存在既有其同，也有其异。 以君子与小人而言，两者表现为人格上的不同形态，但在出发点上，两者并没有不同，所异的是后天的习行之道："材性知能，君子小人一也；好荣恶辱，好利恶害，是君子小人之所同也；若其所以求之之道则异矣。"然而，小人却完全不理解后天不同习行是导致人格差异的根本

---

　　① 俞樾认为"修修之为"中的"修之"为衍文，全句当为"成乎修为"："'起于变故，成乎修为'两语相对成文"。 按：俞说似是。

　　②《荀子·修身》。

原因，而将人格不同的根源归之于先天"知虑材性"上的区分："小人莫不延颈举踵而愿曰：'知虑材性，固有以贤人矣。'夫不知其与己无以异也。"知虑材性是人的本然规定，在这方面君子与小人本无实质的差异，但小人却将君子之为君子的缘由归之于这种本然规定，如此势必掩蔽人格差异的实际原因。荀子由此重申了前文提及的看法："则君子注错之当，而小人注错之过也。故孰察小人之知能足以知其有余，可以为君子之所为也。譬之越人安越，楚人安楚，君子安雅。是非知能材性然也，是注错习俗之节异也。仁义德行，常安之术也，然而未必不危也；污僈突盗，常危之术也，然而未必不安也。故君子道其常，而小人道其怪。"要而言之，君子与小人先天并无异，关键的方面在于后天之异，后者具体表现为"注错之当"与"注错之过"。这里的"当"与"过"首先表现为价值取向的差异，不同的习行（举措），具有不同的价值性质，君子之为君子、小人之为小人，源于不同性质的习行，"非知能材性然也，是注错习俗之节异也"，即以总结的方式肯定了这一点。从孔子开始，儒家便注重"习"，"性相近也，习相远也"①，其中所突出的也是这一方面。这里的"习"包括习行和习俗两个方面，前者指个人的努力，后者则指外在的环境，按孔子的理解，人的本然之性是彼此相近的，但后天习俗（环境的差异）和习行（个人努力）的不同却导致了差异。荀子的以上思想，可以视为孔子上述观念的进一步展开。

当然，从总体上说，荀子更多地发挥了孔子"习相远"的思想。作为"习"的两个方面，习行与习俗都与外在的规范相联系。以上引文中荀子提到"君子道其常，而小人道其怪"，其中的"常"和"怪"既指常行与反常，也与普遍规范相涉："常"意味着合乎一般规范，"怪"则表现为悖离规范。习俗（社会环境）对个体的影响之一，在于提供一套行为规则，习行之"常"与"怪"，则与前文所说的"当"与"过"一致，表现为是否合乎普遍规范。在同样的意义上，荀子指出："人之生，固小人，无师、无法，则唯利之见耳。""人无师、无法，则其心正其口腹也。""今是人之口腹，安知礼义？安知辞让？"这里的"师"侧重于教化、引导，"法"与

---

①《论语·阳货》。

"礼义"则以普遍规范为其形式。人的最原初规定为自然之情与欲,这种自然之情与欲如果不以师加以引导、以法和礼义加以制约,则将引向仅仅追求感性欲求(口腹之欲)、一己之利的负面人格形态。

如果说,习行涉及的主要是个体自身的作用,那么,包含师法和礼义的广义习俗则着重于社会对个体的塑造:不管是师之教化还是礼法的制约,都表现为社会对人的影响。荀子将普遍规范及社会对个体的外在塑造提到十分突出地位,这与他对人性的理解紧密联系在一起。外在规范对人的制约之所以必要,是因为人的自然之性或本然的情与欲有趋向于恶的可能。自然之性或本然的情与欲的以上特点,决定了它们无法成为人成善的根据。进而言之,个人的努力,也离不开外在的引导和制约。以上看法显然有别于孟子:孟子从性善的预设出发,肯定成人过程基于内在的根据,而非依赖于外在的塑造。对于荀子来说,德性则非个体先天具有,人的成长主要靠后天的修为、外在师法和礼义的引导。"人之口腹,安知礼义?安知辞让?"口腹在这里具有象征、隐喻的意义,主要关乎感性的欲望。停留在自然、感性的层面之上,人无法形成内在的道德意识:若无师法和礼义,人便只能跟着欲望走、顺其自然趋向而发展。正是在这里,普遍的规范、社会的引导展示了其不可或缺的意义。

与习行与习俗的交互作用相联系的,是自知与知命的关系:"自知者不怨人,知命者不怨天;怨人者穷,怨天者无志。失之己,反之人,岂不迂乎哉!""自知"既以自我为能知的主体,也以自我为所知的对象,它所关注的,首先是作为个体的自我,与之相对的首先是他人;"知命"所指向的,则是外在的必然力量(命)。这里涉及两个方面,一是作为个体的自我,另一则是个体之外的他人和外在之命。在此,荀子把"自知"(认识自己)放在一个重要的地位之上,而"自知者不怨人"则以肯定自我力量为前提:真正把握了自己的力量,则即使在实践过程中如果出现了问题,也不会归咎于他人("怨人")。"知命"一方面意味着确认外在必然对人的制约,另一方面又表明人可以把握这种外在的必然趋向,并进一步"制天命而用之"①。"自知者不怨人,知命者不怨天"与抽象地说"不怨天,不尤

―――――――――

①《荀子·天论》。

人"有所不同，它将认识自身力量与认识外在必然视为超越外在力量的前提，其中突出了"自知"与"知命"在天人或人我互动中的意义。 无论就"自知"而言，抑或从"知命"的角度来说，习行的结果首先与个体自身是否能发挥自我的作用相涉，而非取决于外在力量。 在引申的意义上，自我之外的"人"与"天"，不仅与他人及外在必然相联系，而且关乎普遍的规范，而在习行过程中，自我总是表现为主导的方面：行为是否合乎必然之命、当然之则，最终基于自我的决定和选择，从而，不应当把"成"与"不成"这样的结果，都归之于他人、天命等外在的力量。 在这里，所谓自我的"主导"大致体现于以下方面：其一，在行动之前由自我作出决定和选择；其二，在行动过程中以自我为作用的主体；其三，在行动之后，由自我对行为的结果承担责任。

通过习行与习俗的互动而成就人，是一个复杂的过程，其中涉及多重因素，包括自我的能力，外部的条件，等等。 就条件而言，既有必然的规定，也有偶然的因素；从个体的作用看，其方式也具有多样性。 在考察人的习行过程时，荀子一方面将自我本身的力量放在重要的位置，另一方面通过"人与我""人与天"或"人与命"的比照，突现了这一过程所涉及的多重因素，而超越自然之性、走向圣人之境的过程，也由此呈现了其具体性。

三、人格形态与社会分层

从本然形态的"人之情"向圣人之境的转换，以个体努力与社会影响的互动为前提。 对荀子而言，在社会的层面，问题不仅仅关乎师法、礼义的引导和制约，而且与"礼义之分"相联系。

在谈到人欲与社会调节的关系时，荀子指出："夫贵为天子，富有天下，是人情之所同欲也；然则从人之欲，则势不能容，物不能赡也。 故先王案为之制礼义以分之，使有贵贱之等，长幼之差，知愚、能不能之分，皆使人载其事而各得其宜，然后使悫禄多少厚薄之称，是夫群居和一之道也。"这里再次涉及"人之欲"。 政治上求贵，经济上求富，这是人的普遍欲望。 然而，能够满足人之欲望的社会资源，又是有限的，在资源有限的条件下，如果听任人无限制地追求各自欲望，则必然会导致人与人之间的冲突。如何避免这种情形？荀子的基本思路是"制礼义以分之"，亦即按礼义的规定，对社会成员加以分层，使之处于不同的等级，每一等级的人分别具有不同的权利和义务，彼此互不越界，从而使社会成员各得其所，社会则由此避免冲突而走向有序状态。在此，社会分层首先表现为上下贵贱的不同等级。社会的有序表现为和一，所谓"群居和一"，这种"和一"又以"分"为前提。社会的分层，使每一个体都各有适合自身的位置并承担相应之事，所谓"人载其事而各得其宜"；社会成员之间资源的分配，也与其不同的社会地位协调一致，所谓"然后使悫禄多少厚薄之称"。

除了上下等级意义上的社会分层之外，荀子所说的"分"还具有另一重意义："故仁人在上，则农以力尽田，贾以察尽财，百工以巧尽械器，士大夫以上至于公侯莫不以仁厚知能尽官职，夫是之谓至平。故或禄天下，而不自以为多；或监门、御旅、抱关、击柝，而不自以为寡。故曰：斩而齐，枉而顺，不同而一。夫是之谓人伦。"这里的"分"，涉及宽泛意义上的社会分工。农民致力于耕地，商人保障不同产品的流通，百工以制造手工业品为自身的要务，同样，下至士、上到公侯，也各有自身的职责。分工意味着差异或不同，然而，通过分工而形成的"不同"，却指向着"和一"，所谓"不同而一"。荀子十分注重社会的有序化，礼义的核心就是秩序，这种秩序并非建立在抽象的同一之上，而是以确立合理的区分为前提。这里提及的人伦本来指人与人之间的关系，对此孔孟往往主要从伦理关系的角度加以理解，荀子在此则将社会分工视为人伦的前提，并以"是之谓人伦"概括前述分工关系。对人伦的这种看法，显然超越了伦理的视域而赋予人与人之间的关系以更普遍的意义。

以社会分层和社会分工为内容的"分"，同时规定着人格的不同形态："夫天生蒸民，有所以取之。志意致修，德行致厚，智虑致明，是天子之所以取天下也。政令法，举措时，听断公，上则能顺天子之命，下则能保百姓，是诸侯之所以取国家也。志行修，临官治，上则能顺上，下则能保其职，是士大夫之所以取田邑也。循法则、度量、刑辟、图籍，不知其义，谨守其数，慎不敢损益也，父子相传，以持王公，是故三代虽亡，治法犹存，是官人百吏之所以取禄秩也。孝弟原悫，軥录疾力，以敦比其事业，而不敢怠傲，是庶人之所以取暖衣饱食、长生久视以免于刑戮也。 饰邪说，文奸言，为倚事，陶诞突盗，惕悍憍暴，以偷生反侧于乱世之间，是奸人之所以取危辱死刑也。 其虑之不深，其择之不谨，其定取舍楛僈，是其所以危也。"这里既涉及政治上的社会分层，也关乎伦理层面的区分，与之相应的是不同的行事方式，而在这种不同的方式之后，又蕴含着人格的多样特点。 从天子到百姓，从治国理政，到道德活动，从权力运作，到日常生活，不同社会地位，规定了不同的行事方式及人格形态。 作为社会的最高层，天子以"志意致修，德行致厚，智虑致明"为人格的具体内容，其中，前两个方面（志意致修，德行致厚）主要关乎德性，后一方面（智虑致明）则与能力相联系。 德性涉及价值方向，包括选择什么样的行为，能力则关乎如何做的问题。 相对于天子，诸侯应当具备的品格是"政令法，举措时，听断公"，"政令法"即政令合乎法则，"举措时"即行动需要考虑时空条件，"听断公"不限于断狱，而是同时涉及对不同意见、建议做出恰当的判断。 从总体上看，诸侯治理国家对上要服从天子之令，对下要维护百姓的利益，亦即兼顾天子和百姓两个方面。 士大夫在社会分层上处于诸侯之下，"志行修，临官治"是其在人格方面的基本要求。 "志行修"意味着在德行修养方面的完善，"临官治"则指在担任具体职务时，要善于处理相关事务，与之相联系的是上能奉行政令，下能维护百姓。 百官处于社会等级系统中的不同层面，其人格要求首先表现为"循法则"。 法则、规范既具有普遍性，也包含稳定性。 朝代固然有更替，但法则却可以持久延续，所谓"三代虽亡，治法犹存"，对各司其职的百官而言，重要的是严格遵循法则，"谨守其数，慎不敢损益"，这里特别侧重于依法行事这一点，在荀子那里，程序性、规范性被提到了一个很高的层面，这与他重视礼义约束相一致：较之孔子注重仁道、孟子突出仁政而言，荀子对礼给予了更多关注，以上看法可以视为后者在政治领域的体现。 百官之后是百姓，对一般百姓来说，达到温饱、安居是其基本的目标，行孝悌以保持家庭的稳定，是达到这一目标的内在条件，同样，勤劳努力也是必要的前提，所谓"孝弟原悫，軥录疾力，以敦比其事业，而不敢怠傲"，便分别体现了以上方面。

以上是积极层面的人格形态。 从消极的方面看，问题涉及伦理意义上的社会分层：所谓"小人"，即处于较低伦理层次之人。他们思想不正，观点有害，却又刻意矫饰（"饰邪说，文奸言"），好为怪异之事，为人不真诚，蛮横无理（"为倚事，陶诞突盗，惕悍憍暴"），同时，又思虑浅薄，选择随意，动机不端（"虑之不深，其择之不谨，其定取舍楛僈"）。荀子对"小人"的这种批评，大致体现了儒学的传统。如所周知，孟子"拒杨墨""放淫辞"，对当时各种"邪说"一再加以抨击。同样，疏离怪异之事，也是儒家的价值取向之一，孔子"不语怪力乱神"，《中庸》对"素隐行怪"也持明显的否定态度，荀子对"小人"的以上立场，与之前后相承。

要而言之，从社会分层的角度看，天子、诸侯、士大夫、百官、庶人，处于不同的社会等级，"小人"则在伦理意义上自成一类。处于社会不同层面（包括伦理层面）的人，各有自身的人格形态，后者既以当然为指向，也呈现为实然（所谓"小人"，便表现为社会领域实际存在的人格形象），"当然"关乎不同等级的人应该具有的人格形态，"实然"则涉及对现实人格形态的描述。人格形态与社会分层的如上对应，进一步突出了自然之性与社会之人的分野。

在具体的"在"世过程中，个体总是需要与他人共处，并与他人发生多种形式的交往关系。荀子首先从人与人之间的争斗这一消极的层面，对这种关系做了考察："斗者，忘其身者也，忘其亲者也，忘其君者也。行其少顷之怒，而丧终身之躯，然且为之，是忘其身也；室家立残，亲戚不免乎刑戮，然且为之，是忘其亲也；君上之所恶也，刑法之所大禁也，然且为之，是忘其君也。忧忘其身，内忘其亲，上忘其君，是刑法之所不舍也，圣王之所不畜也。"争斗主要表现为个体之间具有负面意义的关系，荀子对这一形式的交往关系持否定的态度，其评判涉及三重维度，即"身"（自我）、"亲"（父母）、"君"（政治权威），在他看来，争斗之所以应当否定，首先在于其"忘其身"，亦即忘却了自我内在的存在价值，其次在于它"忘其亲"，亦即忘却了自我应当承担的伦理责任，其三在于其"忘君"，这里的"君"可以视为"国"的象征，与之相应，"忘君"意味着忘却自我对于国家的政治责任。从另一方面看，争斗导致个体之间的纷争，其结果是"乱"，由此往往进一步引向社会的失序："乱"意味着无序。可以看到，对争斗的批评背后，包含着对社会秩序的关注和肯定。

进一步看，争斗无论从理性的层面看，抑或就价值的角度而言，都是不当之举："凡斗者，必自以为是，而以人为非也。己诚是也，人诚非也，则是己君子，而人小人也；以君子与小人相贼害也，忧以忘其身，内以忘其亲，上以忘其君，岂不过甚矣哉！是人也，所谓以狐父之戈钃牛矢也。将以为智邪？则愚莫大焉；将以为利邪？则害莫大焉；将以为荣邪？则辱莫大焉；将以为安邪？则危莫大焉。"从理性的权衡这一方面说，争斗如同以名贵的兵戈去挑牛粪，非明智之举，从价值后果看，争斗又有害无利。理性层面的认知和价值层面的评价，从不同维度构成了考察争斗这种交往方式的出发点。

与他人共处与交往既涉及行为方式，也关乎言语表达，社会领域中的这种言行举止，同时使个体的内在人格也得到了多样的展现："憍泄者，人之殃也；恭俭者，偋五兵也。虽有戈矛之刺，不如恭俭之利也。故与人善言，暖于布帛；伤人之言，深于矛戟。故薄薄之地，不得履之，非地不安也，危足无所履者，凡在言也。巨涂则让，小涂则殆，虽欲不谨，若云不使。"这里首先提到骄横，这种行为发生在与人交往、待人接物的过程之中：对于自我本身并没有骄横与否的问题；"恭俭"在涉及与他人关系这一点上，与之相近。不过，前者（骄横）作为人生态度和行为方式，常常导致祸害，后者（恭俭）则可以使人在社会中避免祸害。进而言之，交往过程总是涉及语言，语言是人与人相互沟通的中介，语言的交流关乎人与人之间如何相处。如果与人为善，不以尖刻的话语伤人，这将有益于建立良好的人际关系，相反，如果恶语相向，则势必导致人与人之间的冲突。这里的"言"，既涉及言说的内容，也关乎言说的方式，而与之相涉的则是自我与他人的关系。就个体与外在环境的关系而言，对于自我之外的环境，个体往往无法支配，但个体如何为人行事，则可以由个体自身决定。正如走路，所走之路的宽窄，非行走者所能左右，但在道路宽敞时彼此相让，在狭小的路上格外谨慎，则与自我相关。这里路之宽窄，同时隐喻着个体所处环境的有利与不利，而如何应对，则取决于个体自身。人与人、人与环境的如上关系，一方面肯定了人的群体性存在特点，另一方面也从更内在的方面突显了人的自然之性向社会品格转换的必要性。

可以注意到，在荀子看来，人的本然存在固然以自然之性为其规定，但人又以群为其方式存在，人虽力不如牛，走不如马，而牛马却能为人所用，其主要原因就在于"人能群"，后者同时要求人具有社会化品格。 人的社会品格的形成，既需要外在师法、礼义的规范，也离不开内在理性思虑、价值选择等方面能力的提升，社会的制约与个体的习行、外在的塑造和个体的选择相互作用，规定了多样的人格形态。

（原载《杭州师范大学学报》2018 年第 1 期）

学以成人:《荀子·劝学》论析①

　　从孔子开始，儒学对"学"便十分注重，作为儒学演进中的重要人物，荀子也延续了这一传统。 如所周知，《论语》的首篇为《学而》，其中开宗明义便突出了"学"，《荀子》的第一篇则是《劝学》，其中首先提到的，也是"学"。 这一篇章结构上的相近性，或有其历史的缘由，但从思想的衍化看，其中无疑有独特意味。 概要而言，荀子之论"学"，主要通过何为学、为何学、如何学等问题的讨论而具体展开，其内在之旨，则是"学"以成人、"积"以成"圣"。 这里以《劝学》篇为对象，简要考察荀子的如上思想。

一

　　在《劝学》篇中，荀子一开始便突出了"学"的意义及其过程性：

　　　　君子曰:学不可以已。青,取之于蓝而青于蓝;冰,水为之而寒于水。木直中绳,𫐓以为轮,其曲中规,虽有槁暴,不复挺者,𫐓使之然也。故木受绳则直,金就砺则利,君子博学而日参省乎己,则知明而行无过矣。②

　　"学"之获得如此重要的位置，与儒家对人的理解息息相关。 对儒家而言，人与其他对象的主要区别，在于人具有以伦理观念为核心的文化意识，所谓"文""野"之分，便体现了这一点。 人由"野"（前文明）而"文"（文明化）、成为真正意义上的人，这一过程无法离开"学"。 从根

---

　　① 本文系《荀子》讨论班的疏讲之一,由研究生根据录音记录。
　　② 本文所引荀子论述,均见《荀子·劝学》,以下引文,不再另行注明出处。

本上说，"学"首先也以"成人"（成为真正意义上的人）为目标。 这里的
"学"涉及多重方面，包括知识经验的积累、社会伦理规范的把握、自身德
性的培养，等等。 所谓"学不可以已"，首先强调上述意义中的"学"是没
有止境、不断持续的过程。 荀子在《劝学》中多次提到的"积"，体现的也
是这种过程的观念。

学和无止境的过程之联系，同时从一个方面突显了"学"并非易事。
作为无限延伸、与人伴随一生的过程，"学"不同于完成某一具体之事，对
具体之事而言，只要相关步骤完成，整个过程也就终结了，"学"则无法在
某一阶段以某种方式一了百了。 这里同时提及青与蓝、冰与水的关系：
"青，出于蓝，而胜于蓝""冰，水为之，而寒于水"，初看，这些现象似
乎与"学"没有直接的关系。 但事实上并非如此。 "青，出于蓝，而胜于
蓝"，意味着原来的状态经过新的变化过程，可以取得不同的存在形态。
在此，与获得新规定相关的变化过程，是"青""冰"这些有别于原来之
"蓝""水"的存在形态得以出现的前提和条件。 同样，在人自身形态的
改变中，"学"的过程也构成了实现以上改变的条件：通过"学"的过程，
人可以使原来的存在形态发生变化。

从逻辑上说，存在形态的改变和提升，其前提是原来的存在状态具有可
改变性。 如果相关对象凝固于某种形态而不可改变，就谈不上提升与否的
问题：本来如此，则永远如此。 对荀子来说，人的存在不同于不变之物，
其本性是可以改变的。 他一再提到的"化性起伪"，所强调的也是本性的
可改变性。 通过日常的经验事例，荀子对此做了更具体的说明：挺直的木
材经过加工过程，可以变成圆形的轮子（"木直中绳，𫐓以为轮"）。 广
而言之，一般的事物都具有可变性，人也并不例外：其本性和存在形态均可
以通过努力的过程加以改变。

对荀子而言，人的本性一旦经过后天努力而改变之后，便形成了相对稳
定的品格。 在此，他区分了人的两种形态：一是本然形态，一是经过改变
以后达到的形态，后者具有文明化或人化的特点。 本然的形态经过"学"
的过程转化为人化形态之后，就无法回逆（难以再回到原初的状态），正如
直木被加工为轮子之后，虽有外力作用，也不会完全恢复到原来挺直的状

态。 这一看法从另一方面强调了本然形态和经过"学"而改变的存在形态之间的区分，并突出了"学"对于人的深层影响和作用。

从本然形态转化为人化的形态，离不开一定的条件。 荀子以对象的加工为例，对此作了说明：金属唯有通过磨砺，才会变得锋利，木材要加工成所需的器物，离不开尺度、工具。 同样，通过"学"以改变人，也需要条件。 荀子着重考察了两个方面：一是"博学"，一是"参省"（自身的反省、思考），所谓"君子博学而日参省乎己"。 博学主要是广泛地接受已有的知识经验。 儒家非常注重博学，这与道家讲"为道日损"形成了两种不同趋向。 道家主张减损，要求消解已有的知识，以此作为把握形上之道的前提，儒家则要求扩展和积累已有的知识。 扩展和积累主要是接受前人或他人积累起来的知识，亦即把握社会地形成的知识。 除博学之外，个体自身的体验、反省、思考同样非常重要。 对荀子而言，博学必须和参省联系起来，也就是说，个体不能只是接受现成的知识，而是要同时注重自身独立的反省、思考、体验，等等。 这样，博学和个体的思考、反省便构成了为学过程的两重条件。 在荀子看来，如果真正能够做到以上两个方面，便可以达到"知明而行无过矣"，亦即获得自觉的认识并在践行过程中无过失。

可以看到，从本然的形态达到"知明而行无过"的君子境界，其现实条件是"学"。 "学"可以化性起伪，使人逐渐超越本然，改变自己的本性，走向理想的形态，这一过程在实质的层面表现为"学"以成人。 从具体内容看，"学"又展现为博学和反思的统一，两者在为学过程中彼此互动，构成了相互关联的两个环节。

二

"博学"与"参省"的关系，同时涉及宽泛意义上"学"与"思"之辩。 关于"学"与"思"的关系，荀子言简意赅地作了如下概述："吾尝终日而思矣，不如须臾之所学也。"学和思的关系问题当然并不是由荀子第一次提出，在《论语》中，孔子已肯定"学而不思则罔，思而不学则殆"，其中亦论及学和思的关系。在逻辑的层面，可以区分广义的"学"与狭义之"学"。广义之学包括"学"与"思"，狭义上的"学"则与"思"相对而言。从根本上说，无论是从广义看，还是就狭义言，"学"都离不开"思"。讲"学"的重要性，并不意味着否定"思"，同样，"思"本身也非凭空展开，而是建立在"学"的基础之上。这里涉及对"学"和"思"本身内涵的进一步理解。如果撇开儒家对"学"及其内容的具体规定，从一般的意义上看"学"和"思"的关系，则如前所述，与"思"相对的"学"主要是对已有认识成果的把握，这种把握同时为"思"提供了前提和基础。相对于此，"思"更多地与创造性的认识过程相联系，它意味着在"学"的基础上提供新的认识成果。按照荀子以及早期儒家的理解，创造性思维成果的形成乃是建立在对已有知识把握的基础之上，而非凭空生成：当荀子说"吾尝终日而思矣，不如须臾之所学也"时，他主要便强调"思"的过程应建立在对已有知识的把握之上，或者说，创造性的思维无法离开对已有知识的把握。这一看法与前文提及的"博学而日参省乎己"具有呼应的关系：博学是对已有知识的多方面了解，"参省乎己"则更多地涉及个体的思考与理解。如果说，孔子侧重于学和思相互促进，那么，荀子在这里则首先强调"思"须建立在学的基础之上。

与肯定"思"奠基于"学"相联系，荀子提出了"善假于物"的观念：

> 吾尝终日而思矣，不如须臾之所学也；吾尝跂而望矣，不如登高之博见也。登高而招，臂非加长也，而见者远；顺风而呼，声非加疾也，而闻者彰。假舆马者，非利足也，而致千里；假舟楫者，非能水也，而绝江河。君子生非异也，善假于物也。

所谓"善假于物"，也就是善于利用各种外部条件。从他所举之例来看，"善假于物"首先涉及感知活动中感官的延伸：登高，可使自身视觉器官的功能得到扩展，达到"博见"；顺风，可以使发音的器官功能得到延伸，从而使"闻者彰"。广而言之，人所利用的外部条件，不仅仅限于自然力量，而且包括社会的创造物，以上引文中提到的所谓"假舟楫"，等等，就属于人的生产劳动或文化创造的成果。质言之，作为条件的"物"既包括自然对象，也兼及社会的产物，所谓"善假于物"也相应地既指善于利用自然的条件，也指善于创造社会的条件并加以利用。

从形式的角度看，"善假于物"与前面提到的"学"和"思"似乎没有十分直接的关系，为什么荀子在讨论"学"的时候，特别提出"善假于物"的观念？明了这一问题，需要从更内在的层面考察他对"学"的意义或功能的理解。对荀子来说，狭义上的所谓"学"，便是掌握社会积累起的知识成果和文化成果，这种社会成果同时构成了人成长过程的外部背景。在个体来到这个世界之前，个体之外的社会成果已形成，后者对个体自身的成长、德性的提升、能力的提高等等，同样表现为重要的条件：正如借助车马，人能克服路途的遥远一样，通过掌握已有的知识成果，人也可以使自身得到改变。由此，对"学"和"善假于物"之间的联系，也可以有比较具体的了解。按照荀子的理解，君子不同于常人的地方就在于善假于物。这里的"物"不仅仅限于前面提到的自然器物或社会产物，而且在引申的意义上包括为"学"过程：对荀子而言，以往历史积累起来的社会成果构成了人应该利用的重要条件，"学"正是在这一意义上展现了对个体成长的作用。

广义的"学"，同时涉及人与环境的互动。荀子以形象的方式，对此作了阐释：南方有鸟焉，名曰蒙鸠，以羽为巢而编之以发，系之苇苕，风至苕折，卵破子死。巢非不完也，所系者然也。西方有木焉，名曰射干，茎长四寸，生于高山之上而临百仞之渊；木茎非能长也，所立者然也。蓬生麻中，不扶而直。兰槐之根是为芷，其渐之滫，君子不近，庶人不服，其质非不美也，所渐者然也。故君子居必择乡，游必就士，防邪辟而近中正也。这里首先以物与物的关系为喻，具体说明环境对人的影响。如所周知，荀子在总体上注重"群"的思想，认为人和动物的差别之一就在于人能"群"。"群"所涉及的，是人的社会性品格。人并非离群索居、以孤立的方式存在，而总是处于一定的社会关系中，"群"作为人的存在方式，也与广义的环境相关，并对个体的成长过程具有多方面的影响。

另一方面，环境的作用，则与"化性起伪"相联系："化性起伪"在相当意义上就是借助于外部的影响（包括礼法的教化、约束）来改变人的不善趋向。荀子在这里特别提到，环境对人的意义不仅仅在于从正面给人以积极的引导，而且也可能表现为从消极的方面给人带来各种影响。现实的环境并非纯而又纯，它总是交织着诸多具有不同性质的现象。从个体成长过程来看，对这些不同的方面都要给予关注。 以上观念也可视为对早期儒学思想的发挥。 孔子已开始关注环境对人的影响，《论语·里仁》指出："里仁为美，择不处仁，焉得知？"就是说，应当选择与仁人居住、生活在一起，如果不选择这样的环境去生活，便是不明智的。 荀子的"居必择乡"，可以视为对此的引申。 不过，比较而言，荀子进一步突出了环境对人影响的多方面性：环境的影响并非单向，它可以具有正面性质，也可以呈现负面形态。

广义上的环境还涉及人的交往对象。 在荀子看来，一方面，文化背景、文化氛围对人具有潜移默化的作用，另一方面，个体之间的相互交往也会对人产生影响。 他特别突出了交往对象选择的重要性，所谓"游必就士"，便是就此而言。 相对于一般的生活背景，个体之间的相互交往对人的影响往往更为深入，从"学"以成人的角度看，个体之间的互动对个体的成长也具有其不可忽视的意义。

可以注意到，在荀子关于"学"的以上思想中，两种观念相互交错并贯穿始终，其一是"群"的意识，另一则是历史的意识。 "群"的意识与社会性相关，由此引向对"善假于物"、广义的环境以及交往对象的注重。 历史的意识则关乎"积"的过程。 为"学"既展开于一定环境之中、并由此使人成为"群"（社会）中的一员，又是不断持续（"积"）、没有止境的过程。

为学过程具体包含哪些内容？ 在以下论述中，荀子对此作了更具体的阐发：

> 积土成山，风雨兴焉；积水成渊，蛟龙生焉；积善成德，而神明自得，圣心备焉。故不积跬步，无以至千里；不积小流，无以成江海。骐骥一跃，不能十步；驽马十驾，功在不舍。锲而舍之，朽木不折；锲而不舍，金石可镂。

这里首先更明确地将"积"的问题凸显出来。 如前所述，"积"所体现的是过程论的观念，在《劝学》篇中，与"积"相联系的过程论观念几乎贯穿始终，从开宗明义的"学不可以已"，到这里的"积善成德"，都体现了这一点。 无论是自然现象，还是人本身，"积"都构成了重要的方面。在此，荀子进一步从自然的演变加以论证："积土成山""积水成渊"等等现象表明，自然的变化（山、渊的形成）本身总是通过一个过程而实现。

同样，人的品格之生成也是如此。"学"的目标是成就人，内在的品格（善的德性）则构成了人之为人的重要规定，后者的形成，离不开广义之"学"的展开，而"积善成德"，则从一个方面体现了"学"的过程性。

通过"积善"而达到的"神明"（"积善成德，而神明自得"），宽泛而言即人的精神形态，它不同于在思维能力、想象力、判断力等方面所体现的特定能力，而是具有综合的性质，这种综合性的精神形态近于哲学层面的智慧。比较而言，与之相对的所谓"圣心"，则侧重于道德意识。在此意义上，所谓"积善成德，而神明自得，圣心备焉"，意味着通过"积"这一广义之"学"过程，达到美德和智慧的统一。

荀子考察自然之域的诸种"积"，其重点主要放在说明人自身的行为，包括人自身如何成长。就人自身的成长而言，荀子进一步把过程的展开和人自身的努力结合起来。"学"的过程并不是空洞抽象的，也非仅仅表现为自然而然的时间流逝。人的成长具有多方面的社会文化内涵，从它的实质内容来看，这一过程与人自身的努力无法分离。所谓"锲而不舍"，便表现为人自身坚韧的努力过程。

联系前面关于环境作用的看法，可以注意到，荀子对"学"的过程之考察，具体展开为两个方面，即人的外在环境和人的自身努力，其总的思维趋向是强调外在环境和个体自身努力之间的统一。对荀子而言，环境既不是人自身成长的唯一因素，也非自发、被动地影响人，外在环境与个体自身的作用之间，表现为互动的关系。质言之，从肯定"学"的过程性出发，荀子将为学过程与人的努力联系起来，这样，"积"既不是消极、静态的等待，也不是无内容的时间流逝。作为"学"以成人（个体成长）的过程，它始终贯穿着外在环境和个体作用之间的互动，并以个体自身"锲而不舍"的努力为其内容。

三

从内在的方面看，"学"作为一个过程是否具有自身的秩序？其具体的出发点、内容、环节、目标是什么？以总体上肯定"学"的过程性

（"积"）为前提，荀子对以上问题作了进一步的考察：

> 学恶乎始？恶乎终？曰:其数则始乎诵经,终乎读礼;其义则始乎为士,终乎为圣人。真积力久则入,学至乎没而后止也。故学数有终,若其义则不可须臾舍也。为之,人也;舍之,禽兽也。故书者,政事之纪也,诗者,中声之所止也;礼者,法之大分,类之纲纪也,故学至乎礼而止矣。夫是之谓道德之极。礼之敬文也,乐之中和也,诗、书之博也,春秋之微也,在天地之间者毕矣。

这里首先涉及为学的秩序：为学既是一个过程，又以"始""终"等形式，展现了先后之序。就内容而言，首先要以把握"经"为出发点。所谓"经"，包括《诗》《书》之类的文献，其具体内容涉及历史的记载、情感的表达，等等。与之相关的礼，则既有体制性的方面，又表现为规范系统。相应于规范性，"礼"具有实践品格，包含"行"的向度。以礼为指向，"学"的过程不仅包括知识性、理论性的方面，而且关乎实际的践行。历史地看，将"学"理解为知和行的统一，是儒家的传统，荀子并没有离开这一传统。

"其义则始乎为士，终乎为圣人"，其中的"义"与"当然"相联系，指向应当实现的目标、方向。从目标来说，这里提到了"士"和"圣人"两个方面。"士"更多地侧重于社会身份和文化层面的修养，指具有一定文化修养、拥有一定知识结构的社会阶层，他们在某种意义上表现为达到文明化形态的人，在此意义上，"为士"与成人具有相通性："为士"意味着成为具有文明品格的人。相对于"士"，"圣人"更多地表现为具有完美德性的人格，其特点在于不仅仅取得了文明化的存在形态，而且进而在道德上的达到了完美性。就为学过程而言，无论是"始乎为士"，还是"终乎为圣人"，都没有离开广义的"成人"过程："士"不同于前文明形态的人，他已由"野"而"文"，可以视为文明化的人之象征，"圣"则是人的完美形态，他构成了成人的终极目标。在此意义上，从"为士"到"为圣人"，表现为成人过程的不同发展阶段。

如前所述，广义的"学"以成人过程，基于个体自身的努力。"为圣人"的过程也是如此，所谓"真积力久则入"，便更具体地表明了这一点。不难看到，"学"以成人与"积"以成圣，具有内在的一致性。"积"作为广义之"学"的展开、延续过程，久而久之，最后可以产生"入"的效应，所谓"入",亦即所学、学积的内容逐渐化为个体自身的精神结构。 对荀子而言,以成圣为指向,所学的内容最后应化为个体的意识结构、融入其精神形态之中。 "入"便意味着真正内在化于(进入)人的意识结构之中,化为人内在的精神。

学作为一个过程,具有无止境的性质,"学至乎没而后止也",进一步从个体的角度强调了这一点:对个体来说,"学"具有终身性,只要生命没有终结,"学"的过程就不会终止。 从以上前提出发,荀子又进一步作了如下分疏:"故学数有终,若其义则不可须臾舍也"。 "数"即具体的方式,从具体的方式来说,"学"的过程以及知行之间的相互转换,等等,都呈现一定的阶段性。 作为过程的一个环节,特定的阶段可以有"终",然而,"学"的终极性目标却"不可须臾舍也",即在任何时候,都要坚持,绝不放弃。 这里已涉及过程性与阶段性的相互关联。

由此,荀子进而从"人禽之别"上,强调"学"所具有的意义。 在荀子看来,是否以"学以成圣"为终极的目标,并且坚持不断地向之努力,是人区别于其他存在的重要之点,所谓"为之,人也;舍之,禽兽也",便突出了这一点。 在这一方面,荀子与孔子、孟子的思想同样前后一致。 "人禽之辩"背后的问题就是"何为人",它所追问的是:人之为人的根本之点在哪里? 孔孟荀都将通过广义的为学过程以提升德性,看作是人区别于其他存在的根本之点。

就为学的具体内容而言,荀子给予礼以特别的关注。 在他看来,礼涉及"法之大分,类之纲纪",二者都展现了前文所说的规范意义。 礼作为规范系统,其重要的功能就是确立度量分界,规定不同的人各自具有什么权利,应当承担何种义务,所谓"法之大分,类之纲纪",都关乎此。 一般而言,规范系统包括肯定与否定两个方面:肯定的方面主要表现为积极意义上的引导,否定的方面则展开为消极意义上的约束、限制。 从形式的层面看,礼的功能、特点之一是文饰,后者的实际意义是使个体的行为方式以及个体间的交往方式趋向文明化。 "礼者,因人之情而为之节文,以为民坊者也。"①这里的"节"便侧重于规范,"文"则涉及行为方式、交往形式

①《礼记·坊记》。

的文明化。 通过行之以礼，人与人之间交往的形式便可取得文明化的特征，"文"（文明化）"野"（前文明）之别，则由此而得到体现。 荀子对礼的以上作用非常注重，他之强调"学至乎礼而止矣"，并以此为"道德之极"，便表明了这一点。

从为学的方向来看，成仁、成圣是学的最终目标，礼的引导作用也在于最终使人达到圣人的境界、成就完美的德性。 在这一意义上，学止于礼和学止于圣具有一致性。 荀子之将"学"的逻辑终点放在"礼"之上，主要基于明礼与成圣之间的内在关联：圣人之境，乃是通过礼的正面引导和反面约束而达到的。 与之相联系的"道德之极"中的"道德"与伦理学意义上的"道德"，含义有所不同，这里的"道德"可以宽泛地理解为"道"和"德"的统一，当然，其中也有伦理的含义。 "道"是最高原理，从"天道"角度来看，它体现为宇宙的终极根据、本源，从人道的角度来看，它表现为社会政治文化的原则、理想。 所谓"德"，也可以从天道（本体论）和人道（伦理学）两方面来理解。 从本体论上说，"德"意味着普遍的存在根据体现于具体的事物，并成为后者的内在规定；从伦理学来说，则是道在被把握之后进一步内化于人，即普遍意义上的"道"体现于个体之中，形成为人的内在的品格（化为人的德性）。 从成人、成圣的角度看，"道德"的含义主要偏重后一方面。

以成人、成圣为指向的"学"，同时表现为"君子之学"，与之相对的则是"小人之学"，荀子对二者作了具体的考察：

> 君子之学也，入乎耳，著乎心，布乎四体，形乎动静。端而言，蝡而动，一可以为法则。小人之学也，入乎耳，出乎口，口耳之间则四寸耳，曷足以美七尺之躯哉！古之学者为己，今之学者为人。君子之学也，以美其身；小人之学也，以为禽犊。

在这里，君子之学与小人之学的区别具体表现为身心之学与口耳之学的分野。 所谓"入乎耳，著乎心，布乎四体，形乎动静"，可视为身心之学的具体形态，其特点在于"学"的过程不仅仅限于口耳讲述之间，而是以化为个体的内在意识为指向，"著乎心"便意味着所学的内容内化为自我的内在意识。 从道德行为的角度看，也就是对礼义规范的把握，最后转化为个体自觉的道德要求，而非仅仅停留于外在的言说。 以此为前提，内在的道德意识又进一步落实于践行的过程。 质言之，身心之学包含两个方面：其一，外在的规范通过"学"的过程，逐渐转化为个体的内在意识；其二，这种内在意识最后付诸实践、体现于践行的过程，从而使德性化为德行。

值得注意的是，荀子在此特别把"学"和"身"联系起来。"学"和"身"的联系在广义上涉及心和身的关系："学"关乎感知活动、理性的理解，等等，这些内容相对于"身"而言首先属于"心"之列。学与身的联系有多方面的意义。身首先引向"行"：通常所谓"身体力行"，便表明行的过程总是和身联系在一起，在此意义上，"身"与实践具有内在的相关性。在这一方面，荀子与孟子以及其他儒家有相通之处：当儒家一系的哲学家把"心"以及"学"与"身"联系在一起时，其中"身"的含义之一便是突出广义之"学"的实践维度。通过身与心、知与行的互动过程，不仅个体的言行举止将逐渐合乎规范，而且由"身"所展现的行为本身，也可以获得规范的意义：所谓"身教"，便体现了这一点。

与之相对，小人之学则表现为"入乎耳，出乎口"，后者也就是口耳之学，其特点在于所学的内容言既未内化为自我的内在意识，也没有付诸实际的行动，而仅仅停留在口耳之间。正因如此，口耳之学无法真正实现为学的宗旨——成人与成圣（达到完美的内在人格）。尽管荀子并没有被后来的儒学视为儒学的正统，但荀子对"学"的理解，特别是其区分"口耳之学"和"身心之学"，却对以后儒学的发展产生了深远的影响。王阳明便明确地区分了口耳之学和身心之学："世之讲学者有二：有讲之以身心者；有讲之以口耳者。讲之以口耳，揣摸测度，求之影响者也。讲之以身心，行著习察，实有诸己者也。"①他所表达的观念和荀子在这里所阐述的意义，无疑前后相承。从儒学的演进看，区分口耳之学和身心之学，确乎构成了儒家之"学"重要方面。

身心之学以"美其身"为指向，后者意味着达到自身的完美、提升自身的德性。在这一意义上，身心之学同时表现为"为己之学"。孔子已将"为己之学"提到突出地位，荀子在区分口耳之学和身心之学之时，也引用了孔子的同一论述。可以看到，身心之学和口耳之学的区分，与为人之学和为己之学的区分具有对应性：身心之学即为己之学，口耳之学则是为人之

① 王阳明：《传习录》，《王阳明全集》第 1 册，上海古籍出版社，1992 年，第 75 页。

学。 这里所说的"为己"以自我的成就、自我的完成为目标，"为人"则是仅仅形之于外（示之以人），以求获得外在的赞誉。 口耳之学必然引向"为人"（取誉于人），身心之学则最终指向"为己"（以成人与成圣为内在目标）。 对荀子而言，唯有身心之学（为己之学），才构成了"学"以成人、"积"以成"圣"意义上的真切之"学"。

（原载《商丘师范学院学报》2013 年第 7 期）

规范与秩序:《荀子·非十二子》探微①

注重观点的分析、批判，是荀子思想的特点之一。 在《解蔽》《非十二子》《天论》等篇中，荀子对其同时代或较早时期的诸子思想，从不同方面做了反省、批评，并由此展现了自身的思想趋向及哲学立场。 这里以《非十二子》为主要对象，对荀子学术批判的内在意蕴作一考察和诠释。

一

《非十二子》以先秦诸子思想的分析与学术批评为其主要内容，可以视为早期的思想史或哲学史论文。 在该篇中，荀子首先指出:

> 假今之世,饰邪说,文奸言,以枭乱天下,矞宇嵬琐,使天下混然不知是非治乱之所存者,有人矣。②

此处开宗明义，将"言""说"作为考察对象。 "言""说"不仅仅限于一般意义上的语言陈述，它们同时也是理论或学说的载体，在"言""说"分析的形式下，荀子着重对诸子的思想、观点进行了评议。 按荀子的看法，他所批评对象的共同特点，就是用不同的"言""说"（理论、主张）来扰乱天下。 值得注意的是，荀子对以上理论或"言""说"作了性质上的判定:在"言""说"前冠以"邪""奸"等语，实质上表现为一种价值上的定性，其侧重点在于从价值内容上判定各种观点或学说的不正当性。

从另一方面看，以上评议同时涉及形式层面的问题。 所谓"矞宇嵬

---

① 本文亦系《荀子》讨论班的疏讲，由研究生根据录音记录。
②《荀子·非十二子》,本文以下所引荀子原文,凡出于该篇,不再另行注明出处。

琐"，便关乎表述上的曲折、隐晦，它与明白、晓畅等规范化的表达方式，形成了某种对照。这样，在总论性的开篇第一段中，荀子既从价值内容上对考察对象作了定性和批评，也在表述形式上指出了其隐晦曲折的特点。在这一意义上，表述的形式和表述的内容之间呈现相通性：对荀子而言，诸子的"邪说""奸言"在内容上的非正当，相应于其表述方式上的不合乎规范。

按荀子的理解，以上言论、学说最根本的问题，在于"使天下混然不知是非治乱之所存"。这里特别提到了"是非"与"治乱"。中国哲学史上所讨论的"是非"包含多方面的内容：从认识论的层面看，"是非"涉及真假、对错；就价值观的层面而言，"是非"则关乎善恶。"混然不知是非"意味着在真假、对错、善恶这些根本性的问题上缺乏普遍、客观的准则。一旦失去了这样的普遍准则，则天下便无处区分真假、对错、善恶，此即所谓"天下混然不知是非治乱之所存"的内在含义。

相对于"是非"，"治乱"更多地与社会领域的秩序相联系。荀子对社会秩序非常注重，他对"礼"的强调也从一个侧面表现了这一点。从儒学的衍化看，孔子以"仁"为核心，荀子则将"礼"作为第一原理：所谓"故学至于礼而止矣,夫是之谓道德之极"[1]，便表明了这一趋向。礼一方面与一定的政治、伦理体制相涉，另一方面又表现为一套规范系统，后者同时构成了社会秩序所以可能的担保。相应于此，从注重"仁"到强化"礼"的转换既意味着突出规范的作用，也包含着对社会秩序的重视。治乱直接关乎秩序："治"表明社会处于有序状态，"乱"则意味着无序。与之相联系，言论、学说如果缺乏普遍的评判标准，便不仅在观念的层面上会导致真假、对错、善恶的混淆，而且，从社会现实的角度来看，也将引向社会的无序化。这里不仅仅涉及理论、思想层面的问题，而且直接与社会现实相联系。在这一意义上，言说所关乎者非微。

与礼相关的普遍规范，首先与自然意义上"性情"相对。从注重规范与秩序的前提出发，荀子对"纵情性"提出了批评：

纵情性,安恣睢,禽兽行,不足以合文通治;然而其持之有故,其言之成理,足

---

[1]《荀子·劝学》。

以欺惑愚众。是它嚣、魏牟也。

关于它嚣和魏牟，其生平和著述现均不甚详，不过，这里重要的并不是对两位具体人物的批评，而是其中所体现的哲学立场。"性情"更多地与自然层面的天性相关，所谓"纵性情"，意味着完全顺乎自然的天性而不知约束。在天性的层面，人与禽兽（动物）更多地呈现相近性：饥而欲食、渴而欲饮，在这些自然的天性或欲望方面，人和其他动物没有根本区别。使人与其他动物区分开来的根本特点在于人受到礼义的规范、约束：正是依礼而行，才使人成其为人。荀子所"非"（批评）的学说则与之相对：它仅仅基于人与动物类似的天性，而不懂得用礼义去加以约束，所谓"纵情性，安恣睢"，便体现了以上特点。在这里，一方面是基于天性，另一方面是不知用礼义去约束，这两者彼此关联，使人的行为难以与动物性的行为相区别："禽兽行"的含义，主要也可从这一方面加以理解。不难注意到，荀子在这里并非进行道德意义上的谴责，而是强调人与动物之间在天性上存在共通性，从而，如果人的行为仅仅从天性出发，便无法与动物相区分。以礼义来约束自己的行为，与用理性来限定自己的感性冲动相联系。因此，这里涉及双重意涵：一是如何处理社会规范与自然天性之间关系，另一则是怎样定位理性观念和感性欲望的关系。在荀子看来，仅仅基于自然欲望而不懂得用理性观念进行自我约束、仅仅出于天性而不懂得用礼义规范加以引导，就会将自己降低到动物（禽兽）的层面。

上文之中的"不足以合文通治"，包括"合文"与"通治"两个方面。从宽泛的意义上说，"合文"具有二重含义。首先，"文"与文饰相联系。前面提到，用社会的礼义规范约束或引导人的天性，其中便包含着一种文饰的作用。儒家注重礼之"节文"，"节"即约束、引导；"文"则是文饰。文野之别中的"文"，也关乎此。这里的"文"涉及形式层面的要求（包括言行举止应合乎礼义），直到今天，当我们说一个人言行粗野时，此所谓"粗野"，便同时指其行为缺少必要的文饰。在此意义上，"不足以合文"意味着在形式的层面完全偏离礼的文饰作用，亦即不能以文明的方式来行动。其次，联系后面有关言说中的看法，"文"同时也包含合乎逻辑、关注语言表达的形式等意。事实上，如前所述，荀子十分重视语言的表达形式，以上引文中提到的"言之成理、持之有故"，也涉及表达和论证的形式：在荀子看来，诸子所述仅仅在表面上似乎"言之成理、持之有故"，实质上并没有真正做到这一点。要而言之，从行为的层面上说，"合文"关乎文明的交往方式；从论说的角度看，"合文"又与依循逻辑、合乎表达形式相联系。"不足以合文"，则同时偏离了以二个上方面。在此，同时可以看到内在实质与外在方式之间的对应性：实质层面的"纵情性，安恣睢，禽兽行"，表现为完全基于人的天性或仅仅出于感性的冲动，既未能用理性来进行约束、也不知以社会规范来引导自己的行为；形式层面的"不足以合文"，则是指缺少礼义形式的文饰，不合乎文明的交往方式。这两者在否定的意义上内外关联、彼此相应。

作为"合文"的相关方面，"通治"表现了荀子一以贯之地对社会秩序的关注。在荀子看来，社会秩序的建立无法与普遍的规范、准则相分离。所谓"不足以通治"，也就是不懂得用普遍的规范来约束、引导人的行动，以至整个社会趋向于无序化。联系前文"纵情性，安恣睢，禽兽行"的批评，可以看到，按荀子的理解，如果社会中每一个成员都仅仅基于自己的感性冲动或动物性的天性来行动，那么，整个社会就会难以达到有序的状态。

与"纵性情"相对的是"忍性情"，对陈仲、史鳅的批评便侧重于后一方面：

> 忍情性，綦谿利跂，苟以分异人为高，不足以合大众，明大分；然而其持之有故，其言之成理，足以欺惑愚众，是陈仲、史鳅也。

"忍性情"，既指过度地压抑个体的自然之性，又表现为刻意地矫饰：故意做出某种姿态，以此表示与众不同。从行为与规范的关系看，二者从不同的方面表现了对普遍准则的偏离：如果说，"纵性情"意味着"不及"（未达到规范的要求），那么，"忍性情"则表现为"过"（过度地强化某种规范）。荀子总体上关注的是如何用礼义规范来引导或改造人的天性，这既不是一味地放纵人的自然之性，也非刻意地压抑人的天性。正是基于此，荀子对"纵性情"与"忍性情"这两种偏向都持批评态度。

刻意表现与众不同，从另外一个角度来说，也就是不合于群，所谓"不足以合大众、明大分"，便表明了这一点；由此出发，便难以建立广泛的社会联系，后者与荀子所强调的"群"的观念格格不入。如所周知，荀子在分析人和其他动物的区别时，特别地突出了"群"的概念："人……力不若牛，走不若马，而牛马为用，何也？ 曰：人能群，彼不能群也。"①质言之，合群是人之为人的重要之点，也是人"制天命而用之"的前提条件。就此而言，合群事关重大。 群如何建立？ 荀子在《礼论》《王制》等篇中都对此作了具体分析，认为合群的前提是"分"，"分"则基于"礼义"，所谓"制礼义以分之"②。 "礼义"即普遍的规范，从以上方面看，在批评"忍性情"的背后，同样不难注意到对社会规范的内在关注。

二

"纵性情"和"忍性情"首先关联个体，与个体相对的是所谓天下、国家，在对墨翟、宋钘的批评中，荀子便以后者为关注之点：

> 不知壹天下、建国家之权称，上功用、大俭约而僈差等，曾不足以容辨异、县君臣；然而其持之有故，其言之成理，足以欺惑愚众，是墨翟、宋钘也。

宽泛意义上的"天下"一方面与人相关，从而不同于人之外的洪荒之世或本然世界，另一方面又超越于单一的邦国之域。 "壹天下"，意味着以"天下"观之，亦即从"天下"的视域考察世界。 "建国家之权称"中的"权称"本来是衡量轻重的准则、标准，这里可以将其理解为更广意义上的规范、准则，包括政治实践中的规范和准则。 值得注意的是，荀子首先批评墨家"不知壹天下、建国家之权称"。 如一般所知，墨子主张"尚同"，而"尚同"与"壹天下"至少在含义上有相通之处，为什么荀子在这里却认为墨子不知后者？ 关键在于"尚同"与"壹天下"在具体内涵上蕴含实质的差异。 在墨子那里，"尚同"主要与君主的意志相联系，所谓"上之所是，必皆是之，所非必皆非之。"③"权称"作为普遍的准则、规范，则不同于个人（包括君主）的意见。 荀子所注重的，首先是普遍的规范、准则，礼、法、义区别于个体意志的重要之处，也在于它们体现了客观普遍的准则。 这样，尽管墨家也有尚同观念，但是其尚同观念缺乏"国家权称"（即荀子所重之普遍规范）的内涵，而仅仅停留在君主个体意志或意见的层

---

① 《荀子·王制》。
② 《荀子·礼论》。
③ 《墨子·尚同》。

面之上。

对墨子的进一步评论，与以上出发点具有内在的关联。在"上功用、大俭约而慢差等"的批评中，重要之点首先在于"慢差等"。从内在意蕴看，荀子在这里批评的主要不是墨家的功利观念，而是这种功利的观念可能导致的结果。从推崇功利的观点出发，墨家对礼乐文明及其社会功能和意义往往未能给予必要的关注。通过倡导"上功用、大俭约"，墨子同时趋向于消解社会等级秩序。所谓"慢差等"，也就是对社会等级秩序的否定，在荀子看来，由此将导致社会的无序化，这也是其批评的实质指向。如果把前面"不知壹天下、建国家之权称"和这一句联系起来，便可以注意到，这里包含两个关键的观念：一是"礼义"或"礼乐"所体现的社会规范，一是"差等"所确认的社会秩序。二者同时构成了荀子对墨家批评的基本出发点。从某种意义上说，规范、秩序同时也是荀子政治哲学的核心观念，礼法讲到底便要落实到规范和秩序。按荀子之见，在这一根本之点上，墨家恰恰显得蔽而不明。

"慢差等"所引发的具体社会后果，是"不足以容辨异、县君臣"。辨异指向区分，这里依然还是"分"的问题。如上所述，按荀子的理解，礼义的功能便在于"分"，等级秩序乃是通过"分"而建立起来。"分"首先要求确立界线，如果不同个体之间、不同等级的社会群体之间的界线被泯除，那么君臣之间的上下之序也就不复存在。不难注意到，荀子对墨家的批评，主要便以规范和秩序这一核心观念为其出发点。以上批评与荀子在《天论》中对墨子的看法具有某种呼应的关系。在《天论》中，荀子曾认为墨子"有见于齐而无见于畸"，"齐"即整齐划一、没有分别；"畸"则意味着差异、区分。在荀子看来，墨子这种观念将消解不同等级之间的界限，从而使社会秩序难以建立。

作为秩序的担保，规范不仅体现在形式的层面，而且有其实质之维。在评论慎到、田骈思想时，荀子对后一方面作了进一步的考察："尚法而无法，下修而好作，上则取听于上，下则取从于俗，终日言成文典，反纠察之，则偶然无所归宿，不可以经国定分；然而其持之有故，其言之成理，足以欺惑愚众，是慎到、田骈也。"慎到是早期法家的代表人物之一，田骈则曾游学于稷下，但后者的著述和具体思想不甚昭然，荀子将慎到和田骈二者归为一类，也许有其自身的考虑和依据。这里重要的不是这种归类是否确当，而是其中体现的对"法"的理解。法家注重法、术、势，在法、术、势的区分中，一般把慎到归为讲"势"这一思想类别。不过，作为法家，慎到在注重"势"的同时，对"法"也比较关注，荀子在此便主要是从总体上对其关于法的观念作了分析和评价。"法"从广义上可以看作是政治、法律领域中的准则，与前面提到的规范具有一致性，荀子在这里的考察，以注重"法"的实质内涵为视域。

在荀子看来，慎到、田骈对"法"的理解存在偏差。所谓"尚法而无法"，意味着形式上崇尚"法"，但实质上却缺乏"法"，或者说，形式上以"法"标榜，但实际上却未能尊重、依循"法"。"下修而好作"一句历代注家各有歧义。王念孙认为此句当为"不循而好作"，亦即将"下修"改为"不循"。"下"与"不"在字形上有相近之处，可能由于传抄发生讹误，但王念孙将"下修"完全改为"不循"，则似改动太大："修"本来就包含"循"之意，"不修而作"在意义上也可成立，并与"尚法而无法"形成某种对应关系：不依照"法"，但却热衷于制定"法"。要而言之，按荀子的理解，慎到、田骈一派的总体特点在于好制作法并在形式上崇尚法，但实际上却离法甚远。

与以上所述相关联的是"上则取听于上，下则取从于俗"。"上则取听于上"意味着听命于上，亦即唯在上者的意志是从；"下则取从于俗"则表现为仅仅以世俗的意见为准，亦即迎合大众、世俗的偏好与趋向。联系起来看，这里不仅涉及具体的行为方式，而且关乎如何"作"（制定）"法"的问题。在荀子看来，慎到和田骈或者仅仅将在上者的看法作为准则，制定法制只听从于在上者之旨，一切以其意志为转移，所谓"上则取听于上"；或者又仅仅以世俗的意见为准，即迎合大众和世俗的偏好与趋向，所谓"下则取从于俗"。如此"作"法的特点，在于完全不考虑建构社会秩序的实际需要。正由于慎到和田骈的"好作"或者仅仅听命于在上者的意志，或者单纯地迎合世俗之意，而并不以历史本身的要求和社会秩序本身的需要为根据，因而导致"终日言成文典"，但最终却"偶然无所归宿"。即整天谈论法规，但反观、追问法的依据以及如何行法等具体方面，则茫然不知所据，这种"法"显然难以真正成为具有实际规范和引导效应的法规。

具体而言，其所作之"法""不可以经国定分"。"经国"涉及国的治理，"定分"则表现为确定各种"度量分界"，按照荀子的理解，这一意义上的"定分"是形成秩序的前提。质言之，慎到和田骈的以上之"法"既难以应用于治理国家的过程，也无法对社会成员作出定位、区分，从而，对国家的治理和社会秩序的形成都没有实际意义。

对慎到、田骈的以上批评与前一节所讨论的内容在思想脉络上具有内在的相关性，其共同的关注之点是社会规范、秩序的问题。当然，在具体的侧重点上，前后又有所不同。慎到、田骈以"尚法"为标榜，他们在形式上都十分注重法，但荀子在这里则着重指出，关键的问题不在于要不要"法"，而在于要什么样的"法"、根据什么来"作"（制定）"法"，恰恰在这一实质的问题上，慎到、田骈的思想出现了理论上的偏差。

三

对"尚法而无法，下修而好作"的批评，其前提在于这种趋向既忽视了"作"法的现实根据，又难以使"法"产生实际的作用。不难看到，其中蕴含着对规范之现实意义的关注。由此出发，荀子对惠施、邓析提出了批评：

> 不法先王，不是礼义，而好治怪说，玩琦辞，甚察而不惠，辩而无用，多事而寡功，不可以为治纲纪；然而其持之有故，其言之成理，足以欺惑愚众，是惠施、邓析也。

惠施、邓析可以视为名家的代表，荀子首先批评名家"不法先王"。"法先王"在此并非表现为历史的因循、保守等趋向，而主要指对历史传统的注重：在荀子看来，"先王"代表了以往的历史传统，名家则缺乏对这种历史传统的必要关注。对历史的关注与抽象的思辨彼此相对，注重历史与后面他所批评的仅仅关注抽象的形式，则由此构成了一种对照。在这里，关注现实与关注历史传统，表现为相互关联的两个方面。

与"不法先王"相关的是"不是礼义"。"礼义"与前面提到的"法"都属广义的社会规范，相对而言，"法"侧重于形式、程序的一面，"礼义"则同时从实质的方面体现了价值的要求和价值的原则。按照荀子的看法，在忽视历史传统的同时，名家也未能关注实质层面的价值内涵，这与后面荀子批评名家注重名辞的外在形式、忽视其实质内涵相互关联。 "好治怪说"中的"怪"，既指与常识相对，也指偏离通常的价值规范。 名家的很多说法往往有别于常识。《庄子·天下》中提到的"辩者二十一事"，有不少这方面的例子，"火不热"便是是其中之一。 按常识，火是热的，但名家则从元语言的角度看待这一问题，强调"火"这个词本身并不热。这些表述从形式的层面看，与常识存在某种不一致。 所谓"玩琦辞"，就是玩弄语言游戏。 "甚察而不惠"中的"察"，主要是指辨析、分析，"甚察"就是过度的分析、辨析。 分析本来是把握对象的一种重要方式，但一旦过度，就走向了另一面。 所谓"甚察而不惠"，也就是仅仅囿于过度的分析，而未能对实际地说明事物、规范行动产生积极的意义。

"辩而无用"，进一步将"用"的问题提了出来。 "辩"是辨析、论辩，"无用"则是没有实际的社会效用。 与之相联系的"多事而寡功"，是指仅有烦琐的名言分析，却缺乏实际的结果、效用。 这里涉及"名"的作用问题。 荀子在《正名》篇中曾提到，"名"的基本作用是"上以明贵贱，下以别同异"。 "贵贱"是在价值层面上说的，侧重于对社会的等级分层，明确上下尊卑的价值关系。 "同异"则是就事实层面而言，即以不同的名去指称不同的对象（包括社会领域中彼此相异的存在），由此把事物区分开来。 在荀子看来，名家玩弄语言游戏、从事过度分析和烦琐的论辩，往往使"名"失去了上述基本功能，所谓"辩而无用"，即就此而言。 根据荀子的理解，概念、语言并不仅是头脑中思辨的对象，而是有其现实的意义。 以上所说的"用"，主要便是指语言的社会作用、功能。 在治国的政治实践中，忽略了"名"的以上作用，便会导致"不可以为治纲纪"，亦即无法为整顿纲纪服务。 整顿纲纪表现为治国的具体实践过程，按荀子之见，概念的形成、辨析等等本来应该服务于确定现实的纲纪：通过概念辨析和分析，可以使纲纪、法规系统井然有序，从而实现其整治社会的实际功能。 然而，在名家那里，形式层面的"玩琦辞"，却使名言的辨析失去了其应有的作用。 荀子以上批评的前提是：名言应该服务于现实、促进社会的正常交往。 具体而言，其作用在于分辨对象、确定价值意义、界定法律与规范的界限，等等。 从这一角度看，荀子对"名"的理解，与孔子以来的"正名"观念无疑前后相承、彼此呼应。对"名"的以上看法，突出的首先是其规范意义，就此而言，肯定"名"的功能与注重"礼义""法"的作用，显然具有一致性。

在更普遍的意义上，荀子将形式层面的言说和论辩与实质层面的合乎礼义区分开来："辩说譬谕、齐给便利而不顺礼义，谓之奸说。""齐给便利"，主要是形式层面的能言善辩，如果仅仅限于形式层面的善辩而在实质的意义上不合乎礼义，则这种论说便具有负面或消极的意义。在荀子看来，当时的各家各派，尤其是名家，都涉及以上偏向。他们既不从现实出发，也不尊重历史，更不合乎实质的价值规范（礼义），由此导致不正当的言说（所谓"奸说"）泛滥。他之批评十二子，在相当意义上即试图纠此思想偏向。

四

广而言之，规范及其作用不仅仅体现于社会政治实践的过程，而且涉及观念领域。在对子思和孟子的批评中，荀子主要便侧重于后者：

> 略法先王而不知其统，然而犹材剧志大，闻见杂博。案往旧造说，谓之五行，甚僻违而无类，幽隐而无说，闭约而无解，案饰其辞而祗敬之曰：'此真先君子之言也。'子思唱之，孟轲和之，世俗之沟犹瞀儒嚾嚾然不知其所非也，遂受而传之，以为仲尼、子游为兹厚于后世。是则子思、孟轲之罪也。

这里又一次提到"法先王"的问题。如上所述，在批评邓析和惠施时，荀子曾指出他们"不法先王"。相对于前面提到的邓析、惠施而言，子思和孟子的特点在于"略法先王"，也就是说，他们对历史传统也有所关注。关于荀子思想系统中"法先王"和"法后王"的问题，一直存在不同的理解。荀子心目中的"先""后"是以什么历史阶段为划分标准，这本身是一个可以讨论的问题。宽泛而言，这里的"先""后"都早于荀子所处时代，从而都涉及历史的传统。在关注历史传统这一点上，荀子大致继承了从孔子以来的儒学系统。与之相联系，荀子对于思孟关注传统这一点，并未完全加以否定。这里值得注意的是，荀子同时强调"知其统"，在他看来，子思和孟子虽"略法先王"，但却"不知其统"，此处之

"统"，也就是历史过程中的内在脉络。对荀子而言，子思和孟子固然也注意到历史传统，但对传统中的脉络和关联却缺乏具体的把握。这一意义上的"统"，也可以看作是历史过程中的内在秩序，事实上，历史传统中的脉络和关联，同时便表现为历史过程中的内在秩序。从思想史看，子思和孟子是否完全"不知其统"，当然可以进一步讨论，这里重要的不是荀子对思孟的历史评价是否确切，而是他对历史秩序（"统"）的关注。

与"不知其统"相联系，按荀子之见，思孟在思想系统上呈现"杂博"的特点。儒学本来有注重博学的传统，在这一传统下，儒家和道家形成了比较明显的分野。然而，对"博"的理解又可以各有侧重，其表现形式也可彼此相异，具体而言，存在着注重内在脉络条理的"博"与缺乏这种条理的"博"之区分。在荀子看来，如果"博"而无内在的条理性，便会衍化为"杂"，思孟学派所谓的"博"，便表现出以上偏向，所谓"杂博"，即就此而言。条理可以视为观念领域的内在秩序，在此意义上，无条理的"杂博"，意味着缺乏内在的思想秩序。荀子对子思和孟子思想特点的以上看法是否合乎思孟思想的实际状况，无疑需要作具体考察，但其中又确乎从一个方面体现了荀子自身对"博"的理解。

由以上前提出发，荀子对思孟的思想提出了进一步的批评，认为其特点在于"案往旧造说"，亦即根据以往的材料，构造某种学说、理论。"造说"带有思辨的意味，也就是说，它不是基于对现实的真切把握、对以往思想历史发展及其脉络（"统"）的考察总结而形成新的理论，而是人为或思辨地加以构造。作为这种构造产物的"五行"说，本身也无法摆脱思辨的形式。从哲学的层面看，"五行"大致包含两重内涵：其一，指物质质料方面的"五行"，即金、木、水、火、土，这一意义上的五行表现为物质的存在形态；其二，则是观念形态的"五行"，指"仁、义、礼、智、信"，或郭店楚简《五行》篇提到的"仁、义、礼、智、圣"。思孟所涉及的五行，似乎主要与观念形态相联系。按荀子的看法，这种学说的内在特点首先在于"僻违而无类"。所谓"无类"，在这里可以理解为缺乏逻辑的条贯性。与之相应的是"幽隐而无说"，"说"在此与论证、论说联系在一起，"无说"意味着逻辑的论证和推论方面的不足。前者（"僻违而无类"）主要从内在系统上，指出其名言之间的联系缺乏条理性，后者（"幽隐而无说"）则表明这种理论本身在论证方面不充分。 二者相互关联，导致的结果便是"闭约而无解"。 "闭约"呈现为一种封闭性，"无解"表明难以理解：正由于这种学说既缺乏内在条理，又没有充分论证，结果就成为一种自我封闭、无法理解的思辨体系，后者也就是荀子所认为的思孟五行说的主要问题之所在。

可以注意到，荀子对思孟的批评，与对其他诸子的批评之间，具有某种呼应性和关联性。 前面已论及，荀子对各家的批评以注重规范和秩序为其出发点。 从广义上说，"秩序"既与社会政治领域相联系，也可以从内在的思想、观念领域加以理解。 思想也有其内在的秩序，荀子所指出的思孟理论中的很多问题，都关乎思想的秩序。 "博"若取得"杂"的形式，便将走向为无序，同样，按荀子的理解，思孟的五行也没有条理，从而缺乏内在的思想秩序。 观念的杂乱、无序，往往导致思辨晦涩、不合逻辑。 由此进一步涉及秩序和规范之间的关系：作为观念形态的"五行"，仁、义、礼、智、信或仁、义、礼、智、圣本身都有规范意义，这些规范既包含实质的价值内容，又为社会领域与观念领域的有序性提供了担保。 在荀子看来，思孟不仅"杂"而"不知其统"，而且把实质层面的价值规范变成思辨晦涩（"僻违""幽隐"）的形式。 本来，仁、义、礼、智、信或仁、义、礼、智、圣包含具体的内容，可以用于引导和规范人们的知与行、生活和实践，由此在不同层面使人的存在趋向于有序化。 一旦将其转换为思辨的形式，则它们的现实指导意义便将随之失去。 对荀子而言，思孟在把实质性的内容形式化之后，又以"五行"的系统，将形式的东西思辨化，使之既缺乏条理、脉络，也疏离于必要的论证。 这种批评，在逻辑上以注重规范、秩序为其出发点。 按荀子的理解，仁、义、礼、智、信或仁、义、礼、智、圣这一类规范之间，包含内在脉络和内在秩序。 规范之能成为社会秩序的担保，和规范本身具有内在秩序无法相分。 如果规范系统杂乱无章、思辨晦涩，无统类、无条理，人们往往便无所适从：既不知道应该做什么，也不了解应该如何做，从而，这种规范系统也很难从正面引导人们的知行过程，并进一步建立现实的社会秩序。 关于思孟的五行说，其具体内涵当然可以从不同的角度加以考察，其中是否存在荀子所批评的问题，也需要基于更具体的思想资料作深入的研究。 然而，从荀子的视域看，思孟的五行说所内含的根本问题，便在于将儒家的规范系统无序化、思辨化了，其以上批评，主要亦以此为出发点。

五

对不同学派、人物的批评，并不意味着走向怀疑或否定一切。在荀子那里，批评与质疑本身基于一定的立场和观念，从而，这种批评不同于哲学上的怀疑论和相对主义。荀子的以下看法，从一个侧面表明了这一点：

> 信信，信也；疑疑，亦信也。贵贤，仁也；贱不肖，亦仁也。言而当，知也；默而当，亦知也。故知默犹知言也。故多言而类，圣人也；少言而法，君子也；多少无法而流涵然，虽辩，小人也。

从一定意义说，荀子的以上论点与孟子所谓"知言"具有相关性。孟子曾自称自己所长在于"善养浩然之气"和"知言"，其中的"知言"便以分辨不同观念和学说的是非、对错为内容。这里荀子也从一般意义上提出了如何对不同学说、不同观念加以考察、判定的问题。"信信"即相信可信者，它蕴含摒弃怀疑论之意，"疑疑"则是对可疑者加以怀疑，即拒绝盲从、盲信、盲目接受缺乏充分根据的学说，它同时意味着避免独断的立场。可以看到，荀子在此对独断论与怀疑论做了双重扬弃。无论从正面相信、接受有根据的可靠观念，还是从反面怀疑存在问题的观念，都属于广义上的"信"。归根到底，对世界和人的理解，不能走向消解所有的观念、立场，否则将陷入虚无主义。可以看到，荀子最后的立场落实在"信"之上，这是一种不同于单纯"破"的学术观念。

"信信""疑疑"更多地表现为认识论的态度，与之相对，"贵""贱"则侧重于价值论的立场。"贵贤"，即尊重有贤德品格的人物，它从正面体现了"仁"的规范。反之，"贱不肖"则是以否定的态度来对待缺乏仁德的人。"仁"作为普遍的规范，总体上体现为两重方面：对有德性的人的尊重，对无德性的人的鄙视。在荀子以前，孔子已经提到："唯仁者能好人，能恶人。"[1]积极意义上肯定（"好"）有德性的人与消极意义

---

[1]《论语·里仁》。

上否定（"恶"）缺乏德性的人，在孔子看来都是"仁"的体现，荀子的以上看法可以看作是对孔子这一观点的引申。在此，荀子通过揭示"仁"这种普遍规范的二重方面，对如何在价值观上确立比较健全的立场表明了自己的看法。

认识论意义上的观念与价值观上的看法，既需要通过名言的形式表达出来，也离不开默而识之。由此，便涉及言与默等关系问题。荀子所注重的，是对言与默、多言与少言作具体的分析：既不能对"多言"盲目地否定，也不应对"少言"绝对地赞美。在荀子看来，判断言与默的意义，关键在于它们是否合乎普遍的准则，所谓"当"，便是相对于普遍的规则而言：合乎普遍规范即为"当"，反之则是不"当"。这里的"默"可以理解为无言的思维过程，孔子所说的"默而识之"，便是通过非外在表达的方式来把握某种观念，它与个体的反思、体验、领悟等等相关联，其"当"与否，同样关乎普遍准则。在这里，问题再一次与普遍的规范、准则联系起来。如前所述，荀子"非"（批评）十二子的基本前提和立场之一，便是注重普遍的规范和秩序，对宽泛意义上"言"的评判，同样体现了这一点："当"与"不当"的主要标准，就在于是否与一定的规范、原则相一致。

与"当"相关的是"类"与"法"。"类"意味着合乎某种标准，由此既具有条理性，又可纳入一定之"类"，"多言而类"，即言说内容虽然很多，但却合乎一定的准则，从而不同于"杂博"，而是呈现内在之序。"法"与规范、准则具有更切近的关系，"少言而法"，表明所言内容虽然不多，但却同样合乎逻辑、依循规范。在宽泛意义上，这里所谓"多言而类""少言而法"，都指言说不偏离逻辑和规范。荀子对这种言说作了充分肯定，将其分别视为圣人、君子的言说方式。与之相对的是"多言无法①，而流湎然"，即喋喋不休地言说，但却悖离逻辑、不合规范，亦即仅仅沉溺于某种言说本身，既没有提供实质性的知识，也不符合形式的普遍规范。

在荀子看来，论辩、言说的意义并非仅仅停留于言语的层面，而是有其现实的指向，后者具体表现为社会秩序的建构。就社会本身而言，其中又

---

① "多言"本作"多少"，这里根据卢文昭之说、按《荀子·大略》校改。

包含多样的人伦关系，对这些社会人伦关系的协调、处理，需要运用不同的规范：

> 遇君则修臣下之义,遇乡则修长幼之义,遇长则修子弟之义,遇友则修礼节辞让之义,遇贱而少者则修告导宽容之义。无不爱也,无不敬也,无与人争也,恢然如天地之苞万物,如是则贤者贵之,不肖者亲之。

义和礼都包含规范、准则之意。义者,宜也,表现为应当,引申为当然之则。这一论域中的"义"既在总体上表现为一种规范系统,又具有多样的内容。以上所论,便涉及义作为规范所具有的多样表现形式。

如前所述,荀子始终将"群"放在一个重要的位置,"群"本身则展开于社会共同体中人与人之间的联系、交往,合"群"的前提,是处理好其中的不同关系。在以上论述中,荀子对多样的社会关系及处理这些关系的规范做了具体分析。在社会政治的领域,首先面临的是君臣关系,后者涉及社会等级之序。在荀子看来,从上下等级之分来说,重要的是"臣下之义",即为臣要遵守臣下应当奉行的礼义规范。在日常生活领域,则涉及乡里、家庭等人伦,其间需要遵守长幼之义。从形式上看,"遇乡则修长幼之义"与"遇长则修子弟之义",含义似乎较为相近,两者都指向长幼关系,但若进一步考察,则尚有亲缘与非亲缘之别,这里的子弟可能更多地涉及亲缘关系,"乡"则关乎亲缘关系之外的长幼之序。"子弟"的含义较为宽泛,可以指师生之间的关系,也可以表示涉及亲缘的长幼关系。这里,荀子将"遇乡则修长幼之义"与"遇长则修子弟之义"区分开来,则后者似乎更多地涉及亲缘关系。"遇友则修礼节辞让之义"中的"友",通常关乎同辈之间的关系,孔子曾区分老者、朋友、少者:"老者安之,朋友信之,少者怀之。"[1]作为与老者、少者相区别的对象,朋友首先与同辈相关。同辈之间的关系不同于长幼之伦,其间重要的是彼此之间的相互尊重、信任和礼让。"遇贱而少者则修告导宽容之义","贱而少"意味着在社会等级者和年辈上都较低,对这些群体,既应加以引导("告导"),也需具有宽厚容忍(宽容)之心。

基于不同社会人伦以及相关行为规范(义)的如上考察,荀子进一步提

---

①《论语·公冶长》。

出了人与人交往的一般原则："无不爱也，无不敬也，无与人争也。""爱"主要表现为对他人的关切、关爱，其前提是将人与物区分开来，肯定他人作为人所具有的内在价值；"敬"更多地内含尊重之意，其特点在于真诚而非流于形式；"无与人争"可以理解为宽厚、包容的原则，所谓"恢然如天地之苞万物"，亦隐喻了这一点。如果在交往过程中真正遵循以上基本原则，则人与人之间便可和谐相处，并进而达到"则贤者贵之，不肖者亲之"。人与人之间的这种相互关切（爱）、尊重（敬）、宽容（不争），最终指向的，是合群——社会的有序化。在此，社会的规范（义）既是处理人与人之间关系的准则，又构成了形成社会秩序的内在担保。

在《非十二子》中，荀子从不同的方面对先秦相关人物的思想作了理论上的分析、考察。与外在的评论有所不同，这种分析考察基于荀子自身的基本哲学立场。以"群"为人禽之分的社会本原，荀子将秩序提到重要地位：合群意味着建构社会之序；以礼为"道德之极"，荀子同时将注重之点指向礼义等普遍规范。以上二重视域在相当意义上构成了荀子批评先秦其他诸子的前提，而秩序与规范本身则进一步被赋予多方面的内涵。《非十二子》的最后一段提出"宗原应变，曲得其宜"，"宗原"亦即注重本原，从知与行的层面看，它意味着本于普遍的原则和规范，以此作为全篇收尾，无疑进一步突出了其分析、考察诸子思想的内在之旨。

（原载《上海师范大学学报》2013 年第 6 期）

宋明理学的内在哲学旨趣[①]

宋明理学作为一代思潮，有其自身的概念系统及论题。 从哲学的层面说，在"理"和"气"、"心"和"理"、"心"和"性"以及"道心"和"人心"、"气质之性"和"天地之性"等概念之后，理学既讨论何物存在或何为世界的本原这样一些天道之域的形而上问题，又追问"何为人""何为理想人格"以及"应当做什么""应当如何做"等人道之域的问题。 在更一般的层面上，其关切之点进一步指向"当然"与"实然""必然""自然"之间的关系。 后者既涉及中国哲学所讨论的天道与人道的关系，又在普遍的哲学论域中体现了本体论、伦理学与价值论的相互交融。

一

宋明理学在中国思想的演化过程中占有重要的一页。 它的重要性不仅仅在于其内容，而且体现于其延续的历史时期。 如所周知，中国思想史上曾出现过一系列重要的思潮，包括先秦诸子学、两汉经学、魏晋玄学、隋唐佛学，以及宋明理学。 在这些思潮之中，宋明理学历时最久，前后差不多有近七百年的时间，跨越了宋、元、明等朝代，由此，也可从一个侧面窥见其在中国思想史、哲学史的地位和重要性。

就一般的意义而言，理学以心性和天道为讨论的对象。 从先秦开始，儒家便不断地追问性与天道。 这里的"性"首先与人的存在相联系，在引申的意义上，它同时涉及对人生意义的关切、精神世界的理解等问题；天道

则主要是关涉世界之"在"，包括天地万物的发生及其存在的根据，等等。理学家也从理论的层面，对这些问题做了比较细致的考察。要而言之，理学在哲学上所指向的，是宇宙人生、性与天道的最一般原理。

从历史的角度看，理学的发生并非无本无源，其形成、演化与此前中国思想的发展紧密相关：它既基于以往学术发展积累起来的成果，同时又对这些思想成果做出了新的阐发。关于理学与以往思想的关系，如一般所论，需要注意儒、释、道三者之间的互动。首先是儒学。理学往往又被称为新儒学（Neo－confucianism），这一称谓已体现了理学与以往的儒学的理论联系。事实上，我们确实可以看到新儒学对以往的儒学思想尤其是先秦儒学的自觉继承、多重发挥。另外两个方面则是释（佛教）和道（包括道家和道教）。理学对佛教和道家、道教的态度具有两重性：一方面，从形式之维看，理学家站在捍卫儒学的立场上，对佛教和道教的批评、抨击不遗余力，在这种批评中，理学同时也阐发、强化了儒家的某些原理和观念；另一方面，它又多方面的吸取了佛教和道家、道教的思想，并由此使儒学本身得到了丰富和发展。前面提到理学的中心问题关乎心性和天道，事实上，传统儒学很早就开始讨论这些问题，佛教和道家、道教同样以独特的方式涉及以上两个方面。在各种宗教中，佛教可能是对精神活动、心理现象分析得较为细致的一个学派。道家与道教则从一开始就对天道以及自然、宇宙的本源和发展演化、道和万物的关系，作了不同层面的考察。理学对佛道的这些思想，在不同的程度上都有所吸取。这种吸纳，同时也为理学多方面地深化儒学提供了理论资源。

总之，一方面，在佛学兴盛之后，如何重新振兴儒学构成了当时认同儒学的士人所面临的重要问题，在一定意义上可以说，理学承担了这一历史使命。与之相联系，理学的兴起也可以看作儒学的复兴。另一方面，理学对佛教和道家、道教既批评，又吸纳，相拒而又相融；在此意义上，理学的特点之一又确乎表现为儒释道的融合。

二

作为一代思潮，理学内部又有不同的学派和人物，学派的区分则与具体问题的探讨紧密联系在一起。 约略而言，这些具体的问题可以区分为如下几个方面。

首先是理和气的关系。 "理"这一概念虽然在先秦时代就已经出现，但作为一个哲学范畴被集中地加以讨论则是在宋明时期。 对"理"的讨论又与"气"相联系。 从现代的观念看，"理"近于一般原则、本质或形式，气则关乎构成世界的质料。 在自然观的层面，理与气关系的讨论，主要涉及二者究竟谁更根本：是事物的形式、本质对事物更具有本原意义，还是事物的质料对世界的构成更为重要？ 这两者是否有先后关系？ 这些问题涉及对世界的理解。 与上述问题的讨论相联系，在理学中区分出两大派别：一个是以气为本原的学派，另一个则是以理为第一原理的学派。 气学中的代表性人物主要是张载，注重理的哲学家则有二程（程颢和程颐）和朱熹等。理气关系的讨论，同时又与道器关系的论辩相联系。 如上所述，理气关系中的"气"主要被理解为构成世界的质料，道器关系中的"器"则首先呈现为经验领域的特定事物，与之相应，道器之辩关乎形上之域与形下之域、普遍原理与经验对象之间的关系。 从更宽泛的层面看，理气关系与道器关系的辨析，同时涉及一般与个别、普遍与特殊等关系。

理不仅与外部世界、天道相联系，而且也与内在心性相关联，由此便产生了心与理的关系问题。 心更多地涉及个体的精神活动、心理现象、意识观念。 与意识活动及其结果相联系，心总是离不开一个一个具体的人，并落实在不同的个体之上：所谓心、精神、意识，总是发生于特定的个体，这样的个体又是有血有肉的具体存在。 与之相对，理指向一般的本质、原理、规范，这种原理具有普遍性，并非仅限于个体：一般的原则、规范，并不仅仅对特定个人有制约作用，而是超越于个人。 超越于个人的普遍原则（理）与内在于个体的精神、意识（心）这两者之间究竟具有什么样的关系？ 一般的原则以何种方式制约个体？ 这都属心和理的关系所要讨论的问题。 与以上问题相关的两个不同学派分别是心学与狭义上的理学。 心学以心立说，对个体的存在也更为注重。 在某种意义上，心学注意到了普遍原则、规范只有落实并内化于每一个人，才能实际地起作用。 理学则更关注原则的普遍性，强调原则本身不可违背、每一个体都应该遵循这种普遍原则。 这里不难注意到，理学可以作广义和狭义的理解：从广义上看，理学泛指宋明时期主流思潮，包括注重气、注重心与注重理等不同学派；狭义上的理学，则是在理气（道器）、心与理等关系上以理（道）为第一原理、认为理和道更具有本原性的学派。

心和理的问题与心和性的问题紧密相关：心和理的定位在理论上涉及心和性的关系。理学论域中的"性"，主要以理为具体内容，它规定了人的本质：对理学家而言，人之为人的本质，便来自于理。一般来说，在心和性这两者中，持心学立场者较为注重个体之心，以理为第一原理者则更注重性。性与理合一，体现了普遍的本质，心则更多地涉及个体性的规定。心性之辩与心理之别彼此关联，构成了理学的重要内容。进而言之，心性层面的讨论还关乎"气质之性"和"天地之性"的区分。"气质之性"体现的首先是人在生物学意义上的感性规定；"天地之性"则更多地呈现了道德意义，是人作为道德主体所具有的本质。"气质之性"和"天地之性"关系的讨论，关乎"何为人"这一更为根本的问题。

与心性相联系的尚有人心和道心的辨析。人心主要是指人的自然欲望，如饥而欲食、渴而欲饮之类。道心则体现于精神性或理性的追求，如希望成就完美的德性、成圣的意向，等等。人心和道心、自然的欲望和崇高的道德追求之间的关系应该如何理解？这是人心和道心之辩所涉及的问题。相应于人心道心之辩的是"理"和"欲"之间的关系。谈到理学，一般便会联想到"天理"与"人欲"之辩，对"理""欲"关系的讨论确实构成了理学中重要的方面。这里的"欲"指人的感性或自然欲望，"理"则表现为理性的要求。"理""欲"关系所涉及的是人的自然欲望和人的理性追求之间如何定位的问题。从总体上看，在"理"与"欲"的关系上，理学家对"道心"和"理"往往给予更多的关注。相形之下，与肯定个体之心相联系，心学的立场则为承诺人心与"欲"提供了某种理论空间。

在理学之中，理与气、心与理，以及心性、理欲等问题的讨论，同时又与知行之辩相联系。无论在天道层面，抑或人道之域，都涉及对"理"与"道"的把握，所谓穷理、格物、致知，等等，都关乎这一方面的问题。另一方面，心与理、心与性、理与欲的辨析，又指向人自身的成就（所谓成人或成圣），而完美的人格则既表现为内在的德性，又体现于外在的德行。由此，便发生了知行的关系问题：如何穷理、致知？道德认识是否需要基于道德践行？ 如何从知善走向行善？ 这些问题构成了知行之辩的具体内容。

三

以上是理学的主要论题。 "理"和"气"（"道"和"器"）、"心"和"理"、"心"与"性"、"道心"与"人心"、"知"与"行"等都是理学所运用的语言和概念。 那么，在这些语言、概念之后，究竟包含一些什么样的哲学问题？ 换言之，以理学的话语、概念所表达的以上论题，究竟具有什么哲学内涵？ 这无疑需要作进一步的分析。

首先是"理""气"（"道""器"）关系。 "理""气"（"道""器"）关系所涉及的是对世界的理解问题，包括何物存在、如何存在。具体而言，世界的本源、根据是什么？ 物质的质料与普遍的法则之间到底呈现一种什么样的关系？ 特定对象和一般法则之间的关系应当如何理解？等等。 "气"与"器"总是与具体的事物相联系，而"理"与"道"则表现为普遍的法则，普遍的法则究竟内在于具体的对象之中，还是超越于具体的个体？ 这些问题是人们在理解世界时无法回避的，在中国传统哲学中，它们属"天道"之域。 以何物存在、如何存在为追问的内容，这些问题同时具有形而上的性质。

与理气之辩相联系的是"心"和"性"、"心"和"理"的关系。 理气关系首先指向天道，相对于此，"心"和"性"、"心"和"理"更多地与人的存在相联系，属人道之域。 作为天道之域论题的"理""气"之辩主要讨论人之外的世界或宇宙，"心"和"性"、"心"和"理"的探讨则意味着从外部的世界回到人自身。 如前所述，"天道"观念关注的是外部世界，其问题首先是何物存在，"人道"作为与人相联系的问题，则首先追问何为人（"什么是人"）。 不同的学派、不同的人物都追问"何为人"的问题。 在先秦时代，儒家便严于"人禽之辩"，后者所涉及的也就是人与动物（禽兽）的区分问题：究竟是什么将人与禽兽区分开来？ 人作为人到底以什么作为其根本规定？ 这些问题在理学之中进一步与心与性、心与理的关系相联系。 人应该被理解为"理"的化身或天理的人格化，还是应该被理解为一个一个具体的、有血有肉的个体？这是理学所关注的问题之一。事实上，如前文已论及的，理学所讨论的心性问题、心和理的关系问题以及关于"气质之性"和"天地之性"的关系问题，都与"何为人"这一更本原的问题相联系。如果从哲学的层面去概括以上问题，则这里涉及的便是人究竟仅仅内含理性的本质还是同时具有感性的规定？人是抽象的存在还是具体的存在？关于心理、心性的问题都与之相联系。

与人是什么（何为人）相联系的是人应当成为什么（何为理想人格）。人是什么（何为人）首先涉及实然，其问题主要在于：从实然的角度来看，人到底是何种存在？人应当成为什么（何为理想人格）则关乎"应然"的问题。如上所述，从实然层面看，人或者可以被视为"理"的化身，或者可以被理解为有血有肉的具体个体。然而，人的存在不能停留、满足于这一事实的层面之上，人还需要追求自己的理想。那么，理想的人（也就是我们应当努力实现的人格），到底具有什么样的内涵？在中国哲学尤其是儒家哲学中，以上问题主要与理想人格问题相联系。从内在的逻辑关系看，何为人与何为理想的人格这两个问题并非完全不相涉：对何为人的理解，内在地制约着对理想人格的规定。从人是理的化身这一前提出发，理想人格往往便被规定为醇儒，其内在人格完全由普遍的天理所构成，不能有丝毫人欲、感性的观念掺杂其间；从人是包含感性规定的具体存在这一观念出发，则要求在实现天理、追求德性的同时，给人的感性的规定以适当的地位，也就是说，在追求理想人格的同时，应承认感性规定存在的"合法性"。

何为人与何为应然之人（理想人格）的讨论，常常引向德性与德行的关系。事实上，在理学中，心性等问题的讨论，总是与"德性"及"德行"相联系。"德性"关乎内在人格，"德行"则表现为道德行为。如何理解道德行为？这一问题具体涉及"自觉"和"自愿"的关系问题。道德行为无疑应当遵循普遍之理，然而，如果仅仅遵循普遍之理、无条件地执行天理的命令，则这种行为固然是自觉的，但却不一定合乎人的内在意愿。在自觉地理解、接受天理的要求或普遍的原则之外，是否还要考虑个人自身的意愿？道德行为究竟仅仅是自觉的行为，还是同时也应是自愿的？在这一问题上，存在着各种争论。相对而言，以理为第一原理的理学家，更注重行为的自觉之维，以心说理的哲学家则肯定行为应同时具有自愿的性质。可以看到，在心与性、心与理的辨析之后，具体地涉及道德行为的性质及特点问题。

成就德行与成就德性无法相分。如何成就德性的问题在中国哲学中具体指向"成人之道"，后者所关涉的是成就人格的方式、途径。如何理解成就人格的方式、途径？这一问题与理学家关于知与行以及"尊德性"与"道问学"的讨论相联系。概略而言，知与行诚然也被赋予较广的内涵，但在理学的论域中，它首先涉及道德认识与道德实践的关系。关于知行的先后、知行相分与相合等问题的讨论，往往体现了对德性成就的方式以及德行展开过程的不同理解。与之相关，"尊德性"所关注的是外部的规范如何转化为个体的内在德性、品格，亦即化普遍的规范、原则、知识为个体的内在意识，由此逐渐形成完美的德性、达到理想的人格之境。"道问学"则更多地以成就知识为入手工夫，亦即通过格外在之物、穷天下之理，不断地理解天下万物之所以然，并把握社会的伦理规范，由此走向理想人格。前者侧重于外在规范的内化，后者则赋予理性之知的积累以某种优先性。这两种进路体现了不同的方向，理学家中不同的人物、不同的学派在这个问题上往往各有侧重，表现了相异的立场。

四

从更一般的角度看，理学论域中的以上问题，同时指向"当然"与"实然""必然""自然"之间的关系。"当然""实然""必然""自然"作为哲学观念，包含多方面的理论内涵。理学家对理气、心性等问题的讨论，也从不同侧面涉及以上观念所包含的哲学问题。

所谓"当然"，属规范性的概念，其中包含应该如何的规定，如应该做什么，应该如何做，等等。"应该做什么"与当然之则相关，其背后是责任或义务，"应该如何做"则涉及行为的方式、途径。"应该做什么"所包含的义务、责任，与个体在社会之中所处的关系、所承担的角色相联系，一定的社会关系往往从本体论的层面规定了相关个体的责任与义务。这种责任与义务在抽象化、形式化之后，又进一步取得"当然之则"的形态，后者也就是普遍的规范，它规定相关的个体应当做什么、应当如何做。理学所讨论的"理"，在很多方面涉及"当然"，其中包含着对人的责任和义务的规定，在形式的层面，"理"又表现为一般的原则、规范。不同学派的理学家对这一论域中的"理"，每每又有多样的理解，后者关乎当然与实然、必然、自然之间关系的不同定位。

"当然"作为普遍的规范，是否有其现实的根据？这一问题涉及"当然"与"实然"的关系。当然之则在广义上为社会秩序提供了某种担保，无论是规则本身还是规则所担保的秩序，在中国哲学中都属人道之域。对中国哲学而言，人道与天道无法相分，人道意义上的当然之则、人伦秩序与天道意义上的存在之序，也非完全彼此悬隔。理学中注重"气"的学派，对以上层面的人道与天道的联系，给予了更多的关注。注重气的张载便认为，气的聚散，便并非杂而无序，其间包含内在的条理：

> 天地之气,虽聚散攻取百涂,然其为理也,顺而不妄。气之为物,散入无形,适得吾体;聚为有象,不失吾常。①

"顺而不妄"意味着有法则可循。天道之域的这种有序性，同样体现于人道之域："生有先后，所以为天序；小大高下，相并而相形焉，是谓天秩。天之生物也有序，物之既形也有秩，知序然后经正，知秩然后礼行。"②天序与天秩，属自然之序（实然）；"经"与"礼"，则涉及社会之序（当然），按张载的理解，经之正、礼之行，以"知序"和"知秩"为根据，这一观点的前提，便是天道（自然之序）与人道（社会之序）的联系。在这里，天道的考察具体地引向并体现于人道。尽管对"当然"与"实然"的以上沟通具有某种思辨的意味，但就其肯定"当然"具有现实的根据，这一思维趋向仍有其意义。从这一方面看，理学中的"气"论，其意义不仅仅在于从天道观的层面注意到理气不可分，而且也包含着对应然世界与实然世界加以沟通的意向。

"当然"既与"实然"相关，又涉及"必然"，这种"必然"更多地体现于"理"之上。"气"主要呈现为一种实际的存在：现实世界都由作为

---

① 《张载集》,中华书局,1978 年,第 7 页。
② 《张载集》,中华书局,1978 年,第 19 页。

实际质料的"气"所构成。 "理"从天道的层面来看，则是内在于世界的普遍法则，这种普遍的法则具有必然的性质，无法违背。 理学中注重"理"的哲学家，如二程与朱熹，往往把作为"当然"的责任、义务，以及人应当遵循的行为准则、规范同时理解为必然，并强调这种准则、规范的根据就在于"理"。 从逻辑上说，"理"作为天道意义上的法则具有必然的品格，从而，将当然之则视为"理"，也意味着以"当然"为"必然"。 这一思维趋向与理气关系上以理为第一原理、心性关系上强调性体的主导性具有理论上的一致性：突出理的至上性，内在地包含着强调"必然"的理论趋向。

"当然"作为行为的准则，与人的规范系统相联系，从具体的实践领域看，规范的形成总是既基于现实的存在（实然），又以现实存在所包含的法则（必然）为根据，对象世界与社会领域都存在必然的法则，规范系统一方面体现了人的价值目的、价值理想，另一方面又以对必然之道的把握为前提；与"必然"相冲突，便难以成为具有实际引导和约束意义的规范。 二程与朱熹肯定"当然"与"必然"的相关性，无疑有见于此。 然而，"当然"同时又与人的目的、需要相联系，并包含某种约定的性质。 就规范的形成而言，某一实践领域的规范何时出现、以何种形式呈现，往往具有或然的性质，其中并不包含必然性。 同时，规范的作用过程，总是涉及人的选择，人既可以遵循某种规范，也可以违反或打破这种规范；这种选择涉及人的内在意愿。 与之相对，作为必然的法则（包括自然法则），却不存在打破与否的问题。 规范与法则的以上差异，决定了不能将"当然"等同于"必然"。

以"当然"为"必然"的逻辑结果，首先是赋予"当然"以命定的性质。 在对"理之当然"与"理之所以然"作进一步界说时，朱熹便指出：

理之所当然者，所谓民之秉彝，百姓所日用者也。 圣人之为礼乐刑政，皆所以使民由之也，其所以然，则莫不原于天命之性。①

"秉彝"含有天赋、命定之意，以理之所当然为"民之秉彝"，意味着将当然规定为天赋之命，当朱熹强调"所以然，则莫不原于天命之性"时，

---

① 朱熹：《论语或问》卷八,《朱子全书》第 6 册,上海古籍出版社、安徽教育出版社,2010 年,第 763 页。

便进一步突出了这一点：所以然与所当然彼此相通，"理之所以然"本于天命之性，同时也表明"理之当然"来自天所命之性。"当然"与"性""命"的这种联系，使循乎"当然"成为先天的规定，而"当然"本身也似乎由此被视为某种具有宿命性质的外在命令。

与理学中的以上趋向相异，理学中注重心体的哲学家更多地将"当然"与"自然"联系起来。这方面比较具有代表性的哲学家是王阳明。从本体论上看，气所体现的是实然和本然，张载以气为本源，首先突出了实然的世界和本然的存在；理则不同于经验领域的实然而更多地展示了必然，朱熹在从经验层面肯定理气不可分的同时又强调理为生物之本，其关注之点主要指向了形上意义上的必然。相对于此，王阳明着重在心物关系中建构意义世界，后者既不同于气所体现的本然存在，也有别于与理相联系的超验必然。在心与物的互为体用中，一方面，天道层面的存在与人道层面的存在以更内在的形式融合为一，另一方面，理的至上性、绝对性开始受到抑制：存在的意义不再由超验之理规定，而是由心（人的意识）所赋予。同时，在王阳明那里，心或心体具有二重性：它既包含作为当然的理，又内在于个体，后者不仅仅表现为特定的存在，而且与现实之"身"、情与意等相联系。身作为生命存在（血肉之躯），包含自然的规定；情与意既有人化的内容，又同时涉及天性（自然的趋向）。与之相应，由心体建构意义世界，同时蕴含着当然与自然的沟通。

从"当然"与"自然"的关系看，首先需要将"自然"和自发区分开来。与"当然"相关的这种"自然"不同于自发，它乃是经过理性的自觉了解之后，逐渐内化、沉淀于人的内在意识，久而久之，自然而然地化为人的习惯。这一意义上的自然，也可以视为人的第二天性。对心学而言，作为当然的责任、义务、规范不应仅仅理解为外在命令，如果把它们完全看作是外在命令，那么，这些义务及规范与个体之间就会呈现对峙的关系：外在的规范对个体来说纯然是异己的东西，个体和外在社会要求之间则由此呈现紧张关系。"当然"与"自然"的沟通在这里意味着将这种外在的规范、原则逐渐内化到个体意识，使之成为个体自觉自愿的要求，由此，在行动过程中自然而然地按照这种规范的要求去做，它近于通常所说的"习惯成自然"。

可以看到，在理学的演进中，不同的学派对"当然"的理解，往往有不同的特点。比较而言，气学这一学派比较多地注重"当然"和"实然"的联系，将"当然"的根据主要追溯到天道意义上的"实然"，由此在应然世界与实然世界之间建立起某种关联。狭义的理学学派则更多地将"当然"和"必然"联系在一起，把作为当然的规范视为外在的命令，由此表现出化"当然"为"必然"的趋向。在心学这一学派中，"当然"则往往被引向"自然"，其关注之点也相应地侧重于外在的规范和要求如何能够逐渐地内化于个体、融合到自我，并进而化为个体自身的内在要求，由此达到不思不勉、从容中道之境。

从哲学的层面说，在"理"和"气"（"道"和"器"）、"心"与"理"、"心"与"性"以及"道心"与"人心"、"气质之性"与"天地之性"、"知"与"行"等概念之后，理学既讨论"何物存在"以及"何为存在的根据"这样一些天道之域的形而上问题，又追问"何为人""何为理想人格"以及"应当做什么""应当如何做"等人道之域的问题。在更一般的层面上，其关切之点进一步指向"当然"与"实然""必然""自然"之间的关系。后者既涉及天道与人道的关系，又在哲学的论域体现了本体论、伦理学与价值论的相互交融。考察理学，既应从其本身的概念、命题入手，又需要透过这些概念，进一步揭示、把握其背后所涉及的理论问题。

（原载《学海》2012 年第 1 期）

关学及其意义①

　　关学可以从狭义和广义两个层面加以理解，狭义的关学主要指张载及其门人之学，广义的关学则从张载之后延续至元明清乃至近代。宽泛而言，具有地域性的学派，总是既涉及空间，又关乎时间。关学作为一种学派，不管作狭义的理解还是广义的考察，同样也具有空间性和时间性。从空间上说，它与关中这一特定地域密切相关，就时间而言，它则涉及历史的延续过程。从整体形态看，历史中的中国思想既包含普遍性，也具有多样的表现形式。就具体的学派而言，其中既包含与地域性相关的特点，也体现了中国思想的普遍性品格；与此相联系，对关学等学派的研究，一方面能够深化对中国思想普遍内涵的理解，另一方面则有助于把握中国思想多样的形态。

　　作为学派，关学奠基于张载，其基本特点与张载的思想难以分开。这里的考察，也主要指向张载的哲学。

一

　　从形而上的层面看，张载的哲学关乎天道，后者首先体现于气与物关系的考察。在张载看来，"气有阴阳，屈伸相感之无穷，故神之应也无穷。其散无数，故神之应也无数。虽无穷，其实湛然；虽无数，其实一而已。阴阳之气，散则万殊，人莫知其一也；合则混然，人不见其殊也。形聚为

---

　　① 本文基于作者于 2015 年 11 月在《关学文库》首发式及 2018 年 7 月关学研究院成立大会上的演讲整理而成。

物，形溃反原。反原者，其游魂为变与！所谓变者，对聚散存亡为文，非如萤雀之化，指前后身而为说也。"①依此，则万物虽千差万别，但又有统一的本源。仅仅肯定气为万物之本，往往难以说明世界的多样性；单纯停留于存在的多样形态，则无法把握世界的统一本源。通过确认太虚为气之本然形态，张载同时追溯了万物存在的统一本源，所谓"虽无数，其实一而已"；通过肯定气的聚散，张载又对存在的多样性作了说明，所谓"阴阳之气，散则万殊"。

就气本身而言，张载提出了"太虚即气"的命题。这里的重要之点在于将"虚"理解为气的一种本来形态，它表明："虚"并不是不存在，而是气的一种更原初的形态。这一看法肯定世界中各种事物的变化，无非是气的聚和散：气聚而为物，物散而为气；万物来自于气，最后又复归于气。由此，张载也从本原层面上论证了这一世界的实在性。以太虚为气的本来形态，哲学的视野和提问的方式也开始发生了变化。从太虚即气的观念看，气只有如何存在（聚或散）的问题，而无是否存在（有或无、实或空）的问题。气之聚构成了物，物之散则是气回到太虚的形态，而不是走向无。对存在方式（如何在）的关注，在此取代了对存在本身的质疑（是否在）。通过提问方式的这种改变，世界本身的实在性也得到了某种本源上的肯定。冯从吾概括张载哲学精神，认为其特点之一在于"穷神化"②，也涉及以上思想特点。在这方面，可以看到关学确实与濂、洛、闽等学派表现出不同的哲学走向，关学的独特学术品格，也首先从这里得到了体现。

从中国思想史的演进看，以上看法蕴含独特的理论意义。在哲学的论域中，所谓"虚"，常常被理解为无、空：在道家那里"虚"意味着"无"，在佛教那里，"虚"则表现为"空"。从逻辑上看，由"空"和"无"，每每进一步引向对世界实在性、对存在本身的消解。张载对气的如上论述，则表现为对佛教断的真妄之辩和道家的有无之辩的理论回应：从太虚即气的观点看，世界既非如道家所言，由无而生，也非如佛教所断定的，空而不实。冯从吾认为张载关学思想的特点之一是"斥异学"③，这里

① 《张载集》，中华书局，1978 年，第 66 页。
② 冯从吾：《关学编》，中华书局，1987 年，第 3 页。
③ 冯从吾：《关学编》，中华书局，1987 年，第 3 页。

的"斥异学"，并不仅仅表现为维护儒学的正统地位，在更实质的意义上，其意义在于天道观上实现哲学视野的转化：以如何存在的问题取代了是否存在的问题。

天道观上哲学视域的如上转化，引向二重结果。首先是注重礼学以及经世之学。张载以及广义的关学都比较注重礼学，在儒学中的系统中，礼与现实的生活和践行有着更切近的关系，由注重礼，逻辑地进一步引向注重经世致用。张载已表现出注重政治实践的趋向，二程肯定其"语学而及政，论政而及礼乐兵刑之学"①，亦基于此。关学的后人也承继了张载的这一为学趋向，明清之际的关学传人李颙便提出："儒者之学，明体适用之学也。"②

与注重经世致用相关的是注重实证之学，后者进而导向对科学技术的关注。尽管张载尚未直接表现出对科学技术的推重，但以世界"如何在"的问题转换世界"是否在"的质疑，本身包含着对世界实在性的肯定，这种肯定同时构成了实证之学的形上前提。在关学尔后的演进中，这一趋向表现得愈益明显。如明代的关学传人韩邦奇在科技方面便有突出的成就，对天文、地理、律历、数学等均有深入的研究。晚明的关学传人王徵著有《新制诸器图说》，进一步吸取了西方近代科技，并在此基础上提出了他自己在科技方面的一些思想。这种实证之学构成了关学的重要面向，而其理论之源，则关乎天道观上对世界实在性的肯定。

二

天道观与人道观彼此相关。在天道观上，张载以世界"如何在"的考察取代了世界"是否在"的质疑，在人道观，以上进路逻辑地引向对人如何在、社会如何在的关切。冯从吾曾以"一天人"③评价张载所开创的关学，此所谓"一天人"，便可以从天道和人道的相关性加以理解。

从天道观看，气的聚散，并非杂而无序，其间包含内在的条理："天地

①《二程集》，中华书局，1981 年，第 1196 页。
②《二曲集》，中华书局，1996 年，第 120 页。
③ 冯从吾：《关学编》，中华书局，1987 年，第 3 页。

之气，虽聚散攻取百涂，然其为理也顺而不妄。"①"顺而不妄"意味着有法则可循。 天道之域的这种有序性，同样体现于人道之域："生有先后，所以为天序；小大、高下相并而相形焉，是谓天秩。 天之生物也有序，物之既形也有秩。 知序然后经正，知秩然后礼行。"②天序与天秩作为自然之序，关乎天道意义上的"如何在"； "经"与"礼"，则涉及社会之序，并与人道观意义上的"如何在"相关，在张载看来，经之正、礼之行，以"知序"和"知秩"为根据，这一观点的前提，便是天道（自然之序）与人道（社会之序）的联系，而天道意义上世界"如何在"，则引向了人道意义上社会"如何在"。 肯定天道与人道的关联，这是儒学，包括宋明时期儒学的普遍观念，但以天道为人道的根据，则体现了张载关学的特点。

对张载而言，人道意义上的秩序包含更具体的社会伦理内容，在著名的《西铭》中，张载便将整个世界视为一个大家庭，社会中所有的成员，则被看作是这一大家庭中的一分子，所谓"民吾同胞，物吾与也"。 家庭中的亲子、兄弟等关系，既基于自然的血缘，又具有伦理秩序的意义；将家庭关系推广到整个世界，意味着赋予世界以普遍的伦理之序。 这一观念后来被进一步概括为"仁者以天地万物为一体"③，此所谓一体，便可以视为民胞物与说的引申。 从"乾称父，坤称母"到"尊高年，所以长其长；慈孤弱，所以幼其幼"④，天道与人道再一次呈现了内在的连续性、统一性，而对自然层面之天秩和天序的肯定，则具体地表现为对社会伦理之序的关切。

张载把家庭关系推广到整个世界，同时意味着赋予世界以普遍的伦理秩序。 在这里，天道构成了人道的根据，人道又反过来进一步辐射于天道，天道层面的自然秩序和人道层面的社会秩序呈现互动的关系。 正是由此出发，张载对"斥异学"作了进一步推进：在他看来，佛、道最大的问题就是忽视社会人伦秩序，后者归根到底意味着对人的社会责任的消解。 在此意义上，张载对天道与人道的沟通，也可以视为在更深的层面上对佛道的回应。

---

① 《张载集》，中华书局，1978 年，第 7 页。
① 《张载集》，中华书局，1978 年，第 7 页。
② 《张载集》，中华书局，1978 年，第 19 页。
③ 《二程集》，中华书局，1981 年，第 15 页。
④ 《张载集》，中华书局，1978 年，第 62 页。

三

以肯定人伦秩序为前提，张载进一步提出著名的"四为"之说，即："为天地立心，为生民立道，为去圣继绝学，为万世开太平。"①这里既体现了理想的追求，又包含内在的使命意识。

作为一种价值观念，"为天地立心"的思想渊源，可以追溯到早期儒家。孔子已肯定"人能弘道"，《中庸》进一步提出人能"参天地之化育"。这些观念从人和外部世界的关系上，确认了人的内在力量。历史地看，人生活于其间的世界既非洪荒之世，也不是本然的、人尚未作用于其上的自在之物，而是通过人自身的知、行过程和创造活动而建构起来的，其中打上了人的各种印记。质言之，现实世界本身离不开人的建构活动。早期儒学的以上思想在某种意义上构成了张载提出"为天地立心"的历史前提，张载由此做了进一步的阐发，肯定了人是这一世界中唯一具有创造力量的存在，人为天地立心，实质上从价值的层面上，突显了人的创造力量以及人赋予世界以意义的能力。它既是先秦儒学相关思想的延续，也是对这一思想的进一步深化。相对于"为天地立心"，"为生民立道"主要规定了人自身的历史走向和发展趋向。它表明，人能规定自身的发展方向，这种发展同时又内含自身的价值意义。进一步看，"往圣之学"体现了社会文化的在思想层面的沉积，后者同时表现为文化的历史命脉，"为往圣继绝学"则在于延续这种文化的历史命脉。文化积累是人的价值创造力量更为内在的表征，对延续文化历史命脉的承诺，同时也是对人的存在价值的进一步确认。最后，"为万世开太平"所指着重展示的，则是终极意义上的价值理想。

总起来，"为天地立心，为生民立道，为去圣继绝学，为万世开太平"内含理想意识与使命意识的统一，后者在更内在的层面上体现了普遍的社会责任：如果说，理想从"应当追求什么"等方面规定了人的责任，那么，使命则通过确认"应当做什么"而赋予人的责任以更具体的内容，两者既展现

---

①《张载集》，中华书局,1978 年，第 376 页。

了普遍的价值追求，也体现了关学的内在精神。

值得注意的是，关学的以上精神旨趣与"太虚即气"的天道观有着理论上的关联。从天道观上说，张载肯定"太虚即气"，以此否定了以"虚"和"静"为第一原理，这一看法同时构成了关学所追求的精神境界的天道观前提。与此相联系，以理想意识与使命意识的统一为具体内容的精神境界，不同于仅仅基于超验"天理"的精神形态。以实然（天道意义上世界的实在性）与当然（理想的追求）的统一为特点，张载的以上思想确乎有别于从抽象的理或心出发的"心性之学"：后一意义上的"心性之学"缺乏"太虚即气"的天道观，在其进一步的发展中，往往趋向于抽象化、玄虚化的形态。在张载那里，精神境界与天道观念相互联系，使前者（精神境界）在形上层面获得了比较切实的根据，并有助于避免其走向思辨化、玄虚化。

四

精神境界以人自身的成就或人的完善为指向。在如何成就人这一问题上，张载进一步提出了其人性理论及"变化气质"的观念。

张载区分了人性的二种形态，即天地之性与气质之性："形而后有气质之性，善反之则天地之性存焉。故气质之性，君子有弗性者焉。"[1]这里的"形"即感性之身，"形而后有气质之性"表明气质之性主要与人的感性存在相联系。与之相对的天地之性，则更多地体现了人作为伦理存在的普遍本质，包括人的理性规定。在张载看来，人一旦作为现实的个体而存在（有其形），则气质之性便随之呈现，气质之性与人的这种相关性，在逻辑上也赋予体现于气质之性的感性规定以存在的理由。

然而，张载同时又认为，仅仅停留于气质之性，还很难视为真正意义上的人。由此，他提出了变化气质的要求，并将其与"为学"联系起来："为学大益在自能变化气质"，"故学者先须变化气质，变化气质与虚心相表里。"[2]所谓变化气质，也就是以普遍的伦理原则、规范对人加以改造，使

---

[1]《张载集》，中华书局，1978年，第23页。
[2]《张载集》，中华书局，1978年，第274页。

其言行举止都合乎普遍规范的要求："使动作皆中礼,则气质自然全好",①由此进而成为真正意义上的人。

以上思想的前提是人既非预定,也非既成,而是在变化气质的过程中逐渐成就的。 人刚刚来到这个世界时,并没有具备人之为人的根本品格,唯有通过广义的为学过程,人才成其为人。 从儒学发展的角度看,早期儒学已将人理解为一个生成的过程而不是既定的存在。 就先秦而言,从孔子的《学而》篇到荀子的《劝学》篇,都把为学放在至关重要的地位,并将为学与成人紧密联系在一起——成人的过程就是为学的过程。 肯定学以成人,逐渐成为儒学绵延相承的传统。 在张载"变化气质"的提法中,学以成人的观点被赋予更为具体的内涵,并得到了进一步的发展。

注重变化气质的为学过程,蕴含着对后天工夫的肯定。 从成人的过程看,儒家的奠基者孔子提出"性相近,习相远",认为人之性彼此相近,这种相近之性同时为人成就自身提供了可能。 然而,人最后是否能成为真正意义上的人,则与"习"相联系,这里的"习"包括习行和习俗,习行表现为个人的知行活动,习俗则关乎广义的社会环境。 在儒学尔后的发展中,孔子的以上思想被引向两个方向,首先是以孟子为代表的性善说。 孔子仅仅肯定性相近,孟子则将"性相近"引申为"性本善",并把这种本善之性视为成人过程的内在根据。 这种看法有见于人的成长需要从自身的可能出发,而不能仅仅归结为外在的灌输。 然而,在关注成人过程内在根据的同时,孟子对与"习"相关的习行和习俗不免有所忽视。 儒学的另一发展趋向体现于荀子。 荀子提出性恶说,强调人之本性不能成为人自身成长的根据,相反,具有恶的倾向的人性,需要通过礼义教化过程来加以改变,后者即所谓"化性起伪":"故圣人化性而起伪,伪起而生礼义。""凡所贵尧、禹、君子者,能化性,能起伪。"②伪即人为,指广义的后天作用,具体包括外在的影响与自身的努力。 与之相应,成人主要依赖后天的习行过程。 然而,在注重习行的同时,荀子对于人成就人自身的内在根据则有所忽略,而成人的过程常常被理解为"反于性而悖于情"③。 可以看到,在孟

①《张载集》,中华书局,1978 年,第 265 页。
②《荀子·性恶》。
③《荀子·性恶》。

荀那里，性与习或多或少处于彼此分离的形态。 相形之下，张载提出的气质之性和天地之性的区分，呈现了不同进路：如果说，天地之性的预设吸取了孟子性善说的观念，那么，气质之性的确认，则吸取了荀子的性恶说。基于天地之性，张载同时有见于人成就自我离不开自身的内在根据；气质之性的提出，则为习行过程所以必要提供了论证。 从儒学的演化来看，张载对孟子和荀子的人性理论作了双重扬弃，并由此对人之成为人的过程作出了新的阐发。 张载在人格成就方面的如上思想，对关学尔后的发展同样产生了重要影响。

五

晚近一段时期，阳明心学受到了比较广泛的关注，并似乎浸浸然成为新的显学。 从其特点来说，心学注重个体的自主性以及主体精神的高扬，这些方面对于鼓励创造性的思维，推动社会的变迁发展，无疑都有其积极的意义。 然而，从整个社会来看，除了需要注重个体的自主和主体的精神等等之外，对个体的社会责任、天下意识，同样也要给予相当的关注。 正是在这方面，关学显示出它的内在特点：其民胞物与、为民立命的精神关切，可以说展现了儒家思想的另一面。 从整个社会的角度来看，注重个体自主性、注重主体精神和注重社会责任，注重天下关怀，这两个方面应当互补。仅仅讲心学，往往容易流向空疏、抽象，晚明心学的那些末流已经显示出那样一些特点，比较具有社会关切和务实取向的关学，对于抑制片面重视心学可能带来的偏向，具有重要的社会意义。

广而言之，儒学既是中国文化中与其他学派不同的一个学派，又派中有派，自身包含不同趋向的学派，关学可以视为其中一个重要的学派。 作为儒学中的学派，关学既体现了儒学的一般思想趋向，同时又有自身的个性特点。 除了在天道之域提出太虚即气、以"如何存在"的关注取代了对于"是否存在"的追问，在人道领域区分气质之性和天地之性、以此扬弃性善说与性恶说的对峙、注重理想意识与使命意识的结合并由此形成了独特的精神境界说等等之外，关学之中值得注意的另一特点，是其务实的精神取向。关注现实，关心治国与平天下，构成了关学的主要特点之一。 如前所述，这一特点在学术的取向上既表现为对礼学的重视，也体现于注重实证之学。

关学所形成的自身独特的学术风格和理论形态同时经历了发展变化的过程。从历史层面来说，关学开创于张载，又经历了从北宋、南宋、元代、明清，一直到民国的衍化。在民国时期，仍有被视为关学最后代表人物的牛兆濂。从时间和历史层面来看，在这样一个漫长的延续、变迁、发展变化的历程中，关学本身也在发生变化，这种变化的呈现方式之一，是关学不断与其他学派的相互交融、相互激荡、相互沟通。以明代关学的代表人物吕柟而言，他一方面表现出对程朱之学的兴趣，并在这方面形成了很多自己的心得，另一方面作为关中学者，他又承绪了关学的学术传统，从他的学术思想方面，可以看到关学与程朱之学之间的相互交融。在另一些关学的传人中，则可看到关学与心学之间的互动。如南大吉，他既是关学的重要传人之一，又与王阳明有交往，其间也与心学有某种契合，对阳明的良知学尤为服膺。后来明末清初的李二曲，也既受到心学影响，又上承关学。以上事实体现了关学与心学的相互融合、相互沟通，正是在关学在与其他学派的这种沟通、互动之中，关学本身也不断丰富、不断发展。不难看到，关学不是凝固的学术形态，而是处于历史发展过程中、不断发展的学派。

此外，关学一方面包含关学之为关学的核心内涵和个性特点，另一方面在后来的发展过程中又形成了多样的形态，核心的观念和多样的形态之间在关系中形成了某种互动的、相互关联的形态。关学的核心观念即前面提到的三个方面：以太虚即气及人性分疏为内容的性与天道层面的思想、以"四为"说为内涵的理想意识与使命意识的统一、体现在礼学、经世之学以及实证精神等方面的务实的精神取。关学之为关学的内在特点，首先体现在以上方面。但同时，关学又有不同的发展向度。冯从吾在《关学编》中曾概括张载思想的特点，其中特别提到"以《易》为宗，以《中庸》为体，以《礼》为的，以孔孟为法，穷神化，一天人，立大本，斥异学"。从这一概述中可以看到，就传统儒学经典而言，关学涉及《周易》《中庸》《礼》以及《论》《孟》等文献。在关学后来的发展中，不同的人物对以上经典往往有不同的侧重，对传统儒学中的多重思想，包括构成关学核心内涵的不同观念，也有各自独特的阐发，由此，关学本身也形成了多样的形态，这种不同形态从另一方面展现了关学本身的丰富性。

在对关学内涵的不同侧重中，关学的传人形成了自身的不同特点。前面提到的明代关学传人韩邦奇，便对科学技术给予了比较多的关注，他在天文、地理、律历、数学等方面都有非常深厚的研究，所以韩邦奇的著作比较专业化，不太容易读。晚明的关学传人王徵对科学技术特别是对西方的科学技术也有特别的敏感性，他著有《新制诸器图说》，对他所理解的西方现代科学技术作了一种理论和学术性上的阐发。这一进路可以看作是由突出关学中注重实证的方面，进一步引向对科学技术的关切，由此形成独特的学术风格。

把握关学，既需要文献整理，也离不开理论研究。文献整理是基础，理论研究则关乎思想内涵的进一步阐发，两者不可偏废。在文献整理与理论研究的互动中，关学的独特思想品格可以得到具体的展示。

（原载《华东师范大学学报》2017年第1期、《光明日报》2018年8月25日）

罗从彦的儒学思想发微

罗从彦（1072—1135），字仲素，学者称豫章先生。 曾师事杨时，并问学于程颐。 罗从彦的哲学在理学的演化过程中具有不可忽视的意义，这不仅在于从历史的层面看，其思想构成了从二程、杨时到李侗、朱熹的重要中介①，而且更内在地体现在罗从彦对若干哲学问题的阐发之上。 尽管罗从彦很少讨论理气、太极等形而上的论题，但他在社会政治、伦理等领域，却提出了一些值得注意的看法。

一

仁义及其相互关系，是罗从彦关注的基本问题之一。 在罗从彦看来，人道的核心，即在于仁与义：

> 夫立人之道,曰仁与义。仁,体也,义,用也。②

仁作为一种价值原则，更多地表现为对人的尊重和关心，孔子以"爱人"解释仁，已展示了这一趋向，义则首先体现为普遍的规范："义，用也。 行而宜之之谓也。"③"宜之"指适当和正当，亦即合乎当然之则；与"宜"相联系的"义"，含有应当之义（所谓"义者，宜也"），引申为一般的规范。 以仁义为立人之道，源出于《易传》，《易传·说卦》对立天之道、立地之道、立人之道作了区分，强调"立人之道，曰仁与义"，罗从彦

---

① 作为杨时的弟子、李侗的受业之师,罗从彦在理学道南学派的形成与衍化过程中具有承前启后的地位。
② 《豫章文集》卷三。
③ 《豫章文集》卷三。

的以上思想，无疑上承了传统儒学的这一看法。不过，他同时又吸取了杨时从体用关系的角度讨论仁义的思想，明确地指出以仁为体，以义为用，从而进一步将尊重人的内在价值，放在更为根本的地位。

从仁道的原则出发，罗从彦反对将人等同于物。在谈到圣人的特点时，罗从彦指出：

> 圣人则不免有忧矣，若使百姓与万物等而一，以刍狗视之，则亦何忧之有？①

这里的"忧"，是对人的关切，罗从彦的这一论点，是针对老子而发。老子曾有"天地不仁，以万物为刍狗；圣人不仁，以百姓为刍狗"②之说，这一看法或多或少表现出以自然原则消解仁道原则的趋向：等观人与物，意味着人与物在自然这一层面并无本质的差别，而人的优先性亦相应地不复存在。罗从彦反对以刍狗视人或将人等同于物，意味着否定老子对仁的内在价值的消解，重新确认和维护儒家的仁道原则。从中国哲学的演化看，理学可以视为儒学的重建，理学之被称为"新儒学"，在相当程度上也反映了这一历史特点，罗从彦对儒家仁道原则的确认，其意义在于从价值原则的维度，体现了儒学重建的历史趋向。

作为儒学重建的一个方面，罗从彦的特点当然并不仅仅在于对仁道原则的肯定。在肯定仁道原则的同时，罗从彦对仁与义的关系作了更进一步的界定。前文提及的"仁体义用"，已从总体上体现了对仁与义相关性的肯定，在谈到君主如何治国时，罗从彦对此作了更具体的阐释：

> 仁义者，人主之术也，一于仁，天下爱之而不知畏；一于义，天下畏之而不知爱。三代之主，仁义兼隆，所以享国至于长久。③

爱之，可以视为社会的认同和接受，畏之，则意味着社会权威的确立。注重仁道的原则，固然可以获得人们的尊敬和认同，但如果由此忽视"义"等外在的规范，则可能使社会成员缺乏必要的约束，从而导致权威的失落（不知畏之）；同样，单纯地强调外在规范，固然有助于社会权威的建立，从而避免社会的无序化，但如果由此忽视仁道的原则，则往往难以获得社会的认同（不知爱之），惟有仁与义的并重（兼隆），才可能达到社会认同与

---

① 《豫章文集》卷三。
② 《老子》第五章。
③ 《豫章文集》卷十一。

社会的权威的统一，从而使整个社会既和谐，又有序。罗从彦的以上看法虽然是就如何治国而立论，但其中所体现的仁义统一的思想，则并不限于政治实践的领域，而是具有普遍的价值观意义。

从价值体系看，早在先秦，儒学的开创者孔子已提出了仁的学说，并如上文所述，以"爱人"界定仁。孟子进而将性善说（人皆有"不忍人之心"）与仁政主张联系起来，从内在的心理情感与外在的社会关系上展开了孔子所奠定的仁道观念。在汉儒的"先之以博爱，教以仁也"、①宋儒的"民吾同胞，物吾与也"②等看法中，仁道的原则得到了更具体的阐发。仁道的基本精神在于尊重和确认每一主体的内在价值，它既肯定主体自我实现的意愿，又要求主体间真诚地承认彼此的存在意义。孔子以爱人规定仁，孟子以恻隐之心为仁之端，等等，无不表现了对主体内在价值的注重。这里不仅蕴含着人是目的的理性前提，而且渗入了主体间的情感认同。但同时，社会的凝聚和秩序的维系又需要一般的规范，而行为要达到最低限度的正当性，也离不开普遍的当然之则。一般的规范既对行为具有普遍的范导意义，又为行为的评价提供了基本的准则，它在道德实践中往往更接近可操作的层面，要使仁道化为善的现实，便不能忽视社会规范的指导、调节意义。罗从彦的仁体义用说，从体用关系的层面，肯定了仁道原则与普遍规范之间的统一性。

二

仁与义的统一，涉及价值观念与价值规范的关系，后者在更广的层面涉及道德与法之辩。从仁义兼隆的观念出发，罗从彦对道德与法的关系作了考察。

在谈到立法与行法的关系时，罗从彦指出："朝廷立法，不可不严；有司行法，不可不恕。不严，则不足以禁天下之恶；不恕，则不足以通天下之情。"③"立法"即制定法律规范，"不可不严"，则强调了法律规范应

---

① 《春秋繁露·为人者天》。
② 《张载集》，中华书局，1978 年，第 62 页。
③ 《豫章文集》卷十一。

当完备并具有威慑力，这一看法与注重"义"的规范作用相联系，可以理解为后者的逻辑引申；行法也就是法制的具体贯彻及法律规范的具体运用，它所涉及的，是具体的人，"恕"的本来含义是己所不欲，勿施于人，其中包含着宽容的观念，可以看作是仁道原则的具体体现，与此相应，所谓"不可不恕"，意即在将法律规范运用于人的过程中，应同时体现仁道的原则。在罗从彦看来，惟有如此，法制才能获得一般社会成员的普遍认同并为其所接受（所谓"通天下之情"）。

　　罗从彦的以上看法，首先触及了法制与人的关系。对罗从彦来说，法律制度的运作，离不开人，一方面，无论就立法的过程而言，抑或从行法的过程来看，人都是其主体；另一方面，法律规范的运用对象，同样是具体的人。这里的重要之点在于，法制并不仅仅是抽象的规范、程序，它以处理人与人之间的关系为其实质的内容，而法制对社会究竟具有何种现实影响，也取决于它为谁掌握、如何掌握。这一点同样体现于广义的政治实践过程："名器之贵贱以其人，何则？授予君子则贵，授予小人则贱。名器之所贵，则君子勇于行道而小人甘于下僚；名器之所贱，则小人勇于浮竞，而君子耻于求进。"①"名器"即政治权力或政治权力系统，"贵贱"则具有价值的意义。政治权力本身具有中性的特点，它既不是一种正面的价值（贵），也不是一种负面的价值（贱），政治权力究竟获得何种价值意义，主要与它为谁所用相联系，换言之，制度与人无法分离。一般而论，制度、规范系统往往具有两重品格：它既是一种超然于人的形式化结构，又涉及人的作用过程（无人的参与则无生命）。与制度、法制和人的关系相关的，是法律与道德的关系：作为体制运作的条件，人在使制度（包括法制）实际运作的过程中，始终受到道德的制约。罗从彦突出制度与人的联系，并强调行法的过程应当体现道德的原则，多少注意到了这一点。

　　就儒学的演进而言，儒家很早已注意到了人及人的道德原则与制度运作的关系，在谈到礼的作用方式时，《论语》提出了一个著名的论点："礼之用，和为贵。"②儒家所说的"礼"，既指普遍的规范体系，又包括社会政

---

①《豫章文集》卷十一。
②《论语·学而》。

治的制度,孔子推崇备至的周礼,便兼指周代的社会政治体制;"和"则更多地表现为一种体现于交往过程的伦理原则:从消极的方面看,它要求通过主体之间的相互理解、沟通,以化解紧张、抑制冲突;从积极的方面看,"和"则意味着主体之间同心同德、协力合作。礼本来首先涉及制度层面的运作(包括一般仪式的举行、等级结构的规定、政令的颁布执行、君臣上下之间的相处等等),但儒家却将这种制度的运作与"和"这样的伦理原则联系起来,强调礼的作用过程,贵在遵循、体现"和"的原则,这里已有见于体制组织的背后是人与人之间的关系;体制的运行过程,离不开合理地处理人与人之间的关系(以"和"的原则达到彼此的相互理解与沟通,从而消除冲突、同心协力)。质言之,制度(礼)的作用过程,需要道德原则(和)的担保。罗从彦肯定行法"不可不恕"、名器的贵贱存乎其人,无疑上承了儒家的以上传统。

当然,罗从彦将立法不可不严与行法不可不恕联系起来,同时涉及人治与法治的关系,他强调人在制度运作过程中的作用,也可能导向过分突出人治的主导性,这一趋向,与儒家政治哲学的主流,似乎也有历史的联系。

此外,在注重人以及道德作用的同时,罗从彦对法治过程中的形式之维,也未能予以应有的定位,这一点,在他对三代之法的评价中,表现得尤为明显:"三代之法,贵实而不贵名。"[1]三代是儒家的理想之世,三代之法则象征着理想的法律体制或法制规范,所谓"实",主要指法制或法律规范在特定情景或境遇中的具体运用,"名"则涉及形式的方面,包括一般的规则、程序。法制的运作既有实质的方面,也有形式的方面,后者往往超越了特定时空关系中的人与事,从一般的规则、程序等方面,保证了法律的普遍性、公正性,现代的法制便突出地体现了这一特点。罗从彦以贵实不贵名作为理想之法,似乎未能充分注意"名"所代表的一般形式(包括程序、规则)在法制系统中的意义。与上述看法相联系,在道德的领域,罗从彦对内在之静及诚、敬予以了较多的关注:

> 静处观心尘不染,闲中稽古意尤深。周诚程敬应粗会,奥理休从此外寻。[2]

---

① 《豫章文集》卷十一。
② 《豫章文集·观书有感》卷十三。

"静"指由外而内的修养途经，"诚""敬"则是真诚而专一的道德品格，二者都主要涉及道德领域中实质的维度，罗从彦强调"奥理休从此外寻"，意味着将上述实质的规定视为道德实践中主要乃至唯一的方面。事实上，当罗从彦从仁与义的统一肯定仁道原则与普遍规范的统一时，也表现出类似的倾向："义"与"礼"都有普遍规范的含义，但如下文将论及的，"礼"同时包含形式的维度，比较而言，"义"则更多地涉及实质之维，与之相应，在仁与义的统一中，规范的实质意义，也似乎受到了更多的关注。

事实上，不仅法制，而且广义的道德实践的过程都很难与"名"或形式的层面相分离。历史地看，《礼记》已对此作了多方面的考察。在《曲礼》中，我们便可以注意到如下论述："道德仁义，非礼不成。"①此所谓礼，广而言之，泛指行为的一般规范，其作用主要表现为两个方面，即"节"与"文"。"节"有约束、调节等意，所谓"礼节民心"，②便意味着以普遍的规范来约束内在的情感、意欲等等，如果不能做到这一点，那就会导致人的物化："人生而静，天之性也。感于物而动，性之欲也，物至知知，然后好恶形焉。好恶无节于内，知诱于外，不能反躬，天理灭矣。夫物之感人无穷，而人之好恶无节，则是物至而人化物也。"③与之相辅相成，礼的另一重功能便是"文"："先王之立礼也，有本有文。"④相对于"节"之约束于内，"文"的作用更多地呈现于外："礼自外作，故文。"⑤文有美化、修饰等意，作为外在规定，"文"包含着行为方式文明化的要求。如果缺乏这种文饰，则行为往往会导向"野"："敬而不中礼，谓之野。"⑥野与文相对，意指不文明、粗野等等；敬本来是具有正面意义的行为，但如果不注意礼的文饰，则仍不免流于前文明的形态，从而难以成为完善的道德行为。在这里，与"实"相对的"名"具体表现为行为方式的文明化和完美化，可以看到，从普遍的道德法则，到具体的道德行为，道德在不同的意义上呈现了其形式的规定；忽略了这种形式的规定，便无法达到对

①《礼记·曲礼上》。
②《礼记·乐记》。
③《礼记·乐记》。
④《礼记·礼器》。
⑤《礼记·乐记》。
⑥《礼记·仲尼燕居》。

道德的完整理解。 较之早期儒学，罗从彦对道德实践的形式之维，不免有所忽视，事实上，他本人也更多地以纯厚之行立世，在这方面，他的立论与他的实践，似乎具有一致性。

三

人在法律、政治制度中的主导作用，同时也突显了制度之后人与人之间关系的重要性。 与强调法制及政治权力的运用过程离不开人相应，罗从彦对人与人之间如何建立合理的关系，也予以了多方面的关注。

就现实的形态而言，与他人的共处，是自我或个体的基本存在处境，而在这种共处中，往往会面临同与异的关系。 如何对待同异关系？ 罗从彦提出了如下看法：

> 世俗之人莫不喜人同乎己，而恶人异于己也。同与己而欲之、异于己而不欲者，以出乎众为心也，以出乎众为心，则以其不大故也。唯大为能有容。①

这里首先区分了"同与己"和"异于己"二重形态，前者即人与我之间的一致，后者则意味着人与我之间存在差异。 世俗之人往往将人与我的一致视为理想的人际关系，而拒斥人与人之间的差异。 在现实的世界中，这种观念往往将导致党同伐异。 罗从彦则更多地从积极的方面理解"异于己"，主张以宽广的胸怀兼容不同于自己的观点：所谓"唯大为能有容"，便是要求以宽容的态度，对待异于己的各种意见、看法。 不难看到，在此，罗从彦实际上将宽容的原则引入了人与人之间的关系，以"大而能容"为人与人之间合理关系建立的前提。

从另一方面看，"异"往往与多样性、个体性、差异性等相联系，仅仅追求"同与己"，常常导致以一致、普遍、同一消解多元、个体、差异。 在本体论上，同而无异的世界，具有抽象的性质，缺乏现实的品格；在价值观上，以同否定异，则使个体性、多样性、差异性难以获得合理的定位。 尽管罗从彦所处历史条件使他很难达到近代意义上的个体性原则或多元的价值观，但他反对片面地追求"同"，要求容忍"异"，在逻辑上多少蕴含着

---

① 《豫章文集》卷七。

对多样性、个体性的肯定。

对"异"的容忍体现于人与人之间的交往过程，即具体化为"明"而不"察"。在谈到君臣关系时，罗从彦对此作了具体论述："人主欲明而不察，仁而不懦。盖察常累明，而懦反害仁故也。"①就人与人之间的关系而言，"察"是指过于苛细地关注、查辨他人的行为或言论，"明"则是总体上的了解。对君主而言，过于细致地关注臣下的言行，往往会导致人人自危，并因此而刻意掩饰、时时防范戒备，对常人或一般的社会成员而言，过于细察他人的言行举止，则意味着不适当地侵入或干预他人的私人空间，并由此而导致人与人之间关系的紧张。

与"察"相对的，是"包荒"，罗从彦曾对"察"而未能"包荒"可能导致的后果作了分析："善恶太察，不知有包荒之义，则小人权倖者将无所容而交结党羽，何惮而不为也。"②"善恶太察"，即对行为的性质作过分严格的分辨，"包荒"则是以较为宽容的态度对待他人的行为，对非原则性的问题，包括某些过失，不过于计较。在政治实践中，"太察"，往往使人时时处于压力之下，最难以容身、立足之感，处于此种情景的心术不正者（所谓"小人"），甚而常常试图通过结帮成派而获得安全感；在日常的交往中，"太察"则每每夸大无关宏旨的问题，使人们陷于无穷无尽的善恶之争，从而导致人与人之间关系不断趋于紧张。罗从彦反对"太察"而主张"有包荒之义"，既指向君臣关系，也涉及广义的交往过程：就前一方面而言，"有包荒之义"表明君主对群臣应以宽容之心待之；从后一方面看，这则意味着在人与人的共处中，形成宽松的社会氛围，使个体之间相互尊重他人的生活空间，彼此和谐相处。可以看到，"明而不察"与"包荒之义"的统一，具体体现为交往过程中的宽容原则，它对于建立合理的主体间关系，无疑具有积极的意义。

历史地看，早期儒学已对如何建立合理的人我关系作了多方面的考察。儒家的仁道原则既肯定了主体自身的存在意义，又要求通过主体间存在价值的相互确认而走出自我、打通人己；因此，它总是逻辑地指向群己关系。

①《豫章文集》卷十一。
②《豫章文集》卷七。

孔子已指出，具有自身价值的自我，并不仅仅以个体的形式存在，他总是内在于社会群体之中，所谓"吾非斯人之徒与而谁与"①便表明了这一点：斯人之徒即泛指社会群体，"与"则是相互共处，在这里，已可以看到对群体价值的肯定。 就自我的完善而言，个体在实现自我价值的同时，也应当尊重他人自我实现的意愿，正是在成就他人的过程中，自我的德性得到了进一步的完成。 《中庸》对此作了进一步的发挥："诚者非自成己而已也，所以成物也。"这里的"物"，包括自我之外的他人，"成物"所指向的，即是自我之外的他人。 在传统儒学看来，个体之间的关系不应当导致彼此的否定和分离，而应通过交往耀达到普遍的沟通。 罗从彦在不同的层面上对自我与他人关系的关注，内在地导源于儒学的上述传统，而他将宽容的原则引入人与人之间的交往关系，则无疑体现了独特的视域。

四

人存在于世，不仅与他人共处，并涉及人与人之间相互关系的调节，而且难以回避行或实践的问题。 行或实践既以应当做什么为题中之义，也关涉如何做（行为的方式），罗从彦通过概括君子之行的特点，对后者（如何做）作了考察：

> 君子之所为，皆理之所必然，世之所常行者。②

"理之所必然"首先表现为普遍的法则，在社会的领域，则与规范系统相联系，具体体现为当然之则，对理学而言，这种法则即规范与"义"处于同一序列；"世之所常行"泛指日常的行为方式，它与人的日常生活相关，合乎人的内在意愿并为人所认同，从而很少给人以异己之感。 仅仅强调必然之理，往往容易使规范成为外在的强制；单纯地注重世之常行，则可能使行为脱离规范的约束。 理之必然与世之常行的统一，使行为既与规范相一致，又避免了与内在意愿的冲突，对合理行为（君子之为）的以上理解，是仁义兼隆这一观念的逻辑引申，其中包含着合乎规范与合乎意愿统一的

---

①《论语·微子》。
②《豫章文集》卷四。

思想。

罗从彦对世之常行的关注，与儒家的传统具有历史的联系。道不离人的日用常行，这是儒家的基本信念，在《中庸》中，这一点得到了较为集中的阐述。在《中庸》看来，道非超然于人："道不远人。人之为道而远人，不可以为道。"探求道的过程，具体即展开于日常的庸言庸行，正是在此意义上，《中庸》强调"极高明而道中庸"。中即无过无不及，"庸，平常也"（朱熹：《中庸章句》）。极高明意味着走向普遍之道，道中庸则表明这一过程即完成于人在生活世界中的日用常行；在这里，世之常行与普遍之道具有内在的一致性。罗从彦对《中庸》甚为推崇，认为它是"圣学之渊源，六经之奥旨"，①他之肯定理之必然与世之常行的统一，显然也体现了《中庸》的如上思路。

理之必然与世之常行的相关性，同时也赋予理本身以"易简"的品格："易简之理，天理也，而世之知者鲜矣。行其所无事，不亦易乎？君子笃恭而天下平，不亦简乎？……易则易知；简则易从，易简而天下之理得矣。"②易简，既意味着理应当具有为人所认同和接受的性质，也突出了理与日用常行的切近联系。以易简为理的存在方式，表明作为普遍规范的理并非以超验的形式凌驾于人之上，而是内在于人的实践过程而实现其作用。与理的以上品格相应，遵循规范的过程，也具有"行其所无事"③的特点。

可以看到，在肯定理性规范制约作用的前提下，罗从彦较多地关注于"理""义"等规范与人的日用常行的联系，这种看法扬弃了规范的超验性与强制性，并内在地涉及了自觉原则与自愿及自然原则的关系：如果说，世之常行以自我认同、自愿接受为特点，那么，易简而"行其所无事"则同时展开为一个自然的过程，当罗从彦肯定理之必然与世之常行、行其无事非彼此冲突时，他同时也确认了"理""义"等规范所体现的自觉原则与常行、易简所内含的自愿、自然维度之间的相容性。

完善的道德行为具有何种品格？历史地看，这是儒家自始便关注的问题。罗从彦以前的二程、尔后的朱熹着重突出的是行为的自觉之维。与心

① 《豫章文集》卷五。
② 《豫章文集》卷三。
③ 《豫章文集》卷三。

性之辩上提升性体相应，在道德实践中，二程与尔后的朱熹更为注重天理对行为的制约。 天理既有其本体论意义，又是伦理学领域的普遍规范，在二程及朱熹看来，后一意义上的理即构成了道德行为所以可能的条件：道德实践即在于认识普遍之理，然后按照理而行，这一意义上的理往往被赋予"天之所命"的性质。 作为天之所命，规范已不仅仅是一种当然，而且同时具有了必然的性质，事实上，朱熹确实试图融合当然与必然；对朱熹而言，遵循天理并不是出于自我的自愿选择，而是不得不为之，这种基于天之所命的行为，更多地体现了"理之所必然"，尽管它似乎也与人的日常在世过程相关，但作为天之所以命的强制性行为，它同时又在实质上与世之常行相对。

要而言之，罗从彦之前的二程以及尔后的朱熹更多地突出天理的外在制约，相对于此，罗从彦在肯定循乎理之必然的同时，又要求"行其无事"并合乎世之常行，显然更多地上承了原始儒学的思路，而从逻辑上看，这一思想又与他强调以仁为体、注重道德的实质之维，以及在主体间关系上肯定宽容原则具有内在的联系。 尽管他在理论上并没有对此作进一步的阐发，但其中隐含的思路，无疑具有历史的启示意义。 在这里，我们同时可以看到思想衍化过程的复杂性：师承关系与思想脉络，往往并不完全对应：尽管罗从彦在道南一系的演进中具有师承上的中介意义，但其思想倾向仍具有自身的特点。

（原载《伦理学研究》2005 年第 3 期）

朱熹的理学思想

在沟通天道与人道的同时，又以当然为人道的价值内涵，这一理论进路构成了理学的基本特点之一；作为理学的重镇，朱熹的哲学同样体现了以上趋向。然而，对"气"与"理"的不同侧重，同时也使理学的不同系统形成了各自相异的思想路向。在主张气为本源的张载那里，与太虚即气的本体论立场前后一致，天道的考察具体展开为对实然的确认，天道与人道的统一，则具体地表现为当然与实然的沟通；与之相应，以天道为人道的前提，同时意味着以实然为当然的根据。相对于此，在本体论上，朱熹将关注的重心由气转向理。"气"与"空""无"相对，体现的是现实的存在（实然），"理"则首先表现为必然的法则，以"理"为第一原理，同时呈现出化当然为必然的趋向。理学中的以上趋向虽然发端于二程，但其充分的展开，则完成于朱熹。从历史的视域看，朱熹哲学在理学衍化中的理论意义，应当从以上背景加以考察。

一

较之张载强调气的本源性，朱熹首先将关注之点指向理气关系："天地之间，有理有气。理也者，形而上之道也，生物之本也；气也者，形而下之器也，生物之具也。是以人物之生，必禀此理，然后有性；必禀此气，然后有形。"①这里的气与理分别近于质料因和形式因，人物则指作为具体

---

① 朱熹：《晦庵先生朱文公文集》卷五十八，《朱子全书》第 23 册，上海古籍出版社、安徽教育出版社，2002 年，第 2755 页。

对象的个人及其他事物,对朱熹而言,理决定了某物之为某物的本质(性),气则规定了事物形之于外的存在形态(形),具体事物的存在既依赖于理,也离不开气。 在这里,理与气的关系无疑呈现了统一的一面,朱熹以二个"必"("必禀此理""必禀此气")强调了具体事物形成过程中理与气的不可分离性。 不过,理与气的这种统一,主要限于经验领域的具体事物:唯有既禀理、又禀气,经验对象的发生与存在才成为可能。 在从经验的层面理解理气关系的同时,朱熹又从形而上与形而下的维度,对理气关系作了总体上的规定:气为形而下之器,理则是形而上之道。 从内涵上看,道具有超越具体对象的普遍品格,作为形而上之道,理相应地构成了存在的普遍根据或本源(生物之本);器是处于特定时空中的有限事物,以气为器,意味着将气等同于有限的经验对象;所谓生物之具,便既指事物构成的质料,也指具体事物本身。 理气与道器的以上对应,显然蕴含了对理气关系的另一种理解。

在关于理气是否有先后的问题上,对理气关系的不同理解得到了具体的展示:"或问:'必有是理,然后有是气,如何?'曰:'此本无先后之可言。 然必欲推其所从来,则须说先有是理。 然理又非别为一物,即存乎是气之中,无是气,则是理亦无挂搭处。'"①理气"本无先后",是就经验领域的具体事物而言,在这一层面,理并非别为一物,而即在气之中。 然而,从形而上与形而下的视域看,则理又具有对于气的优先性,所谓"必欲推其所从来",便是从形而上的角度立论,在此层面,理为万物存在的根据,因而"须说先有是理"。 以上关系,朱熹同时从本原与禀赋之分加以解释:"若论本原,即有理然后有气,故理不可以偏全论。 若论禀赋,则有是气而后理随以具,故有是气则有是理,无是气则无是理。"②本原是就本体论而言,禀赋则涉及经验领域具体事物的发生或生成,在本体论上,理作为生物之本,具有更为本源的性质,故为先;在经验领域,特定事物的生成则既需理,又离不开气,故理气无先后。

类似的辨析在朱熹那里一再呈现:"或问先有理后有气之说。 曰:

_____

① 朱熹:《朱子语类》卷一,《朱子全书》第 14 册,上海古籍出版社、安徽教育出版社,2002 年,第 115 页。
② 朱熹:《晦庵先生朱文公文集》卷五十八,《朱子全书》第 23 册,上海古籍出版社、安徽教育出版社,2002 年,第 2863 页。

'不消如此说。而今知得他合下是先有理后有气邪？后有理先有气邪？皆不可得而推究。然以意度之，则疑此气是依傍这理行，及此气之聚，则理亦在焉。盖气则能凝结造作，理却无情意，无计度，无造作，只此气凝聚处，理便在其中。且如天地间人物草木禽兽，其生也莫不有种，定不会无种子白地生出一个物事，这个都是气。若理则只是个净洁空阔底世界，无形迹，他却不会造作，气则能酝酿凝聚生物也，但有此气则理便在其中。"①"问：'有是理便有是气，似不可分先后。'曰：'要之，也先有理，只不可说是今日有是理，明日却有是气也，须有先后。且如万一山河天地都陷了，毕竟理却只在这里。'"②从经验领域具体事物的存在看，理气都不可或缺，故对理气不必分先后（"不消如此说"），但是，气作为形而下之器，是有限的、特殊的，其凝结造作表现为时间中的过程，理作为形而上之道，则同时具有超验特定时空的品格，表现为一个"净洁空阔""无形迹"的世界；气在时间中凝结造作的万物尚未出现，理作为超越时间的"净洁空阔"世界已存在（"要之，也先有理"）；同样，时空中的万物都归于消亡（万一山河天地都陷了），时空之外的理却依然存在（毕竟理却只在这里）。

不难注意到，在理气关系上，关于理气无先后与理气有先后的不同表述既非朱熹理学系统中简单的内在矛盾，也不是如一些论者所言，表现了朱熹在早年与晚年的不同思想，事实上，同样的观念，在其早年与晚年都可看到；以上所引论述，便同时出自其不同的时期。从更实质的意义上看，理气关系不同的内涵，与不同的考察视域具有对应性，这种不同，主要便表现为经验视域与形上视域之别。经验的视域涉及时空关系中具体事物的生成与存在，形上视域则指向存在的根据与本原。对朱熹而言，在经验领域，具体事物的生成既以理、也以气为其必要前提，理与气在此意义上无先后之分；从形上之域看，理超越于具体时空，构成了存在的普遍本原与根据，作为超时空的存在本原，理既存在于气以及万物化生之前，又兀立于气以及万物既陷之后。"或问理在先气在后。曰：'理与气本无先后之可言，但推

① 朱熹：《朱子语类》卷一，《朱子全书》第 14 册，上海古籍出版社、安徽教育出版社，2002 年，第 116 页。
② 朱熹：《朱子语类》卷一，《朱子全书》第 14 册，上海古籍出版社、安徽教育出版社，2002 年，第 116 页。

上去时，却如理在先，气在后相似。'"①这里的"本无先后"是就经验之域而言，"推上去"或"推其所从来"，则是从形上之域加以追问，与之相应的便是理气"本无先后"与"理在先，气在后"的二重认定。

理气关系的二重规定既肯定了气作为生物之具的意义，又突出了理在本体论上的优先性。与后者相应，朱熹将注重之点更多地放在理之上。从理气有无先后的问题转向存在的具体形态，首先便涉及事物的同与异的关系问题：天下万物，既千差万别，又有共同或普遍之性，如何理解这种存在形态？从理为万物之本的前提出发，朱熹对此作了如下解释："论万物之一原，则理同而气异；观万物之异体，则气犹相近而理绝不同也。气之异者粹驳之不齐，理之异者偏全之或异。"②"万物之一原"体现的是物之"同"，对朱熹而言，物的这种"同"乃是以理之"同"为其根据，在这里，"理"主要被理解为万物的普遍本质。与"万物之一原"相对的是"万物之异体"，后者涉及的是不同类的事物或事物的不同类，这种不同，同样由理所决定，朱熹将"物之异体"与"理之不同"联系起来，便表明了这一点。张载曾提出"阴阳之气，散则万殊"，其中包含以气的聚散说明事物的差异（万殊）之意。然而，气的聚散主要涉及质料的构成，这一层面的异同，似乎尚带有外在的性质。相对于此，朱熹强调"观万物之异体，则气犹相近而理绝不同"，则表现出从"理之不同"理解"物之异体"的趋向。较之以气为出发点，从理的角度理解事物的同异关系，在理论上无疑更深入了一层。

理与物的以上关系，在"有血气知觉"与"无血气知觉"等不同存在形态之间的比较中得到了进一步的阐述："天之生物，有有血气知觉者，人兽是也；有无血气知觉而但有生气者，草木是也；有生气已绝而但有形质臭味者，枯槁是也。是虽其分之殊，而其理则未尝不同。但以其分之殊，则其理之在是者不能不异。故人为最灵而备有五常之性，禽兽则昏而不能备。草木枯槁，则又并与其知觉者而亡焉，但其所以为是物之理，则未尝不具

①　朱熹：《朱子语类》卷一，《朱子全书》第 14 册，上海古籍出版社、安徽教育出版社，2002 年，第 115～116 页。
②　朱熹：《晦庵先生朱文公文集》卷四十六，《朱子全书》第 22 册，上海古籍出版社、安徽教育出版社，2002 年，第 2130 页。

耳。若如所谓才无生气便无此理，则是天下乃有无性之物，而理之在天下，乃有空阙不满之处也，而可乎？"①这里区分了有生命且有知觉、有生命但无知觉、曾有生命但生命已终结等不同形态的事物，作为不同的存在形态，它们无疑体现了"分之殊"，但"殊"之中又有"同"，后者主要表现在它们内含共同之"理"（"其理则未尝不同"）。然而，既为"分之殊"，则内在于其中的理又有差异（其理之在是者不能不异）。通过理之同与理之异的以上分疏，朱熹一方面肯定了不同存在形态中理的特殊性以及事物之殊与理之异的联系，另一方面又确认了理的普遍存在：即使失去生命之物（所谓"枯槁"），仍有其理。与之相应，理既规定了存在的特殊形态，又从普遍的方面制约着事物。

理对物的二重制约，在理一分殊说中也得到了体现。"理一分殊"的提法最早出自程颐，所谓"《西铭》明理一分殊，墨氏则二本而无分。"②这一语境中的"理一分殊"主要与道德原则及其作用形式相联系。朱熹对此作了引申，使这一命题同时具有本体论的意义。在解释太极与万物的关系时，朱熹指出："二气五行，天之所以赋授万物而生之者也。自其末以缘本，则五行之异，本二气之实，二气之实，又本一理之极。是合万物而言之，为一太极而已也。自其本而之末，则一理之实，而万物分之以为体。故万物之中，各有一太极，而小大之物，莫不各有一定之分也。"③太极是理的终极形态（所谓"一理之极"），由经验对象（末）追溯存在的本原，则万物源于五行，五行产生于阴阳二气，二气又本于太极，故太极为万物的最终本源；自终极的存在向经验领域下推，则太极又散现于经验对象。在这里，"理一"意味着理为万物之本，"分殊"则表明理在具体的事物之中规定着具体事物，二者从不同方面体现了理的普遍制约。

尽管"分殊"在逻辑上蕴含着对多样性的肯定，但作为"理一"的展开，它（分殊）主要又表现为理本身的存在方式和存在形态，其意义首先也体现在理对万物的规定之上。也正是由此出发，朱熹在确认理一分殊的同

①朱熹：《晦庵先生朱文公文集》卷五十九，《朱子全书》第23册，上海古籍出版社、安徽教育出版社，2002年，第2854页。

②《二程集》，中华书局，1981年，第609页。

③朱熹：《通书注·理性命章》，《朱子全书》第13册，上海古籍出版社、安徽教育出版社，2002年，第117页。

时，一再强调理一的主导性："天下之理万殊，然其归，则一而已矣，不容有二三也。"①"万理本乎一理。"②本体论意义上的存在是如此，社会伦理实践的领域也是这样："世间事虽千头万绪，其实只一个道理，'理一分殊'之谓也。"③质言之，无论是本体论之域，抑或社会伦理的世界，理一与分殊最终展示的都是理的普遍制约与主导性。

二

作为存在的第一原理，理同时表现为必然的法则，所谓"理有必然"。④ 当然，在朱熹那里，突出作为必然法则的理，并不仅仅在于确认天道之域中对象世界变迁的必然性，与张载、二程一样，朱熹对天道的考察最后仍落实到人道，在这方面，理学确乎前后相承。 就理的层面而言，天道与人道的相关，具体表现为所以然与所当然的统一："至于天下之物，则必各有所以然之故，与其所当然之则，所谓理也。"⑤"所以然"表示事物形成、变化的内在原因或根据，如上所提及的，在理学的论域中，它与"必然"处于同一序列，理之"所以然"，相应地也被表述为"理之所必然"⑥；"所当然"则既指物之为物所具有的规定，也与人的活动相联系，表示广义的当然之则：所谓"理所当然者"，同时便指"人合当如此做底"⑦。 以"所以然"与"所当然"为理的双重内涵，表明理既被理解为"必然"，也被视为"当然"。 与之相应，对理的把握（明理）也同时指向

---

① 朱熹:《晦庵先生朱文公文集》卷六十三,《朱子全书》第 23 册,上海古籍出版社、安徽教育出版社,2002 年,第 3070 页。

② 朱熹:《朱子语类》卷二十七,《朱子全书》第 15 册,上海古籍出版社、安徽教育出版社,2002 年,第 975 页。

③ 朱熹:《朱子语类》卷一百三十六,《朱子全书》第 1 册,上海古籍出版社、安徽教育出版社,2002 年,第 4222 页。

④ 朱熹:《晦庵先生朱文公文集》卷十二,《朱子全书》第 20 册,上海古籍出版社、安徽教育出版社,2002 年,第 618 页。

⑤ 朱熹:《大学或问》,《朱子全书》第 6 册,上海古籍出版社、安徽教育出版社,2002 年,第 512 页。

⑥ 朱熹:《朱子语类》卷七十四,《朱子全书》第 16 册,上海古籍出版社,安徽教育出版社,2002 年,第 2530 页。

⑦ 朱熹:《朱子语类》卷六十,《朱子全书》第 16 册,上海古籍出版社,安徽教育出版社,2002 年,第 1936 页。

二者:"所谓明理,亦曰明其所以然与其所当为者而已。"①事实上,朱熹确乎一再地在理的层面上,将必然与当然联系起来。从实践的层面看,理首先与人应物处事的过程相关:"要得事事物物、头头件件,各知其所当然,而得其所当然,只此便是理一矣"。②这里作为"理一"的"所当然",便是社会领域(首先是伦理领域)的当然之则,而这种当然之则按朱熹之见同时具有必然的性质,在谈到格致诚正、亲亲、长长的关系时,朱熹便表达了这一点:"故不能格物致知,以诚意正心而修其身,则本必乱而末不可治。不亲其亲、不长其长,则所厚者薄而无以及人之亲长,此皆必然之理也。"③是否修身而立本、是否由亲其亲长其长而及人之亲长,所涉及的本来是社会伦理领域中的当然之则,但在朱熹看来,其间又内含必然之理;必然与当然在此亦彼此交融。

较之张载以实然(气化流行)为当然之源,朱熹将当然纳入理之中,似乎更多地注意到当然与必然的联系。当然作为行为的准则,与人的规范系统相联系,从具体的实践领域看,规范的形成总是既基于现实的存在(实然),又以现实存在所包含的法则(必然)为根据,对象世界与社会领域都存在必然的法则,规范系统一方面体现了人的价值目的、价值理想,另一方面又以对必然之道的把握为前提;与必然相冲突,便难以成为具有实际引导和约束意义的规范。朱熹肯定当然与必然的相关性,无疑有见于此。然而,如前所述,当然同时又与人的目的、需要相联系,并包含某种约定的性质。就规范的形成而言,某一实践领域的规范何时出现、以何种形式呈现,往往具有或然的性质,其中并不包含必然性。同时,规范的作用过程,总是涉及人的选择,人既可以遵循某种规范,也可以违反或打破这种规范;这种选择涉及人的内在意愿。与之相对,作为必然的法则(包括自然法则),却不存在打破与否的问题。规范与法则的以上差异,决定了不能将当然等同于必然。

以当然为必然的逻辑结果,首先是赋予当然以命定的性质。在对理之

---

① 朱熹:《晦庵先生朱文公文集》卷五十二,《朱子全书》第22册,上海古籍出版社、安徽教育出版社,2002年,第2420页。

② 朱熹:《朱子语类》卷二十七,《朱子全书》第15册,上海古籍出版社、安徽教育出版社,2002年,第975页。

③ 朱熹:《大学或问上》,《朱子全书》第6册,上海古籍出版社、安徽教育出版社,2002年,第512页。

当然与理之所以然作进一步界说时，朱熹指出："理之所当然者，所谓民之秉彝；百姓所日用者也，圣人之为礼乐刑政，皆所以使民由之也。其所以然则莫不原于天命之性。"[1]"秉彝"含有天赋、命定之意，以理之所当然为"民之秉彝"，意味着将当然规定为天赋之命，当朱熹强调"所以然，则莫不原于天命之性"时，便进一步突出了这一点：所以然与所当然彼此相通，"理之所以然"原于天命之性，同时也表明"理之当然"来自天所命之性。当然与"性""命"的这种联系，使循乎当然成为先天的规定，而当然本身也似乎由此被赋予某种宿命的性质。

作为先天之命，当然常常被置于超验之域："说'非礼勿视'，自是天理付与自家双眼，不曾教自家视非礼；才视非礼，便不是天理。'非礼勿听'，自是天理付与自家双耳，不曾教自家听非礼；才听非礼，便不是天理。'非礼勿言'，自是天理付与自家一个口，不曾教自家言非礼；才言非礼，便不是天理。'非礼勿动'，自是天理付与自家一个身心，不曾教自家动非礼；才动非礼，便不是天理。"[2]"天理付与"也就是天之所与，在界定仁道规范时，朱熹更明确地点出了此义："仁者，天之所以与我，而不可不为之理也。"[3]作为天之所与，规范已不仅仅是一种当然，而且同时具有了必然的性质：所谓"不可不为"，便已含有必须如此之意。事实上，朱熹确实试图融合当然与必然，从其如下所论，便不难看到此种意向："及于身之所接，则有君臣父子夫妇长幼朋友之常。是皆必有当然之则，而自不容已，所谓理也。"[4]"自不容已"表现为一种必然的趋势，将当然之则理解为"自不容已"之理，意味着以当然为必然。作为自不容已的外在命令，天理同时被蒙上某种强制的形式：遵循天理并不是出于自我的自愿选择，而是不得不为或不能不然，所谓"孝悌者天之所以命我，而不能不然之事也"。[5]即表明了此点。不难看到，在道德实践的领域，以当然为必然，总是很难避免使规范异化为外在的强制。

① 朱熹：《论语或问》，《朱子全书》第 6 册，上海古籍出版社、安徽教育出版社，2002 年，第 763 页。
② 朱熹：《朱子语类》卷一一四，《朱子全书》第 18 册，上海古籍出版社、安徽教育出版社，2002 年，第 3615 页。
③ 朱熹：《论语或问》，《朱子全书》第 6 册，上海古籍出版社、安徽教育出版社，2002 年，第 613 页。
④ 朱熹：《大学或问下》，《朱子全书》第 6 册，上海古籍出版社、安徽教育出版社，2002 年，第 527 页。
⑤ 朱熹：《论语或问》，《朱子全书》第 6 册，上海古籍出版社、安徽教育出版社，2002 年，第 613 页。

三

从普遍之道（必然与当然）转向人，便涉及对人性的理解。继张载、二程之后，朱熹也对天地之性（或天命之性）与气质之性作了区分。天地之性或天命之性本干理："盖天命之性，万理具焉。"①气质之性则源自干气："气积为质，而性具焉。"②作为人性之中的规定，天命之性所具之理主要以社会伦理原则和规范为其内容："盖天命之性，仁、义、礼、智而已。循其仁之性，则自父子之亲，以至于仁民爱物，皆道也；循其义之性，则自君臣之分，以至于敬长尊贤，亦道也；循其礼之性，则恭敬辞让之节文，皆道也；循其智之性，则是非邪正之分别，亦道也。盖所谓性者，无一理之不具，"③仁义礼智等伦理原则体现的是人作为道德主体所具有的本质，它展示了人之为人的普遍规定，以此为内容的天命之性相应地表现为"一"，气质之性作为气积而成者，则更多地体现了感性的多样性："气禀之性，犹物之有万殊，天命之性则一也。"④不难看到，天命之性（天地之性）与气质之性之别，突出的是人的普遍伦理本质（所谓"一"）与多样的感性规定（所谓"万殊"）之间的区分。

与具体事物之中理气相即而不相分一致，天命之性（天地之性）与气质之性在具体的个人之中也无法彼此分离："若无气质，则这性亦无安顿处。"⑤如同理需要以气作为承担者一样，天命之性也依托干气质之性。另一方面，气质之性本身又有待提升与成就，在这一意义上，二者呈现互相依存的关系："性非气质，则无所寄；气非天性，则无所成。"⑥在朱熹以前，二程已有"论性，不论气，不备；论气，不论性，不明。"⑦之说，朱熹的以上看法无疑与之前后相承。对天命之性（天地之性）与气质之性相关

---

① 朱熹：《中庸或问上》，《朱子全书》第6册，上海古籍出版社、安徽教育出版社，2002年，第558页。
② 朱熹：《朱子语类》卷一，《朱子全书》第14册，上海古籍出版社、安徽教育出版社，2002年，第114页。
③ 朱熹：《中庸或问上》，《朱子全书》第6册，上海古籍出版社、安徽教育出版社，2002年，第551页。
④ 朱熹：《晦庵先生朱文公文集》卷五十一，《朱子全书》第22册，上海古籍出版社、安徽教育出版社，2002年，第2412页。
⑤ 朱熹：《朱子语类》卷四，《朱子全书》第14册，上海古籍出版社、安徽教育出版社，2002年，第195页。
⑥ 朱熹：《朱子语类》卷四，《朱子全书》第14册，上海古籍出版社、安徽教育出版社，2002年，第196页。
⑦ 《二程集》，中华书局，1981年，第81页。

性的以上肯定,同时也注意到了人的理性本质与感性规定之间的联系。

　　然而,按朱熹的理解,气质之性的作用,主要便在于安顿天命之性,从目的与手段的关系看,这种作用更多地呈现手段的性质。就气质之性本身而言,它则似乎缺乏内在的价值意义:"性只是理。然无那天气地质,则此理没安顿处。但得气之清明则不蔽固,此理顺发出来。蔽固少者,发出来天理胜;蔽固多者,则私欲胜;便见得本原之性无有不善。孟子所谓性善,周子所谓纯粹至善,程子所谓性之本,与夫反本穷源之性,是也。只被气质有昏浊,则隔了,故气质之性,君子有弗性者焉。学以反之,则天地之性存矣。故说性,须兼气质说方备。"①"天地间只是一个道理。性便是理。人之所以有善有不善,只缘气质之禀各有清浊。"②气质之性固然为天命之性提供了安顿之处,但作为手段与目的意义上的联系,二者并未达到内在的、实质层面的统一,天命之性即使被安顿在气质之性上,也是各自平行,所谓"气自是气,性自是性":"未有此气,已有此性;气有不存,而性却常在。虽其方在气中,然气自是气,性自是性,亦不相夹杂。"③就气质之性自身而言,它始终有昏有浊,这种昏浊规定同时构成了恶(不善)产生的根源,从而更多地呈现负面的意义。也正是在此意义上,朱熹接受并进一步发挥了张载"气质之性,君子有弗性者焉"之说。

　　与性相联系的是心。对应于天命之性与气质之性的分野,朱熹区分了道心与人心。关于道心与人心的含义,《中庸章句·序》中有一具体阐述:"心之虚灵知觉,一而已矣。而以为有人心、道心之异者,则以其或生于形气之私,或原于性命之正,而所以为知觉者不同,是以或危殆而不安,或微妙而难见耳。然人莫不有是形,故虽上智不能无人心,亦莫不有是性,故虽下愚不能无道心。"④在此,人心与道心分别以形气和性命为源,"形气"与气质层面的规定相联系,体现了人的感性存在;"性命"则相应于天命之性,并从伦理之维展示了人的理性品格。"形气"作为感性的存在,涉及特定之欲;"性命"则以普遍之理为内容:"此心之灵,其觉

① 朱熹:《朱子语类》卷四,《朱子全书》第 14 册,上海古籍出版社、安徽教育出版社,2002 年,第 195 页。
② 朱熹:《朱子语类》卷四,《朱子全书》第 14 册,上海古籍出版社、安徽教育出版社,2002 年,第 196 页。
③ 朱熹:《朱子语类》卷四,《朱子全书》第 14 册,上海古籍出版社、安徽教育出版社,2002 年,第 196 页。
④ 朱熹:《中庸章句·序》,《朱子全书》第 6 册,上海古籍出版社、安徽教育出版社,2002 年,第 29 页。

于理者，道心也；其觉于欲者，人心也。"①可以看到，对"心"的以上论析既不是着眼于心理学，也非本于认识论，它的关注之点，主要在于人的社会伦理规定，后者未超出广义的当然之域。

作为现实的存在，人既呈现形气之身，又以性命或义理所体现的伦理品格为其普遍规定，与之分别相联系的人心和道心，也构成了内在于人的两个方面，无论圣凡，都不例外："道心是义理上发出来底，人心是人身上发出来底。虽圣人不能无人心，如饥食渴饮之类。虽小人不能无道心，如恻隐之心是。"②饥而欲食、渴而欲饮，这是体现感性需要的欲求，以之为内容的人心，虽圣人亦不能免；另一方面，作为伦理的存在，人总是具有基本的道德意识（如恻隐之心），以之为内容的道心即使在道德境界并不很高者（所谓小人）中亦可发现。道心与人心的如上并存表明，对人心的现实存在，不能以虚无主义立场加以对待。

然而，现实的存在所呈现的主要是实然。实然并不能等同于应然或当然，同样，现实之"在"也有别于应然之"在"。按朱熹的理解，人心由于源自"耳目之欲"，因而有其伦理意义上的危险性，而道心则基于义理，从而能够保证所思所为的正当性："知觉从耳目之欲上去，便是人心；知觉从义理上去，便是道心。人心则危而易陷，道心则微而难著。"③事实上，当朱熹肯定道心出于"性命之正"并将人心与"形气之私""危殆而不安"联系起来时，已蕴含对人心与道心的不同价值定位。由此出发，在肯定人心实际地存在于人的同时，朱熹又要求确立道心对人心的主导性："饥欲食、渴欲饮者，人心也。得饮食之正者，道心也。须是一心只在道上，少间那人心自降伏得不见了，人心与道心为一，恰似无了那人心相似。只是要得道心纯一。"④"饥欲食渴欲饮者，人心也"，这是实然；"须是一心只在道心上""只是要得道心纯一"，等等，则属应然（当然）。在朱熹看来，

① 朱熹:《晦庵先生朱文公文集》卷五十六,《朱子全书》第 23 册,上海古籍出版社、安徽教育出版社,2002 年,第 2682 页。
② 朱熹:《朱子语类》卷七十八,《朱子全书》第 16 册,上海古籍出版社、安徽教育出版社,2002 年,第 2665页。
③ 朱熹:《朱子语类》卷七十八,《朱子全书》第 16 册,上海古籍出版社、安徽教育出版社,2002 年,第 2663页。
④ 朱熹:《朱子语类》卷七十八,《朱子全书》第 16 册,上海古籍出版社、安徽教育出版社,2002 年,第 2666页。

饥欲食渴欲饮这一类的人心固然是现实的存在（实然），对此不能完全无视，但承认这一事实并不意味着人"应当"停留于或自限于这种"实然"，毋宁说，从应然或当然的层面看，人恰恰"应当"超越以上存在形态，所谓"须是一心只在道心上""恰似无了那人心相似，只是要得道心纯一"，侧重的便是这一点。 不难注意到，在承认实然（人心的现实存在）的同时，又强调实然与当然的区分，构成了朱熹论道心与人心的基本立场之一。

与实然和当然相联系的，是必然。 如前所述，朱熹所理解的理具有当然与必然二重含义，当然之则往往同时被视为不得不然的必然法则。 以理为内涵，道心既表现为当然之则的内化形态，也被赋予某种必然的性质。另一方面，人心按其自身的发展之势而言，蕴含着"危殆而不安"的趋向，这种趋向在朱熹看来也具有必然性："人心亦未是十分不好底，人欲只是饥欲食、寒欲衣之心尔，如何谓之危？ 既无理义，如何不危！"[1]所谓"既无理义，如何不危"，所强调的便是：一旦离开了源于理义的道心，则人心必然走向危殆。 由此，朱熹强调："必使道心常为一身之主，而人心每听命焉，则危者安，微者著，而动静云为，自无过不及之差矣。"[2]在这里，道心对人心的主导性，进一步被规定为道心对人心的主宰，而这种主宰同时呈现无条件的、绝对的性质："必使道心常为一身之主"之"必"，便突出地表明了这一点。 实然与当然之分，在此已开始引向当然与必然的沟通：人心"应当"超越现实形态而合于道心，被强化为人心"必须"无条件地听命于道心。

当然与必然的以上交融，不仅在规范的意义上使道心对人心的制约具有某种强制的性质，而且也在本体论的意义上蕴含了对人的存在形态的规定，后者具体表现为化人心为道心："盖以道心为主，则人心亦化而为道心矣。"[3]对人心与道心关系的这种理解既与理气之辩前后一致，也与气质之性和天命之性的分疏彼此呼应：化人心为道心，在某种意义上即可视为变化气质的逻辑引申。 对人心如此转化的结果，在逻辑上意味着将人主要规定

① 朱熹：《朱子语类》卷七十八，《朱子全书》第16册，上海古籍出版社、安徽教育出版社，2002年，第2663页。
② 朱熹：《中庸章句序》，《朱子全书》第6册，上海古籍出版社、安徽教育出版社，2002年，第29页。
③ 朱熹：《晦庵先生朱文公文集》卷五十一，《朱子全书》第22册，上海古籍出版社、安徽教育出版社，2002年，第2381页。

为理性的化身，所谓"恰似无了那人心相似，只是要得道心纯一"，便已多少蕴含此意，而"圣人全是道心主宰"，①则从理想人格的层面表达了同一意向。在"道心纯一""全是道心"的形态下，人的多方面存在规定似乎难以得到适当定位。

四

对性（天命之性和气质之性）与心（道心和人心）的辨析与定位，其意义并不仅仅限定于心性本身，从更广的视域看，它所指向的是人的存在及其行为。作为儒学的新形态，理学关注的中心问题之一是人格的成就与行为的完善。如何成就理想的人格并达到行为的完善？在朱熹关于心性的看法中，已蕴含着回答以上问题的思路。如前所述，天命之性与道心都以理为本，如果说，天命之性主要从本体论的层面突显了人作为理性存在的品格，那么，道心的内容则更直接地表现为实践理性。以天命之性优先于气质之性、道心主宰人心的理论预设为前提，朱熹将关注之点更多地指向道问学。

从肯定理为存在的第一原理出发，朱熹首先将成就人格与明理或穷理联系起来："夫'天生蒸民，有物有则'，物者，形也，则者，理也，形者，所谓形而下者也，理者，所谓形而上者也。人之生也，固不能无是物矣，而不明其物之理，则无以顺性命之正而处事物之当，故必即是物以求之。知求其理矣，而不至夫物之极，则物之理有未穷，而吾之知亦未尽，故必至其极而后已，此所谓'格物而至于物，则物理尽'者也。物理皆尽，则吾之知识廓然贯通，无有蔽碍，而意无不诚、心无不正矣。"②意之诚、心之正，属成就人格或成就德性，知求其理，则是成就知识，朱熹认为一旦"知识廓然贯通"，便可以达到"意无不诚、心无不正"，显然以成就知识为成就德性的条件。不难看到，这里展示的，是一种由知而入德的进路。

朱熹所理解的穷理或明理，既指向天道之域，也包括人道之域；既涉及

---

① 朱熹：《朱子语类》卷七十八，《朱子全书》第 16 册，上海古籍出版社、安徽教育出版社，2002 年，第 2664 页。

② 朱熹：《晦庵先生朱文公文集》卷四十四，《朱子全书》第 22 册，上海古籍出版社、安徽教育出版社，2002 年，第 2037～2038 页。

小学层面的日常之理，也关乎大学层面的形上对象。 而能否把握广义的理，则不仅与个体的德性相关，而且也制约着天下国家之治：“理有未穷，故其知有不尽，知有不尽，则其心之所发，必不能纯于义理，而无杂乎物欲之私。 此其所以意有不诚，心有不正，身有不修，而天下国家不可得而治也。 昔者圣人盖有忧之，是以于其始教，为之小学，而使之习于诚敬，则所以收其放心，养其德性者，已无所不用其至矣。 及其进乎大学，则又使之即夫事物之中，因其所知之理推而究之，以各到乎其极，则吾之知识，亦得以周遍精切而无不尽也。 若其用力之方，则或考之事为之著，或察之念虑之微，或求之文字之中，或索之讲论之际。 使于身心性情之德，人伦日用之常，以至天地鬼神之变，鸟兽草木之宜，自其一物之中，莫不有以见其所当然而不容已，与其所以然而不可易者。”①从自然现象，到社会领域；从个体的性情，到人伦日用，穷理的过程展开于各个方面，与之相联系的是“知识亦得以周遍精切”。 这一过程不仅仅体现了天道与人道的统一，而且在更内在的意义上突出了人格成就中的自觉原则，后者的实质内容，是通过把握“所当然”与“所以然”而达到实践理性层面的道德自觉，由此进一步提升内在的德性。 由穷理致知而正心诚意、养其德性，无疑将由知而入德的进路具体化了。 从理学的演化看，在朱熹之前，二程已一再强调通过致知而诚意：“未致知，便欲诚意，是躐等也。”②由知而入德的进路，与之显然前后相承。

成就德性的方式，同时关联着成就德行。 以“知识廓然贯通”“知识”周遍精切为正心诚意、成就德性的前提，决定了达到行为的完善也离不开穷理而致知的进路。 与德性成就过程一样，这里的穷理，也主要指向“所以然”与“所当然”：“穷理者，欲知事物之所以然，与其所当然者而已。 知其所以然，故志不惑；知其所当然，故行不谬。”③在此，天道与人道、当然（所当然）与必然（所以然）同样彼此交融，行为的正当（行不谬），以自觉地把握当然之则（知其所当然）为前提，而当然与必然（所以

---

① 朱熹:《大学或问下》,《朱子全书》第 6 册,上海古籍出版社、安徽教育出版社,2002 年,第 527～527 页。

②《二程集》,中华书局,1981 年,第 187 页。

③ 朱熹:《晦庵先生朱文公文集》卷六十四,《朱子全书》第 23 册,上海古籍出版社、安徽教育出版社,2010,第 3136～3137 页。

然）的合一，则使行其当然成为人的定向：知其必然而一意行此，故可超越游移、彷徨、疑惑（志不惑）。

作为伦理的存在，人无疑包含理性的品格，明其当然并进而行其当然，构成了道德主体的内在规定。正是对当然之则的自觉把握，使人能够在不同的存在境遇中判断何者当为、何者不当为，并由此作出相应的选择，而对当然之则的自觉意识，则基于广义的认识过程。如前所述，当然不同于实然与必然，但又非隔绝于后者（实然与必然），对当然之则的理解和把握，也相应地涉及以上各个方面。无论是对当然之则本身的理解，抑或对其根据的把握，都无法离开致知的过程，道德的主体也正是在这一过程中，逐渐形成了自觉的伦理意识，并由此区别于自然意义上的存在。就道德实践而言，完美的道德行为不同于自发的冲动而表现为自觉之行，这种自觉品格既关乎"应该做什么"，也涉及"应该如何做"，前者与当然之则的把握相联系，后者则进一步要求了解行为的具体背景，二者在不同的意义上关联着广义的"知"。二程及朱熹以致知明理为成就人格与成就行为的前提，无疑有见于以上方面。

然而，在强调道德主体及道德行为应当具有自觉品格的同时，二程和朱熹对德性形成过程及道德行为的多方面性和复杂性未能给予充分的注意。明其当然或明其理固然是成就德性的一个方面，但仅仅把握当然，并不能担保德性的成就：理或当然之则作为知识的对象，往往具有外在的性质，这一层面的知识积累与内在人格的完善之间，存在着逻辑的距离。朱熹认为一旦"知识廓然贯通"，则"意无不诚、心无不正"，既不适当地突出了理性的意义，也似乎将问题过于简单化了。

从实践之域看，道德行为诚然具有自觉的品格，但过于强调理性的自觉，往往容易忽视道德行为的其他方面。在二程那里，已可看到这一趋向。在谈到明理与循理的关系时，二程曾指出："学者固当勉强，然不致知，怎生行得？勉强行者，安能持久？除非烛理明，自然乐循理。"[①]这里所说的"乐"，有乐于、愿意之意，"乐循理"也就是自愿地遵循当然之则。然而，对二程而言，"乐循理"同时又以"烛理明"为前提：一旦明

---

① 《二程集》，中华书局，1981年，第187～188页。

理，便"自然乐循理"，所谓"烛理明"也就是自觉地把握当然之则。 这样，自觉之中，便似乎已蕴含自愿。 类似的思想在朱熹那里得到了更明确的表述："要须是穷理始得。 见得这道理合用恁地，便自不得不恁地。 ……且如今人被些子灯花落手，便说痛；到灼艾时，因甚不以为痛？ 只缘知道自家病合当灼艾，出于情愿，自不以为痛也。"① "合用恁地"也就是应当如此，知道合当如此，是一种理性的明觉，出于情愿则属意志的自愿选择，朱熹认为知道了"合当"如此，同时也就是"出于情愿"，显然将自愿纳入了自觉之中。 自觉对自愿的如上消融，既以穷理过程为前提，又与消除自主的选择相联系，所谓"自不得不恁地"，便意味着别无选择。

以理为存在的第一原理，朱熹上承二程，既表现出某种构造形上世界图景的超验趋向，又延续了儒学沟通天道与人道的传统。 通过理气关系的辨析，朱熹在肯定理为超验本原的同时，又对形上之理与经验领域中具体事物（分殊）的关系作了考察，从而在不同的层面确认了理为存在的普遍根据。 作为存在所以可能的根据，理又被赋予所以然与所当然二重含义，与之相联系的是融当然于必然，正是在这里，以理为存在的第一原理的内在含义得到了真正的展示。 当然与必然的沟通既使当然之则的规范意义得到强化，也突出了人的理性本质：明理（把握所当然与所以然）与循理（遵循当然之则）都以人是理性的存在这一预设为前提，而天命之性对气质之性的超越、道心对人心的主宰，则在不同的层面确立了理性本质的这种优先性。 当然和必然、天命之性和道心分别从外在与内在两个方面展开了普遍之理，后者（理）在人格的成就与行为的成就中具体的表现为自觉的原则，在以自觉的原则确证人不同于其他存在之本质规定的同时，朱熹又或多或少表现出以自觉原则消解自愿原则的趋向。

（原载《中山大学学报》2009 年第 1 期）

---

① 朱熹:《朱子语类》卷二十二,《朱子全书》第 14 册,上海古籍出版社、安徽教育出版社,2002 年,第 760 页。

叶适儒学思想研究

宋明时期，除了主导性的理学思潮之外，儒学的衍化还存在另一些趋向，事功之学便是其中之一。 从理论上看，尽管理学与事功之学同属儒学，但后者往往对前者持批评和质疑的立场，与之相联系，事功之学对儒学的理解和阐发，也表现出不同的特点。 这里主要以叶适为对象，对此作一具体的考察。 如所周知，叶适之学，以事功为主导。 就内在哲学趋向而言，事功之学包含二个基本之点，即关注现实的世界和现实的社会生活，强调实际的践行并注重践行的实际结果。 在叶适那里，以上两个方面通过物、道、势与人的关系以及成己与成物之辩，得到了具体而多层面的展开。上述思想进路既包含了多重理论意蕴，又展示了儒学演进中不同于心性之学的历史趋向。

一

相对于理学对内在心性的关切，叶适更为注重现实的经世活动。 他曾对理学家提出如下批评："专以心性为宗主，致虚意多，实力少，测知广，凝聚狭，而尧舜以来内外交相成之道废矣。"①在此，"虚意"与"实力"被视为二个彼此相对的方面："虚意"以心性为宗主，"实力"则超越心性之域而指向自然与社会的现实领域。

"实力"的作用对象，具体表现为外在之物。 与拒斥虚意相联系，叶适首先肯定了物的实在性。 按叶适的理解，物与人并非彼此悬隔，人的观

---

① 叶适:《习学记言序目》卷十四,中华书局,1977 年,第 207 页。

念也不能远离于物："人之所甚患者，以其自为物而远于物。夫物之于我，几若是之相去也。是故古之君子，以物用而不以己用；喜为物喜，怒为物怒，哀为物哀，乐为物乐。"①从存在形态看，人本身也属广义的物，这种本体论上的联系，规定了物对人的制约以及物对于人的活动的本原性，所谓"以物用而不以己用"，便强调了这种制约关系与本原关系。

从人的知、行过程看，"以物用而不以己用"首先涉及致知活动与物的关系。无视外在之物而仅仅从一己之见出发，总是无法避免"伤物"："自用则伤物，伤物则己病矣"②从认识论上看，"伤物"意味着偏离乃至扭曲外部对象。惟有始终以物为本，才能真正达到对事物之知："是故君子不以须臾离物也。夫其若是，则知之至者，皆物格之验也。有一不知，是吾不与物皆至也"③不难看到，在这里，物与知呈现互动的关系：知之获得，表征着物已被把握（物格），知的缺乏，则表明相关之物尚未进入认识之域，因物而知和与物皆至，构成了致知过程的相关方面。

面向物、本于物，并不仅仅限于致知过程，作为注重事功的思想家，叶适对人与物的关系作了更广的理解：

> 会之以心，验之以物，其行之以诚，其财（裁）之以义，其聚为仁，其散为礼，本末并举，幽显一致，卓乎其不可易也。④

"会之以心"所肯定的，是知行过程中内在意识活动及观念的作用，"验之以物"则强调了关于物之知需要以物本身加以验证。值得注意的是，在叶适看来，上述活动（"会之以心，验之以物"）同时又与人之行相联系，所谓"行之以诚"，便表明了这一点，而义、仁、礼则从更深的层面体现了知与行的关联：义、仁、礼既是人应当努力达到的品格，又是引导人践行的规范，作为普遍的规范，义、仁、礼的意义和作用乃是通过人之行而得到体现。正是基于以上看法，叶适将物与事沟通起来，把"验之以物"同时理解为"验之以事"："无验于事者，其言不合。"⑤"物"主要表现为对象性的存在，"事"则与人的活动或人的践行相联系，与之相应，"验

---

① 叶适：《大学》，《叶适集》，中华书局，1983 年，第 731 页。
② 叶适：《大学》，《叶适集》，中华书局，1983 年，第 731 页。
③ 叶适：《大学》，《叶适集》，中华书局，1983 年，第 731 页。
④ 叶适：《进卷》，《叶适集》，中华书局，1983 年，第 694 页。
⑤ 叶适：《进卷》，《叶适集》，中华书局，1983 年，第 694 页。

干事"也意味着通过人的活动以验证知与言。 在这里，不离于物、以物为本已不仅仅表现为对物的静观，而是进一步以注重人的活动或践行过程（事）为其内在指向。

践行过程（事）的意义不仅仅表现为对知与言的验证，在更深沉的层面，人的活动涉及物之"用"：

> 盖水不求人，人求水而用之，其勤劳至此。夫岂惟水，天下之物，未有人不极其勤而可以致其用者也。[①]

这里所说的"用"，指作用、功用，属广义的价值之域。 物作为对象，其存在不依赖于人，然而，物所具有的价值意义，却是通过人的活动（极其劳）而呈现，并在人的活动过程中获得现实的形态：离开了以"极其劳"为形式的人类活动，物的价值意义（对人之用）便无从展示。 如果说，"以物用而不以己用"着重肯定了人对物的依存性，那么，物之"用"与人的活动之间的以上关系则表明：物的价值意义形成于人的知行过程。 叶适的后一看法既注意到了人的活动所包含的价值创造内涵，又有见于物的价值规定与知行过程的相关性。

作为物之"用"所以可能的前提，人的活动本身又依循于道。 在本体论上，道与物彼此关联："物之所在，道则在焉，物有止，道无止也，非知道者，不能该物，非知物者，不能至道；道虽广大，理备事足，而终归之于物，不使散流。"[②]一方面，道内在于物，故唯有通过物才能达到道；另一方面，道不限于特定之物，而是超越了特定事物的限制，故唯有把握了道，才能进而涵盖万物。 道与物的不可分离，同时也规定了"以物用"与合乎道之间的相关性。 从历史上看，社会领域的活动，总是以道为依归，而道自身则体现于这一过程："道不可见，而在唐、虞、三代之世者，上之治谓之皇极，下之教谓之大学，行之天下谓之中庸，此道之合而可名者也。 其散在事物，而无不合于此，缘其名以考其实，即其事以达其义，岂有一不当哉！"[③]从平治天下，到道德教化与道德实践，人的活动多方面地受到道的制约。

---

① 叶适：《习学记言序目》卷三，中华书局，1977 年，第 27～28 页。
② 叶适：《习学记言序目》卷四十七，中华书局，1977 年，第 702 页。
③ 叶适：《进卷》，《叶适集》，中华书局，1983 年，第 726 页。

在中国哲学史中，广义之"道"既指天道，也包括人道。天道表现为宇宙、自然的法则，属"必然"，人道则内含理想、规范等义，并相应地表现为"当然"。从"必然"和"当然"的关系看，道既涉及世界是什么、世界如何存在，又关乎人应当做什么、应当如何做。从天道的视域看，这个世界既是多样性的统一，又处于变化的过程中，而天道本身便表现为世界的统一性原理与世界的发展原理。在人道的层面，问题则涉及人自身以及人所处的社会应当如何"在"。叶适对道与人及其相互关系的理解，也涉及以上方面。

物作为实然，主要构成了人的知行活动展开的现实背景，道作为必然与当然的统一，则更多地呈现了规范的意义。以规范为内涵，道同时构成了最高的评判准则："且学者，所以至乎道也，岂以孔、佛、老为间哉？使其为道诚有以过乎孔氏，则虽孔氏犹将从之。"[1]从天道的层面看，此所谓"道"涉及世界的终极原理以及对这种原理的把握，就人道的层面而言，这里的"道"则以社会历史的一般法则和社会文化理想为内容，作为二者的统一，它超乎特定的学派、学说，呈现普遍的形态。在这里，叶适既肯定了道的至上性，又强调了其普遍的规范、引导意义：所有学说、观点唯有合乎道，才应在知行过程中加以接受、认同。

道的规范作用，不仅仅在于积极意义上对知行活动的引导，而且也在消极的层面表现为限定。正如"物"从存在的背景上制约人的知行一样，道也为人的行动规定了一个界限。作为必然与当然的统一，道固然超乎特定之物，具有普遍性，但就其与人的知行活动的关系而言，它同时又呈现限定的意义：在人的行动过程中，一旦偏离或违背了道，便难以达到预期的目标，在不能离道而行在一意义上，道无疑构成了对行动的限定。从现实的知行过程看，知所"止"往往构成了一般的原则，而这一原则便与道相联系："人以止为本，道必止而后行"。[2]这里的"止"，即指在道所允许的界限内行动（止于道）。如果说，循道而行主要从肯定的方面表现了道对行的规范意义，那么，以道限行或止于道则进一步从否定之维强化了这一点。

① 叶适：《老子》，《叶适集》，中华书局，1983年，第707页。
② 叶适：《时斋记》，《叶适集》，中华书局，1983年，第156页。

二

作为以事功为重的思想家，叶适所关注的行动过程，更多地涉及社会历史领域。物与道所关联的，是宽泛层面的践行，在社会历史领域，人的活动则更直接的与"势"相联系。在叶适看来，历史的演进过程中存在着"势"，以封建制（分封制）与郡县制的更替而言，其间便包含内在之"势"："夫以封建为天下者，唐、虞、三代也；以郡县为天下者，秦、汉、魏、晋、隋、唐也。法度立于其间，所以维持上下之势也。唐、虞、三代，必能不害其为封建而后王道行；秦、汉、魏、晋、隋、唐，必能不害其为郡县而后伯政举。"①这里重要的，并不是分别将封建制与王道、郡县制与伯政对应起来，而是肯定二者在不同历史时期的存在，都与一定之势相联系。

叶适的以上看法与柳宗元的观点有相通之处。在谈到封建制时，柳宗元便认为："彼封建者，更古圣王尧舜禹汤文武而莫能去之，盖非不欲去之也，势不可也。"②不过，柳宗元首先将"势"与个人的意志或意愿区分开来："故封建非圣人意也，势也。"③比较而言，叶适更直接地赋予"势"以必然的性质，所谓"必能不害"已表明了这一点，在以下论述中，他对此作了更具体的阐释："迫于不可止，动于不能已，强有加于弱，小有屈于大，不知其然而然者也，是之谓势。"④在此，"势"既作为外在力量超越了个体的意愿，又表现为一种"不可止、不能已""不知其然而然"的必然趋向。

历史过程中的"势"作为一种必然的趋向，同时又影响着历史过程本身的演进。欲治理天下，便必须把握历史过程中的这种势："故夫势者，天下之至神也，合则治，离则乱；张则盛，弛则衰；续则存，绝则亡。臣尝考之于载籍，自有天地以来，其合离、张弛、绝续之变，凡几见矣，知其势而

---

① 叶适：《法度总论一》，《叶适集》，中华书局，1983 年，第 787 页。
② 柳宗元：《封建论》，《柳河东集》，上海古籍出版社，2008 年，第 44 页。
③ 柳宗元：《封建论》，《柳河东集》，上海古籍出版社，2008 年，第 44 页。
④ 叶适：《春秋》，《叶适集》，中华书局，1983 年，第 702 页。

以一身为之，此治天下之大原也。"①在这里，叶适一方面承认"势"作为必然趋向不以人的意愿为转移，另一方面又肯定了人在"势"之下并非完全无能为力，所谓"知其势而以一身为之"，也就是在把握"势"之后进一步运用对"势"的认识以治天下。

要而言之，"势"固然不随个人的意愿而改变，但人却可以通过把握"势"，顺"势"而为，在此意义上，叶适强调"势"在己而不在物：

古之人君，若尧、舜、禹、汤、文、武，汉之高祖、光武，唐之太宗，此其人皆能以一身为天下之势；虽其功德有厚薄，治效有浅深，而要以为天下之势在己而不在物。夫在己而不在物，则天下之事惟其所为而莫或制其后。导水土，通山泽，作舟车，剡兵刃，立天地之道，而列仁义、礼乐、刑罚、庆赏以纪纲天下之民。②

在这里，人的顺势而为既表现为根据社会的需要变革自然对象，所谓"导水土，通山泽，作舟车"，等等，又体现于社会领域的道德、政治、法律等活动，所谓"列仁义、礼乐、刑罚、庆赏以纪纲天下之民"。通过因"势"而行、顺"势"而为，天下便可得到治理，在叶适看来，历史上的唐虞、三代、汉唐之治，便是通过不同时代的君王"以一身为天下之势"而实现的。相反，如果不能顺势而为，以致"势"在物而不在己，那就很难避免衰亡："及其后世，天下之势在物而不在己。故其势之至也，汤汤然而莫能遏，反举人君威福之柄以佐其锋；至其去也，坐视而不能止，而国家随之以亡。夫不能以一身为天下之势，而用区区之刑赏，以就天下之势而求安其身者，臣未见其可也。"③

人与势的以上关系，可以看作是人与物、人与道的关系之引申。如前所述，就人与物的关系而言，物作为实在的对象，构成了人的知行过程展开的现实背景，这一事实决定了人应当"以物用而不以己用"。然而，人又可以通过"极其劳"而赋予物以价值意义，换言之，在"以物用"（以物为根据）的前提下，人能够在作用于对象的过程中，使物为人所用。在此，人以物为用（从物出发、以物为本）与物为人所用（通过人的活动实现物的

---

① 叶适：《治势上》，《叶适集》，中华书局，1983 年，第 639 页。
② 叶适：《治势上》，《叶适集》，中华书局，1983 年，第 637 页。
③ 叶适：《治势上》，《叶适集》，中华书局，1983 年，第 637～638 页。

价值意义）呈现互动的过程。 同样，从道与人的关系看，道内在于物，表现为普遍必然的法则与当然之则，作为必然与当然的统一，道具有超乎人的一面，但同时，人又能够以道规范自己的知行活动，或循道而行，或以道限行。 在人与势的关系上，也可以看到类似的特点。 一方面，"势"表现为一种"不可止、不能已""不知其然而然"的必然趋向，另一方面，人又可以因"势"利导、顺"势"而为，在把握"势"以后通过自身的实践以实现价值理想和价值目标。 不难看到，在顺势而为的过程中，"以物用而不以己用"与"势在己不在物"呈现了某种统一性。

从顺"势"而为的视域看，"势"的运用又涉及"机"与"时"。 对叶适而言，与物的价值意义唯有通过人的知行过程才能呈现相近，"机"与"时"的作用，也只有通过人自身的活动才能得到展示和实现，他曾对空谈"机"与"时"的人提出了批评：

> 事之未立,则曰"乘其机也",不知动者之有机而不动者之无机矣,纵其有机也,与无奚异! 功之未成,则曰"待其时也"。不知为者之有时而不为者之无时矣,纵其有时也,与无奚别!①

这里所说的"机"与"时"，近于一般意义上的时机、机会、机遇，等等，它首先表现为实践过程中的具体条件，或各种条件在某一时间段中的汇聚，这种条件同时具有正面或积极的价值意义（为达到某种价值目标或实现某种价值理想提供前提）。 作为达到某种价值目标的条件，时机的作用和意义，只有在人的实践过程中才能得到现实的呈现，在相当程度上，时机本身也是在人的知行过程中形成或创造的。 如果仅仅谈论等待时机，而始终不参与实际的践行活动，那么，时机也就失去了其现实的意义，虽有而若无，所谓"不动者之无机""不为者之无时"所强调的，便是这一点。 与"不动""不为"相对，顺势而为意味着在知行的过程中创造时机或抓住时机，并根据时机所提供的条件，达到自己的价值目的。 当叶适肯定"势在己不在物"时，其中也蕴含着将运用"势"与把握时机联系起来的意向，而二者的这种联系，又是通过社会历史领域的践行过程而实现。

---

① 叶适:《应诏条奏六事》,《叶适集》,中华书局,1983 年,第 839 页。

"势"作为一种必然的趋向,更多地体现于宏观层面的社会历史过程,在个体之域,人的知与行则关联着成就自我的过程。尽管叶适对理学家仅仅关注心性问题提出了种种批评,但他并未由此完全忽视成己的问题。

孔子曾提出克己的要求:"克己复礼为仁。一日克己复礼,天下归仁焉。"①在解释孔子的这一观念时,叶适指出:"克己,治己也,成己也,立己也;己克而仁至矣。"②在此,"克己"具体地被理解为治己、成己、立己。治己侧重的是途径与方式,成己与立己则表现为目标,其实质的内容乃是自我的完成与自我的成就。值得注意的是,叶适没有仅仅在消极的意义上将"克己"归结对自我的否定、限制,而是首先从积极的层面赋予克己以完成自我、成就自我的内涵。通过对克己的如上阐释,叶适同时把成己与立己提到引人瞩目的地位。

"己"即"我",与注重成己相应,叶适提出了"全我"的要求:"刚者,我也;命者,天之所以命我也;志者,我之所以为我也。见掎于物,坐而受困,致命遂志,所以全我也。"③"我"之为"我"的内在规定,首先表现为"志","志"既包含意向(指向一定的目标),又关乎意愿,二者从不同的方面体现了个体性的规定。然而,"我"又不仅仅限于个体性的方面,而是涉及普遍之维,所谓"命",便在形而上的层面表现为一种超乎个体的力量。在叶适看来,"我"的完整体现("全我")既包含"致命",也涉及"遂志"。从成就自我的层面看,二者的统一意味着:成己过程以个体性规定与普遍性规定的双重发展为其内容。

以自我的完成为指向,成己过程离不开个体精神的升华,后者包含自我之"觉"。在解释"觉"时,叶适指出:

> 所谓觉者,道德、仁义、天命、人事之理是已。夫是理岂不素具而常存乎?其于人也,岂不均赋而无偏乎?然而无色无形,无对无待,其于是人也,必颖然独悟,

---

① 《论语·颜渊》。
② 叶适:《习学记言序目》卷四十九,中华书局,1977年,第731页。
③ 叶适:《习学记言序目》卷三,中华书局,1977年,第27页。

必湫然特见,其耳目之聪明,心志之思虑,必有出于见闻觉知之外者焉。不如是者,不足以得之。①

从社会的视域看,与"人事"相关之理作为历史地形成的当然之则,具有超越于特定个体的一面:当个体来到这个世界时,这种"理"已存在于社会,在此意义上,可以说,"理岂不素具而常存乎其于人"。当然,这里更值得注意的是将道德、仁义、天命、人事之理视为"觉"的内容,由此同时表明了"觉"与自我境界提升的关系。在叶适看来,作为自我精神升华的一个重要方面,"觉"首先表现为个体的"独悟",独悟既体现了"觉"以个体努力为前提,也表明所"觉"所"悟"总是落实于个体自身。这样,个体境界的提升一方面离不开普遍之理("觉"以道德、仁义、人事之理为内容),另一方面又依赖于个体自身的努力(包括独悟)。从具体的内容看,"觉"和"悟"既涉及见闻思虑,但又不限于感性之知与理性之思而关涉更广的层面,所谓"必有出于见闻觉知之外者焉"。尽管叶适没有指出"出于见闻觉知之外者"具体为何,但从自我涵养的视域看,它无疑包括自我体验、领悟,等等,其中关涉情意之维。

在注重个体之"觉"的同时,叶适对个体间的感通也予以了相当的关注,从他对"常心"的理解中,便不难注意到此点:"天有常道,地有常事,人有常心。何谓常心? 父母之于子也,无不用其情,言不意索而传,事不逆虑而知,竭力而不为赐,有不以语其人者,必以告其子,此之谓常心。"②这里的人之常心,近于人之常情,从人之常情的维度看,亲子之间的关系,无疑更为切近或亲近,二者不仅灵犀相通,常常无须推论、转达便可相互理解和沟通,而且彼此没有隔阂,可以告知不便让他人知道之事。上述意义的常心,同时表现为情感之域的共通感,它既使个体之间在情感上彼此相契,也赋予自我的精神世界以超乎个体的普遍内容。从共通感的层面看,人之常心当然并不限于亲子之情,儒家所谓人同此心、心同此理,事实上已从更广的视域注意到了个体之间在精神、观念上的相通性,叶适将"人有常心"与"天有常道,地有常事"联系起来,无疑也注意到了"常心"作为共通感所具有的普遍内涵。

---

① 叶适:《觉斋记》,《叶适集》,中华书局,1983 年,第 141 ~ 142 页。
② 叶适:《进卷》,《叶适集》,中华书局,1983 年,第 697 页。

自我之觉与常心感通分别从个体性与普遍性维度，展示了成己过程的相关方面，二者同时涉及内外之辩。在谈到如何"至于圣贤"时，叶适指出：

> 耳目之官不思而为聪明，自外入以成其内也；思曰睿，自内出以成其外也。故聪入作哲，明入作谋，睿出作圣，貌言亦自内出而成于外。古人未有不内外交相成而至于圣贤。①

"圣贤"即完美的人格，作为达到这种理想人格的过程，"至于圣贤"同时以成己为指向。这里再次涉及耳目之官与心之思虑，不过，其侧重之点不在于强调二者的不同职能，而在于从内外关系上，肯定二者的相关性。基于耳目之官的见闻，提供了有关外部对象之知，从而使内在的思虑活动获得了现实的内容，内在的思虑、智慧，又通过与感官活动相联系的知行、言行过程而得到呈现并作用于外，二者的互动，具体表现为"内外交相成"。从更广的视域看，"外"与感性的存在（耳目之官、广义之身）相联系，"内"则涉及理性的规定（心、精神），二者不仅仅具有认识论的含义，而是同时包含本体论、价值论的向度，它所涉及的，是人的具体存在形态：当人仅仅展现其中一个方面时，他便是一种片面的存在，难以"至于圣贤"。与之相联系，"内外交相成"同时意味着：成己过程以感性存在与理性规定的统一为其题中应有之义。

以"至于圣贤"为目标，成己的过程并不仅仅表现为精神之境的提升，作为倡导事功的哲学家，叶适对践行活动的注重，也体现于个体的成己过程。按他的理解，成己并非以空谈心性为内容，其展开离不开自我的身体力行。由此，叶适主张"果行而育德成己"："于其险也，则果行而育德，成己也；于其顺也，则振民而育德，成物也。"②"险"与"顺"可以视为不同的践行背景，"果行"表现为坚定而切实的践履，德性的提升（"育德"）和自我的完成（"成己"）则基于这一过程；与"果行而育德成己"相联系的是"振民而育德成物"。孟子曾主张："穷则独善其身，达则兼善天下。"③"险"则育德成己与"顺"则育德成物，与孟子的以上思想呈

---

① 叶适：《习学记言序目》卷四十四，中华书局，1977 年，第 207 页。
② 叶适：《习学记言序目》卷一，中华书局，1977 年，第 10 页。
③《孟子·尽心上》。

现某种相通性。 从具体内涵看，"成物"表现为成就世界，"振民"则展开为更广领域的践行活动，它与前文所讨论的循道而行、顺势而为相联系，既在实质上构成了社会历史领域中践行活动的具体内容，又与"果行而育德成己"相呼应，表现为成就世界（成物）的前提。

不难看到，在以上理解中，成己（成就自我）与成物（成就世界）彼此交融，个体的"果行而育德"与社会历史领域的循道而行、顺势而为的"振民"过程也合而无间，这种互融互动不仅在更广的层面展开了"内外交相成"的过程，①而且以更为综合的形式将叶适的事功思想具体化了，它既体现了儒学内圣外王的理论进路，又使这一进路获得了具体而丰富的内容。

（原载《南京大学学报》2011 年第 2 期）

---

① 如本文开始时所论，叶适曾对理学提出如下批评，"专以心性为宗主，致虚意多，实力少，测知广，凝聚狭，而尧舜以来内外交相成之道废矣。"在引申的意义上，"内外交相成"也意味着成己与成物、德性涵养与经世事功的统一。

王夫之的形上沉思与伦理思想

一

作为明清之际儒学的重要人物，王夫之的思想中涵盖多重方面，如何从天道的层面理解与把握世界，是其关注的基本哲学问题之一。相对于形而上的思辨构造，王夫之的注重之点更多地指向现实的世界。在王夫之看来，天道的沉思所应涉及的，并不是超验的对象，而是与人相关的世界："以我为人而乃有物，则亦以我为人而乃有天地。"[1] "天地之生，以人为始。……人者，天地之心也。"[2]天地泛指万物或广义的存在，所谓有人尔后有天地或人为天地之始、人者天地之心，并不是表示万物之有、无依赖于人，而是肯定万物或存在的意义，总是对人敞开：只要当人面对万物或向存在发问时，万物或存在才呈现其意义。在王夫之的以下论述中，这一点得到了更清晰的阐释："两间之有，孰知其所自昉乎？无已，则将自人而言之。"[3]王夫之的以上看法，注意到了存在的沉思无法离开人自身之"在"。

在谈到"天下"时，王夫之对此作了进一步的阐释："'天下'，谓事物之与我相感，而我应之受之，以成乎吉凶得失者也。"[4]宽泛而言，天下涵盖万物，但它并非超然于人，而是人生活于其间的世界；在天下与人之

---

[1] 王夫之：《周易外传》卷三，《船山全书》第 1 册，岳麓书社，1996 年，第 905 页。
[2] 王夫之：《周易外传》卷二，《船山全书》第 1 册，岳麓书社，1996 年，第 882 页。
[3] 王夫之：《周易外传》卷七，《船山全书》第 1 册，岳麓书社，1996 年，第 1076 页。
[4] 王夫之：《周易内传》卷六，《船山全书》第 1 册，岳麓书社，1996 年，第 589 页。

间，存在着相感而相应的关系，这种感应（相互作用）的过程既可以展示正面的意义（吉），也可表现出负面的意义（凶）。 正是通过与人的相感相应，天下由"天之天"成为"人之天"①。 在这种存在形态中，人本身无法从存在关系中略去。 对天下的如上理解无疑已注意到，对人而言，具有现实品格的存在，是取得人化形态（以"人之天"的形态呈现）的存在。

《易传·系辞上》曾区分了形上与形下："是故形而上者谓之道，形而下者谓之器"。 在对此作具体解释时，王夫之指出："'谓之'者，从其谓而立之名也。 '上下'者，初无定界，从乎所拟议而施之谓也。"②形上与形下之分，体现的是人的认识视域，是人根据自己对存在的把握方式，对存在所作的陈述和论断（所谓"拟议而施之谓也"）。 如果说，"一阴一阳之谓道"主要指出了存在的本然形态，那么，形上与形下之分则体现了存在的敞开与人自身存在的关联。

具体而言，形上与形下之分究竟在什么意义上体现了存在的敞开与人自身存在之间的联系？ 关于这一点，王夫之作了如下论述："'形而上'者：当其未形而隐然有不可逾之天则，天以之化，而人以为心之作用，形之所自生，隐而未见者也。 及其形之既成而形可见，形之所可用以效其当然之能者，如车之所以可载，器之所以可盛，乃至父子之有孝慈，君臣之有忠礼，皆隐于形之中而不显。 二者则所谓当然之道也，形而上者也。 '形而下'，即形之已成乎物而可见可循者也。 形而上之道隐矣，乃必有其形，而后前乎所以成之者之良能著，后乎所以用之者之功效定，故谓之'形而上'，而不离乎形。"③在这里，王夫之将形上、形下与隐、显联系起来，而隐、显又相对于人而言：二者首先都与人的视觉相关，"隐"意谓不可见，亦即对象尚未向人敞开；"显"则指可见，亦即对象呈现、敞开于人之前。 就其本然形态而言，存在并无形上、形下之分，只有当人面对存在时，这种区分才随之形成：形上即尚未呈现于人之前、从而不可见者，形下则是形著而可见者。 王夫之以上看法的意义在于，肯定对存在的规定和把握，难以离开人与存在的认识关系。 形上、形下及道、器之分，无疑涉及

---

① 王夫之：《诗广传·大雅》，《船山全书》第 3 册，岳麓书社，1996 年，第 463 页。
② 王夫之：《周易外传》卷五，《船山全书》第 1 册，岳麓书社，1996 年，第 1027 页。
③ 王夫之：《周易内传》卷五，《船山全书》第 1 册，岳麓书社，1996 年，第 568 页。

存在的理论或形而上学的问题，而这种区分与人的认识视域的相关性，则从一个方面表明了对存在的理解无法与人自身的存在相分离。

与上述看法相联系，王夫之强调，形上与形下并不是二重存在："形而上者，非无形之谓。既有形矣，有形而后有形而上。无形之上，亘古今，通万变，穷天穷地，穷人穷物，皆所未有者也。"①"形而上者谓之道，形而下者谓之器，统之乎一形，非以相致，而何容相舍乎？"②这里的"形"，可以理解为实在的世界，"形而上"非离开此实在的世界而另为一物，相反，有此实在的世界，才有上、下之分；形上与形下、道与器等等，无非是同一实在的不同表现形式，二者都内在于这一个实在的世界。由此出发，王夫之既反对在形上与形下之间划一界限，也拒绝将道器视为异体："然则上下无殊畛，而道器无异体，明矣。"③将形上与形下的分别理解为二者的界限（殊畛），无异于形上与形下的二重化；以"异体"视道器，则道器势便同时被等同于彼此分离的存在。"上下无殊畛，道器无异体"所强调的，则是这一个世界中形上与形下之间的统一。

在中国哲学中，有无之辩，是形上领域的另一重要论题。"无"的含义究竟是什么？它是否意味着不存在？王夫之对此作了深入的探讨。在解释圣人何以言幽明而不言有无时，王夫之指出："尽心思以穷神知化，则方其可见而知其必有所归往，则明之中具幽之理；方其不可见而知其必且相感以聚，则幽之中具明之理。此圣人所以知幽明之故而不言有无也。言有无者，徇目而已；不斥言目而言离者，目其静之形，离其动之用也。盖天下恶有所谓无者哉！于物或未有，于事非无；于事或未有，于理非无；寻求而不得，怠惰而不求，则曰无而已矣。甚矣，言无之陋也！"④借助理性的思维，人可以由可见之明，推知不可见的幽然之理；也可以由尚未聚而成形的不可见形态，推论其中蕴含的有形之物的规定。这里所说的"言有无者"，是指持以无为本立场者，对王夫之来说，他们的根本问题，在于将不可见（无形或幽）等同于无，而未能从认识论的角度，把不可见之"幽"视

① 王夫之：《周易外传》卷五，《船山全书》第 1 册，岳麓书社，1996 年，第 1028 页。
② 王夫之：《周易外传》卷五，《船山全书》第 1 册，岳麓书社，1996 年，第 1029 页。
③ 王夫之：《周易外传》卷五，《船山全书》第 1 册，岳麓书社，1996 年，第 1027 页。
④ 王夫之：《张子正蒙注》卷一，《船山全书》第 12 册，岳麓书社，1996 年，第 29 页。

为尚未进入可见之域的存在（有）形态。在王夫之看来，有无之别，只具有相对的意义，这种相对性既是指"无"相对于特定的存在方式或形态而言：对象（物）层面所不存在的规定（"无"），并不意味着在人的活动之域（事）也不存在（"于物或未有，于事非无"）；也指"无"与人的知、见等相关：对"无"的断定，往往导源于求知过程的某种局限（"寻求而不得，怠惰而不求"）。

世界作为真实的存在，具有内在的秩序。王夫之在界说张载的"太和"概念时，对此作了具体论述："太和，和之至也。道者，天地人物之通理，即所谓太极也。阴阳异撰而其絪蕴于太虚之中，合同而不相悖害，浑沦无间，和之至矣。"①张载曾已"太和"来表示事物之间的秩序，而在王夫之看来，"太和"也就是最完美的存在秩序（"和之至"），这种秩序同时又以阴阳等对立面之间的"絪蕴"、"合同"为前提。这一论点注意到了存在的秩序并不仅仅表现为静态的方式，而是在更内在的意义上展开为一个动态的过程。

秩序从一个方面体现了存在的统一性，按王夫之的看法，存在的统一形态不仅以多样性的统一、合乎道的秩序等形式存在，而且涉及本末等关系。在对"太和"作进一步的阐释时，王夫之指出："天地之间大矣，其始终亦不息矣。盈然皆备而咸保其太和，则所谓'同归'而'一致'者矣。既非本大而末小，亦非本小而末大。故此往彼来，互相经纬而不碍。"②本末与体用、本质和现象等区分大致处于同一序列，同归而一致则是不同事物、对象在世界的演化过程中形成相互统一的关系。所谓"本大而末小"，是强调体对于用、本质对于现象的超越性，"本小而末大"，则是突出用对于体、现象对于本质的优先性；前者将超验的本体视为更本源、更真实的存在，从而表现出基础主义或本质主义的趋向，后者则执着于多样的、外在的呈现，从而带有某种现象主义的特点。与以上两种存在图景相对，在"太和"的存在形态中，世界的同归一致不仅呈现为不同事物的共处，它的更本质的表现形式在于扬弃本末之间的分离、相斥（"既非本大而末小，亦非本

① 王夫之：《张子正蒙注》卷一，《船山全书》第 12 册，岳麓书社，1996 年，第 15 页。
② 王夫之：《周易外传》卷六，《船山全书》第 1 册，岳麓书社，1996 年，第 1049 页。

小而末大"），达到体与用、本质与现象的内在统一。 对体用关系的这些理解，从另一个方面体现了沟通形上与形下的立场，同时也触及了存在统一性更深刻的内涵。

与太和之说的以上阐释和发挥相联系，王夫之对"以一得万"和"万法归一"作了区分，并将和同之辩进一步引申为"以一得万"对"万法归一"的否定。 万法归一是佛教的命题，它既包含着对多样性的消解，又趋向于销用以归体，按王夫之的看法，万法一旦被消解，则作为体的"一"本身也无从落实："信万法之归一，则一之所归，舍万法其奚适哉？"①与万法归一相对，"以一得万"在体现多样性统一的同时，又以"敦本亲用"为内容："繇此言之，流动不息，要以敦本而亲用，恒以一而得万，不强万以为一也，明矣。"②所谓敦本亲用，即蕴含着体与用的相互融合。 "以一得万"又被理解为"一本万殊"③，在这里，对"万法归一"或"强万以为一"的拒斥，与确认体和用的统一，表现为相辅相成的两个方面。 如果说，万法归一较为典型地表现了追求抽象同一的形而上学理论，那么，与太和之说及敦本亲用相联系的"以一得万"或"一本万殊"，则通过肯定一与多、体与用的互融和一致，在扬弃形而上学之抽象形态的同时，又展示了较为具体的本体论视域。

二

除了形上之思，伦理观念也构成了王夫之哲学思想重要内容。 从道德主体的层看，伦理领域的思考首先关乎对自我的理解。 道德自我内含多方面的规定，在本体论的层面，这种规定具体既非仅仅限于感性存在（身），也非单纯地呈现为内在意识（心），而是展开为身与心的统一。 作为统一的主体，"自我"以个体的生命存在为其形而上的前提，而身心之间的关系，亦具有某种体用的性质（身为心之体）。 王夫之对身或生命存在对自我的这种意义，给予充分地关注。 针对所谓无我之说，王夫之指出："或

---

① 王夫之：《周易外传》卷六，《船山全书》第 1 册，岳麓书社，1996 年，第 1048 页。
② 王夫之：《周易外传》卷六，《船山全书》第 1 册，岳麓书社，1996 年，第 1048 页。
③ 王夫之：《周易外传》卷六，《船山全书》第 1 册，岳麓书社，1996 年，第 1050 页。

曰：圣人无我。吾不知其奚以云无也。我者，德之主，性情之所持也。"①"德"含有具体规定之意，而并不仅仅限于内在的德性，这一意义上的"我"或"己"，与视听言动的主体相通："所谓己者，则视、听、言、动是已。"②视听言动可以看作是感性活动的多方面展开，作为感性活动的主体，"我"或"己"则相应地包含了感性等规定，后者常常以身的形式表现出来。在谈到身与道、圣的关系时，王夫之指出："汤、武身之也，谓即身而道在也。道恶乎察？察于天地。性恶乎著？著于形色。有形斯以谓之身，形无有不善，身无有不善，故汤、武身之而以圣。"③历史地看，在王夫之所批评的"圣人无我"说中，作为否定对象的"我"包括身，王夫之通过肯定身与"道""圣"的一致性，亦确认了"我"的存在理由。当然，王夫之对"我"的理解，并不限于肯定"身"等感性的规定，所谓"德之主"，以"我"的多方面的统一为其内涵，"我"作为德之主则表现为对多重规定的统摄；但他同时亦强调了身（生命存在）对于自我的某种本源性。

对王夫之而言，道德自我同时以内在的意识为题中之义。与内在意识相关的自我一方面经历了形成与发展的过程，另一方面又存在着时间中展开的绵延的统一。在谈到意识的流变时，王夫之指出："今与昨相续，彼与此相函。克念之则有，罔念之则无。"④"夫念，诚不可执也。而惟克念者，斯不可执也。有已往者焉，流之源也，而谓之曰过去，不知其未尝去也。有将来者焉，流之归也，不知其必来也。其当前者而谓之现在者，为之名曰刹那（自注：谓如断一丝之顷），不知通以往将来之在念中者，皆其现在，而非仅刹那也。"⑤个体的意识活动往往展开为时间之流，其中固然包含过去、现在、未来的不同向度，但不能截断并执着于某一时间段。不同时间向度的意识，统一于现实的"我"；正是以"我"的现实存在为前提，过去、现在、未来的意识具有了内在的连续性，而意识的连续性同时也从一个方面展示了"我"的连续性。

---

① 王夫之：《诗广传·大雅》，《船山全书》第 3 册，岳麓书社，1996 年，第 448 页。
② 王夫之：《尚书引义·大禹谟二》，《船山全书》第 2 册，岳麓书社，1996 年，第 267 页
③ 王夫之：《尚书引义·洪范三》，《船山全书》第 2 册，岳麓书社，1996 年，第 352 页。
④ 王夫之：《尚书引义·多方一》，《船山全书》第 2 册，岳麓书社，1996 年，第 391 页。
⑤ 王夫之：《尚书引义·多方一》，《船山全书》第 2 册，岳麓书社，1996 年，第 389～390 页。

从道德实践的展开背景看，如何协调普遍规范与具体情境的关系，是一个无法回避的问题。 一方面，在解决道德问题的过程中，总是包含着规范的引用，另一方面，对具体情景的分析，又往往涉及一般原则或规范的变通问题。 在王夫之以前，中国哲学很已开始关注这一问题，在经权之辩中，便不难看到这一点。 "经"所侧重的，是原则的绝对性，"权"则含有灵活变通之意。 中国哲学家在要求"反（返）经"的同时，又反对"无权"，①这里已涉及规范的引用与具体情景的分析之间的关系。 王夫之对此作了更深入的分析，并特别指出，经与权的互动，总是与主体及其意识系统联系在一起。 从以下论述中，可以具体地了解王夫之的相关看法：

> 惟豫有以知其相通之理而存之,故行于此而不碍于彼;当其变,必存其通,当其通必存其变,推行之大用,合于一心之所存,此之谓神。②

王夫之的这一论述既涉及天道，也关联着人道。 从后一方面（人道）看，所谓"相通之理"便包括普遍的规范，知相通之理而存之，意味着化普遍规范为内在的观念结构；通与变的统一，包含着"经"（普遍规范的制约）与"权"（基于情景分析的权变）的互动，而在王夫之看来，这种统一与互动，又以内在的观念结构为本（合于一心之所存）。 尽管王夫之的以上看法并不仅限于道德实践，但其中无疑兼及这一领域；由后者（道德实践领域）视之，将"通""变"的互动与"一心之所存"联系起来，显然已注意到主体内在的精神结构在普遍规范的引用、情景分析、道德权衡、道德选择等过程中的作用。

从道德行为展开的背景，转向道德行为本身，行为的动力系统便成为不能不加以关注的问题。 中国哲学史上的所谓理欲之辩，在某些方面已涉及行为的动力问题。 天理可以看作是规范的形而上化，人欲则与人的感性存在相联系，它在广义上亦包括情意等等内容。 《礼记·乐记》已提出了理与欲之分，然后，在宋明时期的正统理学中，理欲之间的关系往往被赋予紧张与对峙的形态。 与之有所不同，王夫之更多地从相容、互动的角度来理解二者的关系，在他看来，"故终不离人而别有天，终不离欲而别有理也。

---

①《孟子·尽心上》《孟子·尽心下》。
② 王夫之:《张子正蒙注·天道篇》,《船山全书》第 12 册,岳麓书社,1996 年,第 72 页。

离欲而别为理，其唯释氏为然，盖厌弃物则，而废人之大伦矣。"① "厌弃物则"意味着远离现实的生活世界，由此，道德行为也失去了内在的动力，"废人伦"则是否定道德关系和道德实践，而在王夫之看来，后者正是理与欲分离必然导致的结果。 在这里，扬弃理与欲的对峙，被理解为道德实践获得内在推动力、从而得以落实的必要条件。

理欲之辩关乎内在的道德意识，后者在广义上涉及道德情感。 从内在的道德情感看，耻感无疑构成了其中重要的维度。 作为道德情感，耻感更多地与自我尊严的维护相联系，其产生和形成总是伴随着对自我尊严的关注。 这种尊严主要并不基于个体感性的、生物性的规定，而是以人之为人的内在价值为根据。 正是在这一意义上，儒家对耻感予以高度的重视。 孔子已要求"行己有耻"②，孟子进而将耻感提到了更突出的地位："耻之于人大矣。""人不可以无耻。"③王夫之也上承了这一传统，并一再强调知耻的意义："世教衰，民不兴行，'见不贤而内自省'，知耻之功大矣哉。"④对耻感的这一关注，与注重前文所提及的道德主体具有内在的逻辑关系：作为反省意识，"知耻"同时体现了道德自我的一种内在自觉。 在"知耻"的过程中，理性之思（知）与情感的内容（耻感）相互融合，这种交融即赋予道德自我以具体的品格，又从一个方面构成了道德实践的内在机制。

（原载《船山学刊》2014 年第 2 期）

---

① 王夫之：《读四书大全说·孟子》，《船山全书》第 6 册，岳麓书社，1996 年，911 页。

②《论语·子路》。

③《孟子·尽心上》。

④ 王夫之：《思问录·内篇》，《船山全书》第 12 册，岳麓书社，1996 年，第 408 页。

后 记

　　20 世纪 90 年代初，我曾对儒学作了若干考察，《善的历程——儒家价值体系研究》一书可以视为相关研究的结果。此后，我的关注之点转向另一些论域。不过，尽管在《善的历程》出版以后没有继续对儒学作较为集中的研究，但因不同学术机缘仍间或论及儒学，收入本书的，大致是我在进入 21 世纪以后所发表的儒学研究文章。这些文章的内容或为宏观的概览，或为微观的人物、学派、问题分疏，发表的时间则前后跨越十余年，侧重虽不同，但都涉及如何理解儒学的问题。相对于我自己前此的儒学研究以及学界有关儒学的不同论说，书中诸文关于儒学的论析，在二重意义上体现了对儒学的"再思考"，本书以《再思儒学》为题，也基于这一点。

　　与其他的历史考察相近，对儒学的思考，无法终结于某一时期的研究，本书虽为"再思"，但这种思考无疑仍是阶段性的，其意义主要在于为进一步考察儒学提供一个出发点。

杨国荣

2018 年 10 月 26 日